John P. Strelecky
und Tim Brownson

REICH und GLÜCKLICH!

Wie Sie alles bekommen,
was Sie sich wünschen

Aus dem Englischen
von Bettina Lemke

Ausführliche Informationen über
unsere Autoren und Bücher
www.dtv.de

Von John Strelecky sind außerdem bei dtv erschienen:
Das Café am Rande der Welt
Wiedersehen im Café am Rande der Welt
Wenn du Orangen willst, such nicht im Blaubeerfeld
The Big Five for Life
Das Leben gestalten mit den Big Five for Life
Safari des Lebens
Was nützt der schönste Ausblick, wenn du nicht
aus dem Fenster schaust

Deutsche Erstausgabe 2012
4. Auflage 2018
dtv Verlagsgesellschaft mbH & Co. KG, München
© 2009 John P. Strelecky and Tim Brownson
Published by Arrangement with John P. Strelecky and Tim Brownson
Aspen Light Publishing
Titel der amerikanischen Originalausgabe:
How to be Rich and Happy. Whatever you want. Whenever you want.
Deutschsprachige Ausgabe:
© 2012 dtv Verlagsgesellschaft mbH & Co. KG, München
Umschlagkonzept: Balk & Brumshagen
Umschlagbild: ›Rot‹ von Marta Peuckert
Satz: Greiner & Reichel, Köln
Druck und Bindung: CPI – Ebner & Spiegel, Ulm
Gedruckt auf säurefreiem, chlorfrei gebleichtem Papier
Printed in Germany · ISBN 978-3-423-24908-9

DANKSAGUNG

Wir sind den vielen inspirierenden Menschen dankbar, die uns im Laufe der letzten zwei Jahrzehnte freundlicherweise ihre Geschichten zum Thema Reich-und-Glücklich-Sein erzählt haben. Ohne ihre Erkenntnisse und ihre Ratschläge zur Reich-und-Glücklich-Formel hätten wir dieses Buch nicht schreiben können.

Ein besonderer Dank geht außerdem an Dave Raymond von CrossRidgeInc.com für seine Hilfe bei der Gestaltung und Einrichtung der Reich-und-Glücklich-Internetseite (www.howtoberichandhappy.com) sowie an Tracy O'Connor von IhateMyMessageBoard.com für ihre Hilfe bei Facebook und ihre umfassende Unterstützung.

INHALT

Unsere größte Angst ist nicht, unzulänglich zu sein.
Unsere größte Angst ist, grenzenlos mächtig zu sein.
Marianne Williamson

HINWEIS DER AUTOREN

Wir beglückwünschen Sie zu einem der wichtigsten Schritte, den Sie je in Ihrem Leben gemacht haben. Sie haben sich entschieden zu entscheiden. Sie haben beschlossen selbst zu wählen, anstatt ein Leben zu führen, das andere für Sie ausgewählt haben. Und damit gehören Sie bereits zu einer besonderen Gruppe von Menschen.

Wenn Sie die Informationen in diesem Buch in Ihrem Leben nutzen, werden Sie bald Teil einer noch exklusiveren Gruppe sein – Sie werden zu denjenigen gehören, die Reich und Glücklich* sind.

Während Sie sich nun auf dieses Abenteuer einlassen, fragen Sie sich vielleicht, wie dieses Buch entstanden ist. Wie und warum ein Bestsellerautor, dessen inspirierende Bücher bereits in 21 Sprachen übersetzt wurden (John), und ein abtrünniger Coach mit einem extrem von der linken Gehirnhälfte gesteuerten Denken und einem sehr erfolgreichen Coaching-Blog im Internet (Tim) sich zusammengetan haben, um ein Buch mit dem Titel *Reich und Glücklich!* zu schreiben.

Die Antwort ist eigentlich ziemlich einfach. Sie finden sie zum einen in der persönlichen Geschichte, die im ersten Kapitel erzählt wird. Sie erklärt unsere Motivation, die Formel für das Reich-und-Glücklich-Sein zu entdecken. Zum anderen haben wir das Buch schlichtweg deshalb geschrieben,

---

* Da es sich um eine formelhafte Wendung handelt, wurde die Großschreibung des Originals beibehalten (Anm. d. Übers.).

weil wir damit dem Wunsch vieler Menschen entsprechen wollten.

Wir sind seit einer Reihe von Jahren miteinander befreundet. Obwohl wir in verschiedenen Bereichen tätig sind (Tim ist Lebensberater und Online-Blogger, John ist Autor und hält Vorträge) und einen sehr unterschiedlichen Stil haben (Tim verlässt sich auf seinen sehr britischen Humor, John dagegen ist ernster und arbeitet mehr mit einem inspirierenden Ansatz), entstand unsere Freundschaft, weil wir ein ähnliches Lebensziel haben, nämlich Menschen zu helfen.

Wenn wir uns trafen, um eine Runde Golf miteinander zu spielen oder gemeinsam zum Mittagessen zu gehen, und darüber sprachen, wie die Dinge so liefen und was die Menschen uns erzählten, kamen wir immer wieder zum gleichen Ergebnis: Die Leute haben in ihrem Leben wirklich zu kämpfen. Wir wussten aufgrund unserer Begegnungen mit anderen sowie aufgrund unserer eigenen Erfahrungen, dass die Menschen sich im Grunde wünschen, Reich und Glücklich zu sein, auch wenn sie diese Sehnsucht selbst nicht immer benennen können.

Tim erfuhr das während seiner Arbeit mit Klienten und durch seinen Blog, und John erkannte es bei seinen Events, bei den Vorträgen vor großem Publikum.

Wurden wir danach gefragt, woran wir als Nächstes arbeiteten, antworteten wir daher, dass wir gerade ein Buch mit dem Titel *Reich und Glücklich!* schrieben. Und wirklich jeder erwiderte etwas Ähnliches wie »Das ist genau das Buch, das ich brauche«.

Vielleicht kennen Sie bereits Johns bisherige Bücher *Das Café am Rande der Welt*, *Safari des Lebens* und *The Big Five for Life*. Bei diesem hier werden Sie eine ganz neue Leseerfahrung machen, denn die anderen Titel sind fiktive Geschichten mit inspirierenden Botschaften.

Dieses Buch dagegen ist nicht fiktiv. Es basiert auf Fakten. Allerdings ist das Ziel nach wie vor dasselbe – **es soll Menschen dabei helfen, das Leben zu führen, das sie sich wünschen.**

Auch wenn das Buch von uns beiden geschrieben wurde, haben wir es so verfasst, als gäbe es nur einen Autor – denn so liest es sich besser. Das Wort »ich« steht für das kollektive Ich von uns beiden. Betrachten Sie uns einfach als ein wissenschaftliches Experiment, bei dem eine unvorhergesehene Panne aufgetreten ist, mit dem Ergebnis, dass die Gehirne und Lebenserfahrungen von zwei Menschen zu einem Ganzen verschmolzen sind.

Außerdem ist es viel leichter, die Geschichten und Inhalte so zu vermitteln, wie wir es getan haben, als ständig zu erklären, wer von uns was gesagt hat.

Und nun wollen wir Sie dem Ziel näherbringen, das Sie sich wünschen und auch verdient haben – nämlich Reich und Glücklich zu sein.

John und Tim

EINLEITUNG

In jedem Teil dieses Buches werden Sie Hinweise zu der Formel finden, die all die Menschen, deren Erfahrungen ich im Laufe der letzten 20 Jahre ausgewertet habe, nicht nur reich, sondern Reich *und* Glücklich gemacht hat!

Die nachhaltige Kraft dieser Formel wurde mir bewusst, als ich ihr das erste Mal begegnete – und zwar im Zusammenhang mit der Lebensgeschichte von Benjamin Franklin, einem der Gründungsväter der USA, der vor 200 Jahren lebte. Es ist die gleiche Formel, die auch Bill Gates anwendete. Er ist einer der reichsten Männer der Welt mit einem Vermögen von derzeit schätzungsweise 56 Milliarden Dollar, ein Mann, der die Schule vorzeitig abbrach und bereits im Alter von nur 13 Jahren begann, die Formel anzuwenden.

Als ich zum ersten Mal Teile der Formel entdeckte, hinterließen sie einen unauslöschlichen Eindruck bei mir. Sie inspirierten mich, intensiv darüber nachzudenken und ihre Spuren bei allen Menschen zu suchen, denen ich begegnete – und natürlich, sie auch anzuwenden.

Aufgrund meiner Erkenntnisse und meiner eigenen Erfahrungen mit der Formel wurde mir bewusst, dass sie allein den Unterschied ausmacht zwischen denjenigen Menschen, die ein Reiches und Glückliches Leben führen, und denjenigen, die das nicht tun. Es kommt einzig darauf an, die Formel zu kennen und sie anzuwenden.

Dieses Buch erläutert die Formel und zeigt, wie sie zum Schlüsselfaktor im Leben von Menschen mit einem überaus unterschiedlichen gesellschaftlichen, kulturellen und geografischen Hintergrund wurde, wie diese von ihr profitierten.

Ich habe erlebt, welche Wirkung die Formel weltweit auf junge Menschen hat. Die Zukunft wäre viel stärker von Innovationen geprägt sowie von einer Zusammenarbeit und Zufriedenheit, wie sie die Menschheit so noch nie zuvor erlebt hat, würde man die Formel bereits Heranwachsenden vermitteln. Davon bin ich fest überzeugt.

Wenn Sie dieses Buch lesen, finden vielleicht auch Sie, wie bereits so viele vor Ihnen, für sich einen Katalysator, um das umzusetzen und zu genießen, was die Formel Ihnen bietet. Sie werden erfahren, warum die Erfolgsformel bei jedem funktioniert, der sie anwendet. Wie sie einem Mann namens Eiffel ein Millionen-Vermögen und für immer einen Platz in der Geschichte bescherte – und das, weil er etwas tat, das ihn begeisterte.

All die Erkenntnisse in diesem Buch werden Ihnen zeigen, welche Bedeutung es für Ihr Leben haben kann, die Formel zu nutzen. Sie machen damit einen Schritt von dem Leben, das Sie im Moment führen, in ein Leben, das Sie sich wünschen. Tausende von Männern und Frauen haben die Formel angewendet und ungemein davon profitiert.

Ein junger Mann konnte beispielsweise zwei Jahre lang durch Asien reisen, während sein Bankkonto sich von alleine immer mehr füllte. Er agierte aus einem Bereich heraus, den ich, wie Sie bald erfahren werden, als »Zone drei« der Reich-und-Glücklich-Matrix bezeichne.

Für einen anderen hatte die Anwendung der Formel zur Folge, dass er sich einen Berg in Costa Rica kaufen und jeden Nachmittag surfen und mit seiner Familie am Strand spielen konnte.

Martin Strel, ein Mann, der sich selbst das Schwimmen beigebracht hatte, nutzte die Formel, um einen Eintrag im Guinnessbuch der Rekorde zu bekommen. Er schwamm als Erster den Amazonas in seiner ganzen Länge hinunter. Sein Erfolg brachte ihm weltweiten Ruhm ein. Darüber hinaus entstand ein Buch über sein Abenteuer, er hielt viele Vorträge und seine Geschichte wurde zur Vorlage für einen preisgekrönten Film.

Sam Horn, eine außergewöhnliche Beraterin von Autoren, baute sich mithilfe der Formel ein Leben auf, in dem ihr Stundenlohn höher ist als ihr früheres Monatseinkommen. Sie tut nun etwas, das sie glücklich macht und das buchstäblich Millionen von Menschen auf der ganzen Welt große Freude bereitet.

Auf diesen Seiten beziehe ich mich fast ständig auf die Reich-und-Glücklich-Formel. Wenn Sie bereit sind, davon zu profitieren, steht sie Ihnen gut erkennbar zur Verfügung. Sie müssen sie lediglich nutzen.

Wenn Ihr Leben Sie auf einen Weg geführt hat, der Sie auszehrt und Ihnen Ihre Zuversicht raubt, wenn Sie das Gefühl haben, die Herausforderungen oder die Hindernisse, denen Sie sich gegenübersehen, seien zu groß, dann können Sie sich von den Beispielen in diesem Buch inspirieren und aufbauen lassen.

Die Formel versetzte eine Frau aus einem kleinen afrikanischen Dorf in die Lage, sich gegen die vorherrschende Tyrannei aufzulehnen. Sie rief ein Aufforstungsprojekt ins Leben und pflanzte mit ihren zahlreichen Anhängern mehr als 30 Millionen Bäume und forstete so ganze Länder wieder auf. Sie erhielt als erste afrikanische Frau den mit über eineinhalb Millionen Dollar dotierten Friedensnobelpreis.

Die Formel war das entscheidende Element für viele, viele andere Menschen, die wie sie nicht nur Tragödien überstanden, sondern regelrecht aufblühten.

Sobald Menschen die Formel entdecken und anwenden, erkennen sie, dass sie mit rasanter Geschwindigkeit in ein Reiches und Glückliches Leben hineinkatapultiert werden. Wie ein wunderbar gefärbtes Blatt mitten in einem reißenden Fluss werden sie mit der Strömung ihrer eigenen Definition von Erfolg fortgetragen.

Es gehört zu den besonderen Merkmalen der Formel, dass diejenigen, die nicht danach Ausschau halten oder nicht bereit dafür sind, sie nicht sehen. Das weiß ich aus eigener Erfahrung. Wie Sie im nächsten Kapitel lesen werden, sah auch ich sie erst an einem denkwürdigen Morgen, obwohl sie die ganze Zeit da gewesen war.

Um die Formel zu nutzen, benötigt man kein bestimmtes Bildungsniveau, das zeigen die unterschiedlichen Beispiele. Sie funktioniert ebenso gut bei jemandem mit einer geringen Bildung wie bei jemandem, der viele Jahre an einer Universität verbracht hat. Viele Menschen, die Reich und Glücklich wurden, haben nur eine geringe Vorbildung.

Sie werden beim Lesen dieses Buches erkennen, warum ich all dies mit einer so großen Überzeugung behaupten kann. Es wird einen Moment geben, in dem es in Ihrem Kopf klick macht und Sie alles verstehen.

Es kann beim Lesen der ersten Kapitel passieren, in denen es um den Gewinn geht, den das Reich-und-Glücklich-Sein mit sich bringt. Möglicherweise geschieht es auch erst aufgrund einer der letzten Geschichten. Aber wenn Sie dieses Buch aufmerksam lesen, wird es früher oder später dazu kommen.

Im Laufe von rund 20 Jahren habe ich die Fälle Tausender Männer und Frauen untersucht, die es geschafft haben, Reich und Glücklich zu werden. Zwar macht jeder eigene und in ihrer Art einzigartige Erfahrungen, aber die Formel zieht sich wie ein roter Faden durch alle Erfolgsgeschichten hindurch.

Und dabei stellen diese Menschen nur einen Bruchteil all der Leute auf der ganzen Welt dar, die die Formel erfolgreich anwenden. Ich habe tatsächlich noch nie einen Menschen kennengelernt, der die Formel verstanden und angewendet hatte und daraufhin nicht Reich und Glücklich geworden wäre. Und ich bin noch nie jemandem begegnet, der ohne die Formel einen Zustand des Reich-und-Glücklich-Seins erreicht hatte. Daher ist sie von so großer Bedeutung.

Beim Lesen wird sich die Formel immer wieder herauskristallisieren und Sie werden das Gefühl haben, als bewege sich Ihre gesamte Welt in eine positive Richtung – vorausgesetzt, Sie sind offen für diese Möglichkeit! Schließen Sie in solchen Augenblicken die Augen – Sie werden wissen, wann sie sich ereignen – und atmen Sie tief durch. Denn dies sind Schlüsselmomente in Ihrem Leben.

Unser erworbenes Wissen ist ein wertvoller Schatz, von dem wir unser ganzes Leben lang profitieren können, und niemand kann uns dieses Wissen je nehmen.

Seien Sie sich stets im Klaren darüber, dass es sich bei dem, was hier geschrieben steht, um Wissen handelt, nicht etwa um eine Meinung. **Es geht um Tatsachen, nicht um Fiktion.**

Die Formel zum Reich-und-Glücklich-Sein gibt es, Sie und alle anderen, die dafür offen sind, können sie entdecken, ebenso wie die Motivation, sie anzuwenden.

Lassen Sie mich noch eine letzte Anmerkung machen, bevor Sie Ihre Reise auf der nächsten Seite beginnen. Jeder Reich-und-Glücklich-Moment, der sich jetzt ereignet oder zu dem es zu irgendeinem Zeitpunkt in der Geschichte der Menschheit gekommen ist, hatte seinen Ursprung in einem einzigen Gedanken – »Ich möchte Reich und Glücklich sein«. Wenn auch Sie diesen Wunsch haben und offen dafür sind, was er Ihnen bescheren kann, dann haben Sie bereits die Hälfte des Weges geschafft. Und der Rest wartet darauf, auf den folgenden Seiten von Ihnen entdeckt zu werden.

MEIN AUTO BRENNT

**»Mein Auto brennt.
Oh Gott, mein Auto BRENNT!«**

Im Leben jedes Menschen, der die Reich-und-Glücklich-Formel entdeckt, gibt es einen entscheidenden Moment, der sein Abenteuer mit dieser Formel wie eine Initialzündung in Gang setzt. Dieser bleibt einem meistens für immer in Erinnerung. Ich hatte mein Schlüsselerlebnis eines Tages auf dem Interstate Highway 88 West, als ich von Chicago stadtauswärts fuhr. Ich war 21 Jahre alt und lebte mehr schlecht als recht am Rande des Existenzminimums.

Es war ein sehr kalter Februartag und ich befand mich gerade auf dem Weg zur Arbeit. Ich arbeitete für 2,01 Dollar die Stunde zuzüglich Trinkgeld als Kellner in einer Restaurantkette namens Bennigans. Als Mitglied des Servicepersonals und sogenannter »Bennigans Blues Buster« sollte ich stets gute Laune verbreiten. Das war im Grunde genommen ein Witz, denn mein Jahreslohn betrug knapp über 7000 Dollar. Ich konnte nicht einmal mich selbst bei Laune halten. Einer der Vorteile des Jobs war, dass man sich mittags das Essen von der Angestelltenkarte umsonst bestellen durfte. Insgesamt gab es acht verschiedene Gerichte. Die meisten Leute nahmen eins davon. Ich dagegen bestellte und aß je eine Portion von allen Gerichten und deckte auf diese Weise so ziemlich meine gesamte Verpflegung für den Tag ab.

Doch zurück zu dem brennenden Auto.

Als ich die Flammen sah, die unter der Motorhaube hervorkamen, stieß ich im ersten Moment den Satz aus, mit dem ich mittlerweile viele gute Erinnerungen verbinde, weil er so vieles in Gang brachte. Aber damals schrie ich ihn voller Panik: »Mein Auto brennt. Oh, mein Gott, mein Auto BRENNT!« Dann bremste ich den Wagen von einer Geschwindigkeit von 120 Stundenkilometern herunter und lenkte ihn auf den Seitenstreifen.

Ich zog den Hebel, um die Motorhaube zu öffnen, und sprang aus dem Auto. Der Verkehr schoss an mir vorbei und einige Leute hupten. Keiner hielt an, sie hupten bloß. Offensichtlich wollten sie mich darauf aufmerksam machen, dass mein Auto brannte. Als ob mir das irgendwie entgangen sein konnte.

Ich rannte nach vorne und öffnete die Motorhaube. Die Flammen schlugen mir hell entgegen und schienen größer zu werden. Ich stürzte zum Kofferraum, um nach Wasser zu suchen. Doch ich hatte keins dabei. In meiner Panik dachte ich, Frostschutzmittel – schließlich auch eine Flüssigkeit – sei eine geeignete Alternative.

Doch dies sollte sich als schlechte Entscheidung erweisen.

Frostschutzmittel hat einen hohen Alkoholgehalt und anstatt ein Feuer zu löschen, bewirkt dieser genau das Gegenteil. Das musste ich in dem Moment feststellen, als ich das Mittel auf die Flammen schüttete.

Das so zusätzlich angefachte Inferno griff nun auf den Motorblock über. »Sand«, dachte ich. »Ich muss Sand auf das Feuer streuen.« Doch im Februar ist der Boden in der Gegend von Chicago in der Regel gefroren, daher brachte es kaum etwas, als ich versuchte, mit bloßen Händen Sand vom Straßenrand auf den Motor zu schaufeln. Also kratzte ich mit den Händen lose Steine und Kies sowie den spärlichen Sand auf dem asphaltierten Seitenstreifen zusammen und warf alles auf das Feuer – das tat ich ungefähr zwanzig Mal. Und es funktionierte tatsächlich.

Nachdem die Flammen gelöscht waren, stand ich schlotternd im Wind und überlegte, was ich nun tun sollte. Ich hatte kein Handy, die Temperatur betrug 19 Grad unter null und ich war gut drei Kilometer von der nächsten Ausfahrt entfernt – der Ausfahrt, die ich nehmen musste, um zur Arbeit zu gelangen.

Und in diesem Augenblick hatte ich mein Schlüsselerlebnis.

In dem Moment, als ich auf dem Seitenstreifen neben dem Highway stand und mein Auto betrachtete, das gerade noch in Flammen gestanden hatte, entschied ich, dass sich in meinem Leben etwas ändern würde. Ich *wünschte* mir nicht, dass sich etwas änderte, und ich dachte auch nicht, dass es *schön wäre*, wenn sich die Dinge veränderten. Nein, etwas *würde* sich verändern. Und in diesem Augenblick fand mich die Formel. Seit diesem Tag beschäftige ich mich damit, wie sie funktioniert. Ich habe Tausende von Menschen interviewt und ihre Aussagen ausgewertet, um die Nuancen, Facetten und Gesetzmäßigkeiten dieser Formel zu erkennen.

In diesem Buch werde ich Ihnen meine Erkenntnisse verraten.

Vielleicht fragen Sie sich nun: »Warum? Warum sollte jemand darüber schreiben, anstatt sie einfach nur zu seinem eigenen Vorteil zu nutzen?«

Zunächst einmal dürfen Sie mir eines glauben: Ich habe sie zu meinem eigenen Vorteil genutzt.

An dem Tag, als mein Auto Feuer fing und die Formel

mich fand, war ich 21 Jahre alt, ich lebte am Rande des Existenzminimums und eine große Hoffnungslosigkeit hatte mich befallen.

Ich war so weit vom Reich-und-Glücklich-Sein entfernt, wie man es nur sein kann.

Dank der Formel stieg ich über 30 Jahre früher als geplant aus der Tretmühle der Vollzeitjobs aus und ich werde mich nie mehr in eine solche begeben müssen.

Ich habe die Weisheit der Formel für mich genutzt und konnte so die Welt bereisen und bis zu neun Monate am Stück all das erkunden, was dieser fantastische Planet zu bieten hat: den Amazonas, die Chinesische Mauer, den Regenwald in Costa Rica und Brasilien, das Kolosseum in Rom, den Parthenon in Griechenland, die Savannen in Afrika …

Dank der Formel wurde ich Autor eines Buches, das es auf Platz eins der Bestsellerliste schaffte, und ich werde zu Vorträgen auf der ganzen Welt eingeladen, um meine Gedanken und Ideen zu präsentieren.

Das Wichtigste ist jedoch Folgendes, und es wird für manche Leser im Hinblick auf ihre persönliche Situation die größte Bedeutung haben: Nachdem ich am Straßenrand gestanden und mir bewusst gemacht hatte, wie aussichtslos und deprimierend mein Leben geworden war, **lernte ich dank der Formel, in einem Zustand wahren Glücks zu leben.**

Ich habe die Formel also durchaus zu meinem eigenen Vorteil genutzt.

Ich habe mich aus einem einfachen Grund dazu entschlossen, meine Erkenntnisse aus den letzten 20 Jahren in einem Buch zusammenzufassen. Ich weiß, wie es sich anfühlt, mit 21 Jahren am Straßenrand zu stehen, während das eigene Auto brennt, und so niedergeschlagen zu sein, dass es nicht mehr schlimmer geht; ohne Zuversicht, alleine und ohne Aussicht darauf, je vorwärtszukommen oder jemals glücklich zu sein.

Sobald man die Formel kennt, verändert sich das alles.

Ich habe dieses Buch geschrieben, um anderen Menschen genau das zu vermitteln. Denn gerade jetzt gibt es viele Leute, die sich genau so fühlen wie ich damals.

Sie sollten sich darüber bewusst sein, dass einige Teile der Formel völlig neu für Sie sein werden. Sie sollten das Buch daher ganz unvoreingenommen lesen, wenn Sie davon profitieren möchten. Albert Einstein hat einmal gesagt: »Die Definition von Wahnsinn ist, immer wieder das Gleiche zu tun und andere Ergebnisse zu erwarten.«

Die meisten Menschen verbringen ihr Leben damit, den Wahnsinn zu perfektionieren. Reiche und Glückliche Menschen tun das nicht.

Andere Elemente der Formel ähneln möglicherweise Dingen, die Sie bereits in anderen Büchern entdeckt haben. Das sollte Sie nicht verwundern. Weder ich selbst noch die Menschen, die ich interviewen durfte, haben als Einzige den Zustand des Reich-und-Glücklich-Seins erreicht.

Wir leben auf einem großen Planeten mit einer langen Geschichte und vielen Menschen. Einige Reiche und Glückliche Leute waren so nett, ihre Erkenntnisse in Büchern weiterzugeben. Auch einige meiner Gesprächspartner haben das getan. Da man ohne die Formel nicht Reich und Glücklich sein kann, ist es nicht verwunderlich, wenn die Bücher die gleiche Sprache sprechen, auch wenn die Terminologie sich voneinander unterscheiden mag.

Das ist auch in Ordnung. Es ist sogar positiv. Nicht jeder wird das gleiche Buch lesen und nicht jedes Buch hat die gleiche Wirkung auf alle Leser. Je mehr Möglichkeiten die Menschen haben, Erkenntnisse über die Formel zu gewinnen, desto besser.

Ich ermuntere Sie dazu, jede Seite dieses Buches völlig unvoreingenommen zu lesen. Wenn Sie das nicht tun, wird die Formel sich Ihnen entziehen.

Sie waren noch nie an genau diesem Punkt in Ihrem Leben. Daher wird alles, was Sie lesen werden, in der Art und Weise, wie es Ihr Leben im Moment betrifft, neu für Sie sein, selbst wenn Ihnen manches bekannt vorkommt.

Ich möchte Sie darüber hinaus vor einem Fehler warnen, der Sie mehr als jeder andere von Ihrem Ziel abhalten kann, Reich und Glücklich zu werden. Ich kenne ihn gut, weil auch ich ihn gemacht und mich darauf versteift habe, sodass er mich daran hinderte, im Leben vorwärtszukommen. Es ist der »Gilt-das-für-jeden?«-Fehler.

Das Ganze läuft folgendermaßen ab: Man hört oder liest eine aufbauende Aussage und versucht sofort, das eine mögliche Szenario zu finden, auf das sie nicht zutrifft. Ich kenne diesen Mechanismus sehr gut. Wenn ich einen Redner hörte, mich mit jemandem unterhielt, der Reich und Glücklich war, oder einen Abschnitt in einem Buch las, in dem behauptet wurde, dass etwas möglich sei, konzentrierte ich mich sofort darauf, das eine Beispiel zu finden, für das die Aussage nicht galt.

Der aufbauende Satz lautete beispielsweise: »Jeder, der es sich wünscht, kann Reich und Glücklich werden.«

Sofort dachte ich dann: »Aber sicher, doch was ist mit einem Yakhirten, der in einer abgelegenen Gegend hoch oben im Himalaja lebt, gerade von einem Berg abgestürzt ist und sich beide Beine gebrochen hat? Was ist, wenn seine

Yaks weggelaufen sind, seine Wasserflasche bei dem Sturz zu Bruch gegangen ist und …« Ich denke, Sie wissen, worauf ich hinauswill. Die Beispiele, die ich mir einfallen ließ, waren stets so realitätsfremd, dass es geradezu lächerlich war. Nicht lächerlich war allerdings, dass diese Angewohnheit mich davon abhielt, meine Zeit und Energie für etwas einzusetzen, was wirklich wichtig war – nämlich dafür, etwas zu lernen.

Es ist egal, ob das, was Sie lesen, für jede Person in jedweder Situation gilt.

Die Frage, die Sie sich stellen sollten – die Frage, die alle Reichen und Glücklichen Menschen sich gestellt haben und die ich mir schließlich auch zu stellen gelernt habe –, lautet: »Kann das für mich funktionieren?«

Machen Sie sich keine Gedanken über all die anderen. Die kümmern sich schon um sich selbst. Lassen Sie uns nun also damit beginnen, Sie auf den Weg zu Reichtum und Glück zu bringen!

WENN SIE NICHT WISSEN, WAS SIE WOLLEN, WERDEN SIE ES AUCH NICHT BEKOMMEN

Folge deinem Glücksgefühl, und das Universum
wird dir Türen öffnen, wo vorher nur Wände waren.

Joseph Campell

Während der 20 Jahre, in denen ich recherchiert habe, erschloss sich mir eine allgemeine Definition für das Reich-und-Glücklich-Sein. Obwohl es sich um eine einfache Definition handelt, besteht ein entscheidender Teil der Formel für Reiche und Glückliche Menschen darin, sich dieser Definition bewusst zu sein.

Reich und Glücklich zu sein bedeutet, dass man in der Lage ist zu tun, was immer man möchte, wann immer man möchte.

Wie das *Was immer* und das *Wann auch immer* im Einzelnen aussehen, ist von Mensch zu Mensch unterschiedlich. Aber die Definition stimmt bei allen fast zu hundert Prozent überein. Sicher haben Sie bemerkt, dass es bei der Definition nicht ums Geld geht. Das liegt daran, dass Geld an sich für die große Mehrheit der Reichen und Glücklichen Menschen nicht das eigentliche Ziel ist. Geld ist lediglich eins der Mittel, die sie nutzen, um das, was sie sich wünschen, zu bezahlen – was immer es auch ist und wann immer sie es möchten.

Falls Sie bezweifeln, dass Geld nicht das Ziel ist, sollten Sie sich einmal die folgende Situation vorstellen:

Angenommen, jemand schenkt Ihnen 20 Millionen Dollar, die Sie nicht einmal versteuern müssen. Es gehört alles Ihnen. Wie fühlen Sie sich? Reich? Glücklich?

Was aber wäre, wenn Sie die 20 Millionen weder ausgeben noch investieren noch verleihen noch irgendjemandem etwas davon erzählen dürften, wenn Sie also nichts damit anfangen könnten, außer das Geld zu betrachten? Und im Todesfall könnten Sie das Geld auch niemandem vermachen. Die Person, die es Ihnen geschenkt hat, bekäme es zurück. Wie würden Sie sich nun fühlen?

Plötzlich wäre es gar nicht mehr so großartig, Geld zu besitzen, nicht wahr? Und genau das ist der springende Punkt. **Wenn Sie Reich und Glücklich werden möchten, müssen Sie in der Lage sein, Ihren Blick über das rein Materielle hinaus auf das zu richten, was Sie während Ihrer Zeit auf diesem Planeten tun möchten.**

Selbst bei den wenigen Menschen, deren Definition des Reich-und-Glücklich-Seins Geld umfasst, steht immer etwas hinter der Anhäufung von Wohlstand.

Der milliardenschwere Investor Warren Buffet ist ein gutes Beispiel dafür. Geld zu verdienen gehört für ihn zwar zum »Was immer« er tun möchte, aber in vielen Interviews hat er darüber gesprochen, dass die Vermehrung von Geld eigentlich nur ein Spiel ist. Es ist ein Teil dessen, was das Leben für ihn interessant macht und was ihm Spaß bereitet. Der Einsatz des Spiels ist zufälligerweise Geld, und dieses zeigt ihm an, ob er gewinnt. Geld auszugeben bereitet ihm an sich kein Vergnügen, außer wenn er Teile von Unternehmen oder ganze Firmen aufkauft.

Warum ist es aber so wichtig zu verstehen, dass Reich-und-Glücklich-Sein bedeutet, tun zu können, was immer man möchte, wann immer man möchte? Warum ist diese Definition ein so zentraler Bestandteil der Formel?

Weil Sie für sich definieren müssen, was es für Sie bedeutet, Reich und Glücklich zu sein, bevor Sie Reich und Glücklich werden können. Sie müssen Ihr »Was auch immer« kennen.

Diese Aussage enthält eine tiefe Erkenntnis. Trotz alledem, was die Werbung für Luxusautos Sie gerne glauben machen möchte, haben die Menschen nicht alle die gleichen Vorstellungen vom Reich-und-Glücklich-Sein. Und solange Sie nicht wissen, was es für Sie bedeutet, können Sie auch nicht Reich und Glücklich sein. So funktioniert das Ganze nun einmal.

Betrachten Sie das Reich-und-Glücklich-Sein wie eine Traumreise. Nehmen wir an, eines Tages klingelt ein bekannter Fernsehmoderator an Ihrer Tür. Als Sie ihm öffnen, überreicht er Ihnen einen dieser überdimensionalen, zwei Meter großen Schecks und überbringt Ihnen dabei die gute Nachricht, dass Sie soeben Ihre Traumreise gewonnen haben. Sie sollen sofort Ihre Koffer packen, denn das Flugzeug geht in drei Stunden.

Bevor Sie überhaupt die Gelegenheit haben, sich bei ihm zu bedanken und ihn zu fragen, wo er denn die letzten 15 Jahre gewesen ist, seit Sie ihn zum letzten Mal in Ihrer Lieblingssendung gesehen haben, ist sein Wagen auch schon wieder verschwunden und Sie stehen alleine vor Ihrer Haustür.

Sie stürzen hinein, öffnen Ihren Koffer und stellen plötzlich fest, dass Sie keine Ahnung haben, was Sie einpacken sollen. Sollen Sie elegante Abendroben oder Freizeitkleidung mitnehmen, Badesachen oder Skihosen, Bergstiefel oder Joggingschuhe? Sie sind ratlos. Sie wissen nicht, wie Sie zu einer Entscheidung kommen sollen. Sie hängen in einem Zustand der Verwirrung fest.

Auf diese Art und Weise bewegen sich die meisten Menschen durch das Leben. Und das trägt ganz wesentlich dazu bei, warum sie nicht Reich und Glücklich sind.

Man kann sogar alles haben, was man braucht, um Reich und Glücklich zu sein, ohne sich dessen bewusst zu sein, weil man sein »Was auch immer« nicht kennt. Das klingt verrückt, meinen Sie? Doch es kommt vor. Hier ein Beispiel:

Als ich vor ein paar Jahren durch Costa Rica reiste, begegnete ich Tony. Tony kam aus San José in Kalifornien und lebte nun mit seiner Frau und seinen beiden Töchtern an einem wunderschönen Ort namens Manuel Antonio. Er verbrachte seine Zeit damit, sich zu entspannen, zu lesen und sich seinen verschiedenen Hobbys zu widmen, so spielte er zum Beispiel Gitarre und lernte Spanisch.

Zwei Jahre zuvor war Tony im Alter von 48 Jahren am Rande eines Nervenzusammenbruchs gewesen. Seine Frau und er hatten Jobs in der Hightech-Industrie und in der Biotechnologie-Branche und arbeiteten häufig 14 Stunden pro Tag. Ihre Töchter sahen sie unter der Woche jeweils nur kurz an den Abenden und gelegentlich am Wochenende. Eines Tages entschloss sich Tonys Herz, ihn daran zu erinnern, dass er nicht unsterblich war.

Als er nach seiner Herzoperation im Aufwachraum lag, unterhielt sich Tony lange mit seiner Frau darüber, wie ein Reiches und Glückliches Leben aussehen würde.

Drei Monate später veräußerten sie ihr Haus und ihre Ak-

tien sowie alle anderen Vermögenswerte und kauften mit den 400 000 Dollar, die auf diese Weise zusammenkamen, einen Hügel in Manuel Antonio. Ihr Hügel fällt sanft bis zum Strand hin ab und jeden Abend gehen sie ein paar Stunden vor Sonnenuntergang hinunter und spielen zusammen mit einigen anderen Anwohnern Volleyball. Dort begegnete ich ihnen.

Bei meinen Gesprächen mit Tony erfuhr ich, dass er diesen Schritt schon viele Jahre zuvor hätte machen können. Seine finanzielle Situation hatte sich in den Jahren davor bereits verschlechtert, weil sein Unternehmen einige Schwankungen durchgemacht hatte.

Doch erst als Tony ins Krankenhaus musste, nahmen er und seine Frau sich die Zeit, darüber nachzudenken, was sie wirklich wollten – was Reich-und-Glücklich-Sein für sie bedeutete, wie es sich anfühlte, worin es für sie persönlich bestand.

Ich würde Ihnen einen Besuch in der Notaufnahme gerne ersparen, daher möchte ich Ihnen Folgendes in aller Deutlichkeit sagen:

Menschen, die Reich und Glücklich sind, haben diesen Zustand erreicht, weil ihnen klar war, was das für sie bedeutet. Sie waren sich dessen bewusst, bevor sie es in ihrem Leben umsetzten.

Vielleicht verfügen Sie nicht über ein 400 000-Dollar-Vermögen, vielleicht haben Sie nicht einmal 400 Dollar. Aber möglicherweise bedeutet Reich und Glücklich zu sein für Sie auch nicht, einen Hügel in Costa Rica zu besitzen. Außerdem können Vermögenswerte ganz unterschiedlich aussehen, wie Sie in einem späteren Kapitel erfahren werden. Und ich garantiere Ihnen, dass Sie ein wertvolles Vermögen besitz dessen Sie sich nicht einmal bewusst sind!

Die wichtige Erkenntnis ist für Sie im Moment, dass der erste Schritt der Reich-und-Glücklich-Formel darin besteht zu definieren, was Reich-und-Glücklich-Sein für Sie bedeutet. Doch falls Sie keine Antwort darauf parat haben, müssen Sie sich keine Sorgen machen. Die Informationen in den nächsten Kapiteln werden Ihnen helfen, es herauszufinden.

Ich möchte Ihnen vorab allerdings noch einen Rat geben.

Ich habe festgestellt, dass alle Schritte der Reich-und-Glücklich-Formel wichtig sind. Es ist so wie bei der Zubereitung einer Tiefkühlpizza. Stellen Sie sich vor, Sie wollen eine solche Pizza zubereiten. Dafür sind vier Schritte erforderlich: 1. Schalten Sie den Ofen an. 2. Nehmen Sie die Pizza aus der Plastikverpackung. 3. Schieben Sie die Pizza für 12 bis 16 Minuten in den Ofen. 4. Nehmen Sie die Pizza aus dem Ofen und verzehren Sie sie.

Wenn Sie nicht sicher sind, ob jeder dieser Schritte so wichtig ist, versuchen Sie einfach, den ersten wegzulassen – »Schalten Sie den Ofen an«. Wie würde Ihre Pizza nun schmecken? Oder Sie lassen den zweiten Schritt weg – »Nehmen Sie die Pizza aus der Plastikverpackung«. Wenn Sie das versuchen, sollten Sie den Ofen unbedingt ausschalten, sobald der Geruch der geschmolzenen Plastikfolie für immer in Ihr Gedächtnis eingebrannt hat, dass jeder Schritt wichtig ist.

Damit die Reich-und-Glücklich-Formel in Ihrem Leben funktionieren kann, müssen Sie entschlossen sein, jeden Teil davon anzuwenden.

Und das bedeutet unter anderem, aktiv zu werden. Wenn Sie eine perfekte, heiße und wunderbar schmeckende Pizza haben wollen, müssen Sie diese an irgendeinem Punkt in den

'n und backen. Sich die Zubereitungsempfeh-
h durchzulesen, genügt nicht. Sie müssen eine
dem Prozess übernehmen.

gilt für das Reich-und-Glücklich-Sein. Eins
..einsamen Merkmale von Reichen und Glücklichen
Menschen ist, dass sie die Schritte der Reich-und-Glücklich-Formel nicht nur kennen – sondern sie auch anwenden.

Ich habe dazu einmal eine lustige und gleichzeitig traurige
Geschichte gehört. Bei einem Seminar zur Persönlichkeitsentwicklung fragte der Seminarleiter, wie viele Teilnehmer
Napoleon Hills bekanntes Buch *Denke nach und werde reich*
gelesen hatten.

Fast alle hoben ihre Hand. Dann fragte der Seminarleiter,
wie viele die Prinzipien des Buches überzeugend fanden.
Wieder gingen fast alle Hände hoch. Schließlich fragte der
Leiter, wie viele Teilnehmer die Lehren in die Praxis umsetzten. Nur ein Mensch hob seine Hand – es war der Mann auf
der Bühne.

Am Anfang meiner Reise zu Reichtum und Glück lernte
auch ich häufig Teile der Formel, ohne sie in der Praxis anzuwenden. Natürlich nahm ich es mir stets vor, verschob es
dann aber immer wieder auf einen späteren Zeitpunkt.

Dieses Verhalten hält uns von dem Reichen und Glücklichen Leben ab, das wir uns wünschen.

Seien Sie sich dieser Tatsache beim Lesen des Buches
stets bewusst und beginnen Sie mit der Umsetzung, indem
Sie die Übung im nächsten Kapitel durchführen.

WOFÜR WÄREN SIE BEREIT ZU STERBEN?

Wofür wären Sie bereit zu sterben? Das ist eine provokante Frage, nicht wahr? Sie ist aber auch eine großartige Hilfe, Ihr »Was auch immer« zu erkennen.

Diese Frage öffnet nämlich Ihren Geist für die wesentlichen Dinge im Leben. Sie hilft Ihnen, Ihren inneren Kompass zu entdecken, Ihren persönlichen Wegweiser, der Ihnen sagt, ob Sie im Leben links, rechts, geradeaus oder rückwärts gehen sollen.

Die Frage hilft Ihnen, Ihre Werte zu erkennen.

Das ist außerordentlich wichtig, denn Sie können nicht Reich und Glücklich sein, wenn Sie nicht wissen, welche Werte Sie haben. Und Sie können nicht Reich und Glücklich sein, wenn Sie im Konflikt mit Ihren Werten leben. Es gibt keine Ausnahmen von diesen Regeln.

Ihre Werte sind daher ein zentraler Bestandteil der Reich-und-Glücklich-Formel.

Falls Sie sich nicht sicher sind, ob Sie im Moment im Einklang mit Ihren Werten leben, sollten Sie sich fragen: »Bin ich Reich und Glücklich? Tue ich, was immer ich will, wann immer ich es will?« Falls die Antwort Nein lautet, richten Sie sich in Ihrem Leben nicht harmonisch auf all Ihre Werte aus. Aber ich habe eine gute Nachricht für Sie: Wenn Sie weiterlesen, werden Sie erfahren, wie Sie das ändern können.

Das Buch *Flow* von Mihaly Csikszentmihalyi hat in der

englischen Originalfassung den Untertitel *Die Psychologie der optimalen Erfahrung* und der Autor hat ihn aus gutem Grund so gewählt. Der Flow ist ein Zustand, den man zumindest gelegentlich erlebt und in dem einem alles mühelos erscheint.

Nachdem man eine Weile wild gegen den Strom gepaddelt ist, hat man plötzlich das Gefühl, als hätte jemand das Kanu freundlicherweise umgedreht und man würde nun mit der Strömung treiben, anstatt gegen sie anzukämpfen. Man nutzt die Kraft der Natur und den Schwung, um vorwärtszukommen. Es ist ein tolles Gefühl beziehungsweise – um es mit Csikszentmihalyis Worten zu sagen – eine optimale Erfahrung.

Dieses Gefühl kann beispielsweise entstehen, während man an einem Projekt arbeitet, Sport treibt, mit anderen Menschen zu tun hat und so weiter. Egal, in welchem Kontext es auftritt, das gemeinsame Merkmal ist, dass man ein Gefühl der Mühelosigkeit empfindet.

Das gleiche Gefühl entsteht auch, wenn man sich im Einklang mit seinen Werten befindet.

Denken Sie nur einmal an Zeiten, in denen Sie Dinge immer wieder aufschoben, als Ihnen langweilig war, Sie sich unglücklich, gestresst oder unsicher fühlten. Was meinen Sie, in wie vielen dieser Momente waren Sie mit Ihren Werten im Einklang? Lassen Sie mich helfen, etwas Energie zu sparen, indem ich es Ihnen verrate. Die Antwort lautet: in keinem dieser Momente!

Wären Sie gerne in der Lage, das Gefühl der »optimalen Erfahrung« zu erleben, wann immer Sie das möchten? Diesen Flow-Zustand? Reiche und Glückliche Menschen können das. Sobald Sie die Bedeutung Ihrer Werte erkannt haben und sich darauf ausrichten, werden Sie ebenfalls dazu in der Lage sein.

Ich bin sicher, dass Sie sich an irgendeinem Punkt in Ihrem Leben schon einmal gefragt haben »Was ist mir wichtig?« oder etwas in der Art. Das ist ein großartiger Ausgangspunkt, um Ihre Werte zu ermitteln.

Damit Ihnen das gelingt, sollten Sie die eingeschlagene Richtung einfach beibehalten und den Weg weitergehen – so lange, bis Sie auf den Kern Ihrer Identität stoßen.

Klingt das für Sie interessant? Warten Sie nur ab, es kommt noch besser. Die folgenden beiden Tabellen enthalten eine Reihe von Werten und »Anti-Werten«. Werfen Sie erst mal nur einen Blick darauf, damit Sie einen Anhaltspunkt haben.

Ich werde Ihnen erläutern, auf welche Weise Werte Ihr Leben beeinflussen, und Ihnen dann zeigen, wie Sie herausfinden, welche der folgenden Werte und Anti-Werte Ihnen entsprechen. Darüber hinaus werden Sie erfahren, wie sich das auf das Reiche und Glückliche Leben auswirkt, das Sie sich wünschen und das Sie auch verdient haben.

Werte

Anerkennung	Ehrlichkeit
Anteilnahme	Energie
Aufrichtigkeit	Engagement
Ausdauer	Freiheit
Authentizität	Freundlichkeit
Bescheidenheit	Führungsqualitäten
Besonnenheit	Geborgenheit
Dankbarkeit	Gemeinschaftsgefühl
Disziplin	Gerechtigkeit

Werte

Gesundheit	Selbstkontrolle
Glück	Sicherheit
Harmonie	Spannende Erlebnisse
Hilfsbereitschaft	Spaß
Humor	Spiritualität
Innere Ruhe	Stabilität
Integrität	Stärke
Klarheit	Tiefgründigkeit
Kreativität	Unvoreingenommenheit
Leidenschaft	Verbundenheit
Liebe	Vertrauen
Mut	Vielfalt
Persönliches Wachstum	Wahrheit
Positives Denken	Weisheit
Schönheit	Wissen
Selbsterkenntnis	Wohlstand

Anti-Werte

Abscheu	Faulheit
Aggression	Furcht
Ängstlichkeit	Großspurigkeit
Apathie	Hass
Armut	Heuchelei
Arroganz	Isolation
Eifersucht	Misstrauen

Anti-Werte

Neid	Unehrlichkeit
Oberflächlichkeit	Ungerechtigkeit
Saumseligkeit	Unmoral
Schlechte Gesundheit	Untreue
Schmerz	Verachtung
Sorgenkrämerei	Zorn
Stress	Zwietracht
Tod	Zynismus

Werte sind keine Überzeugungen. Über diese werden wir in einem späteren Kapitel sprechen. Für den Moment sollten Sie sich lediglich klarmachen, dass Werte häufig auf Überzeugungen basieren und eng damit verknüpft sind. Allerdings sind sie in der Regel unverrückbarer und stärker als Überzeugungen.

Wertvorstellungen entwickeln sich im Laufe vieler Jahre und wie Überzeugungen werden sie von zahllosen Faktoren beeinflusst – etwa von der Familie (oder dem Fehlen einer Familie), von Freunden, dem Fernsehen, Politikern, Kirchenvertretern, kulturellen Prägungen, von Büchern, die man liest, von positiven oder negativen Ereignissen, Gesprächen, die man mit anderen führt, und vielen anderen Dingen.

Diese keineswegs vollständige Liste zeigt, warum sogar Geschwister und Zwillinge recht unterschiedliche Wertvorstellungen und Charaktereigenschaften haben können. **Es wird nie zwei Menschen geben – und das schließt** siamesische Zwillinge mit ein –, die genau den gleichen Umwelteinflüssen ausgesetzt sind. Daher haben zwei Menschen auch nie genau die gleichen Wertvorstellungen.

Unsere Wertvorstellungen verändern sich in der Regel nicht mehr stark, wenn wir Mitte zwanzig sind, denn wir neigen dazu, nach Informationen zu suchen, die unsere bereits vorhandenen Werte untermauern, und konträre auszufiltern. Allerdings können sich manche Vorstellungen unter bestimmten Voraussetzungen drastisch verändern.

Vielleicht war der Aspekt »Gesundheit« nie ein wichtiger Wert für Sie, weil Sie immer fit und gesund waren. Sollten Sie feststellen, dass Sie eine ernste Krankheit haben, mit der Sie sich sofort befassen müssen, wird der Gesundheitsaspekt auf Ihrer Liste sehr schnell ganz nach oben rücken, egal, wo er sich vorher befand.

Und falls Sie dachten, Sie hätten eine tolle Beziehung, aber herausfinden, dass Ihr Partner eine Affäre hat, könnte der Aspekt »Vertrauen« unglaublich wichtig für Sie werden. Die meisten Menschen, die ich im Rahmen meiner Arbeit kennengelernt habe und für die »Untreue« ein Anti-Wert war, hatten Untreue entweder selbst erfahren oder eine solche Beziehung (häufig die ihrer Eltern) aus nächster Nähe miterlebt.

Es gibt keine richtigen oder falschen Werte. Es gibt lediglich Werte, die für SIE richtig oder falsch sind! Und niemandes Werte sind besser oder schlechter als die irgendeines anderen Menschen.

Wenn Sie jemanden verurteilen, dann basiert Ihr Urteil auf Ihren eigenen Werten und der Überzeugung, dass mit dem anderen etwas nicht stimmt, da er nicht dieselben Werte hat wie Sie.

Das ist lächerlich, denn wenn Sie die Gene des anderen hätten und so aufgewachsen wären wie er, dann hätten Sie seine Wertvorstellungen. Wenn Sie also jemanden verurteilen, bringen Sie damit eigentlich zum Ausdruck, dass dieser Mensch sich das falsche Umfeld, die falschen Eltern und die falschen Lebenserfahrungen ausgesucht hat, und das ist wirklich ziemlicher Unsinn.

Ich habe gute Neuigkeiten für Sie. Ihr brillanter Geist kennt Ihre Wertvorstellungen bereits. Sie müssen lediglich zulassen, dass diese an die Oberfläche gelangen, damit Sie sie erkennen können.

Falls Sie das bezweifeln, werde ich es Ihnen gerne beweisen. Wie oft haben Sie bei etwas ein starkes Bauchgefühl, das sich letztlich als richtig erweist? Sie können den Begriff Bauchgefühl auch durch Intuition oder inneres Wissen ersetzen, wenn Sie möchten. Mit anderen Worten, wie oft »wissen« Sie etwas einfach, ohne erklären zu können, warum das so ist oder woher dieses Gefühl stammt?

Und wie oft bereuen Sie es im Nachhinein, wenn Sie ein solches Gefühl aus Vernunftgründen ignoriert haben?

Lassen Sie mich raten. Ihre Antworten auf die beiden Fragen lauten folgendermaßen: Sie haben bei ziemlich vielen Dingen ein starkes Bauchgefühl und bereuen es sehr häufig, wenn Sie es ignoriert haben.

Dieses Bauchgefühl ist Ihr unbewusster Geist.

Unser unbewusster Geist ist brillant und ich achte sehr darauf, meinen stets überallhin mitzunehmen. Er sorgt dafür, dass mein Herz schlägt, mein Essen verdaut wird, dass ich mit den Augenlidern blinzle, und er erledigt viele andere wichtige Dinge, für die ich einfach keine Zeit habe.

Wenn er wollte, könnte unser unbewusster Geist wahrscheinlich gleichzeitig mit Tellern und lebendigen Eichhörnchen jonglieren und dabei die gesamten Werke Shakespeares rückwärts aufsagen. Im Gegensatz zum bewussten Geist ist der unbewusste Geist nämlich ein ausgezeichneter Multitasker.

Stellen Sie sich vor, Sie befinden sich in einem Raum voller Leute, die sich unterhalten, und sind selbst in ein Gespräch vertieft. Wie groß ist Ihrer Meinung nach die Wahrscheinlichkeit, dass Sie es hören werden, wenn jemand, der sich drei Meter von Ihnen entfernt unterhält, Ihren Namen erwähnt? Erstaunlicherweise ist es sehr wahrscheinlich, selbst wenn sich mehrere plaudernde Menschen zwischen Ihnen und der Person befinden.

Dieses Phänomen wurde 1953 von Colin Cherry am Imperial College in London erforscht und als Cocktailparty-Effekt bezeichnet. Es verdeutlicht die Fähigkeit unseres unbewussten Geistes, Dinge wahrzunehmen, die für uns von Interesse sein könnten, selbst wenn wir uns auf etwas anderes konzentrieren.

Das ist unglaublich nützlich, wenn eine Gefahr besteht, derer wir nicht gewahr werden. Hatten Sie schon einmal das Gefühl, dass jemand hinter Ihnen stand, obwohl Sie ihn nicht sehen oder hören konnten? Das haben Sie der Amygdala, einem Teil Ihres Gehirns, zu verdanken, der alle möglichen Signale aus der Umgebung verarbeitet, wie zum Beispiel die Temperatur, Luftbewegungen und Geräusche, die man nicht bewusst wahrnehmen kann.

Unser Unbewusstes ist allerdings so beschaffen, dass es häufig isoliert ist und missverstanden wird. Darauf weist schon sein Name hin. Es ist »unbewusst«.

Wenn wir von unserem unbewussten Geist sprechen, meinen wir damit, dass er nicht auf eine traditionelle Weise – verbal, mithilfe der gesprochenen Sprache – mit uns kommuniziert. Stattdessen teilt sich das Unbewusste sehr effektiv mittels anderer Signale mit, zum Beispiel durch Emotionen.

Ein intuitives Gefühl ist das Ergebnis einer raschen Kalkulation, die extrem schnell abläuft und zu der unser bewusster Geist nie und nimmer imstande wäre. Unmittelbar danach erzeugt der unbewusste Geist Gefühle, um auf einer bewussten Ebene mit uns zu kommunizieren. Auf diese Weise kann er uns mitteilen, ob es tatsächlich eine so gute Idee ist, vier maskierten und mit Gewehren bewaffneten Männern in eine Bank in Miami zu folgen.

Der sogenannte Iowa Gambling Task veranschaulicht diesen Prozess sehr gut. Dieses Glücksspielexperiment führten António Damásio, Antoine Bechara, Daniel Tranel und Steven Anderson 1994 durch, und Damásio machte es der Öffentlichkeit bekannt.

Die Teilnehmer des Experiments wurden an Instrumente angeschlossen, die unbewusste Reaktionen wie Veränderungen der Hauttemperatur oder Schweißbildung maßen. Dann zeigte man den Probanden auf einem Computerbildschirm vier Kartenstapel und gab ihnen 2000 Dollar Spielgeld.

Die Regeln des Tests sahen folgendermaßen aus: Ein Proband hatte 100 Versuche. Bei jedem Versuch sollte er eine Karte aus einem der Kartenstapel ziehen. Sobald er das getan hatte, signalisierte der Computer dem Teilnehmer, wie viel Geld er gewonnen oder verloren hatte. Nach jedem Versuch konnte der Teilnehmer eine weitere Karte aus dem gleichen Stapel ziehen oder bei einem anderen Kartenstapel weitermachen.

Die Teilnehmer wussten allerdings nicht, dass die Stapel manipuliert waren. Zwei von ihnen warfen kleine, aber regelmäßige Gewinne ab. Entschieden sich die Teilnehmer immer wieder für diese Stapel, gewannen sie bei ihren 100 Versuchen

Geld. Die anderen beiden Stapel schütteten zwar große Gewinne aus, führten aber auch zu großen Verlusten. Wählte man immer wieder diese Stapel, verlor man im Laufe des Experiments das gesamte Spielgeld.

Die Ergebnisse waren verblüffend. Im Durchschnitt mussten die Teilnehmer 80 Karten ziehen, bevor sie voller Überzeugung erklären konnten, warum sie sich für zwei bestimmte Kartenstapel entschieden hatten. Circa 30 Karten davor aber hatten sie bereits begonnen, die Karten nur von den richtigen Stapeln zu ziehen, doch sie wussten nicht genau, warum.

Erstaunliche 70 Karten, bevor sie ihre Entscheidung begründen konnten, bekamen sie bereits ein messbares Feedback von ihrem Körper, das ihnen anzeigte, von welchem Stapel sie die Karten ziehen mussten. Das heißt, nach nur 10 Karten erkannte ihr Unbewusstes den richtigen Stapel.

Ein gemeinsames Merkmal von erfolgreichen Spielern besteht darin, dass sie sehr ausgeprägte intrapersonale Fähigkeiten besitzen (diese gehören zu den sieben Intelligenzen, die in Howard Gardners bahnbrechendem Buch über multiple Intelligenzen *Abschied vom IQ* erläutert werden).

Sie sind Meister darin, eine Verbindung zu ihrem unbewussten Geist herzustellen und somit ihre eigenen Emotionen zu entschlüsseln.

Während unser Unbewusstes viele Dinge gleichzeitig verarbeiten und große Informationsmengen, mit denen es bombardiert wird, entschlüsseln kann, ist unser bewusster Geist verglichen damit ein ziemlicher Dilettant. Er kann buchstäblich nicht mehr als neun Informationen gleichzeitig aufnehmen. Und sogar das ist bereits ungewöhnlich. Normalerweise sind es lediglich sechs oder sieben.

Sie können es selbst einmal ausprobieren. Konzentrieren

Sie sich auf Ihre linke Hand. Während Sie sich Ihrer linken Hand bewusst bleiben, richten Sie Ihre Aufmerksamkeit gleichzeitig auf Ihre rechte Hand. Achten Sie darauf, sich weiterhin auf beide Hände zu konzentrieren, und richten Sie Ihre Aufmerksamkeit nun auch auf Ihren linken Fuß und dann zudem auf Ihren rechten Fuß. Fällt Ihnen das bereits schwer? Falls es noch nicht der Fall ist, werden Sie spätestens Probleme bekommen, wenn Sie Ihre Aufmerksamkeit auf ein paar weitere Körperteile ausdehnen.

Betrachten Sie Ihren bewussten Geist wie einen RAM-Speicher Ihres Computers. Er erledigt die unmittelbar anstehenden Aufgaben, kann aber jeweils nur ein paar davon gleichzeitig bewältigen. Man hat zwar manchmal den Eindruck, als würde er mehrere Dinge gleichzeitig tun, aber in Wirklichkeit springt er lediglich sehr rasch von einer Aufgabe zur nächsten.

Unser unbewusster Geist lässt sich eher mit einer Festplatte vergleichen. Er kann alle möglichen Dinge hinter den Kulissen verarbeiten.

Leider hat die Menschheit den Zugang zu den Erkenntnissen des Unbewussten im Laufe ihres »Zivilisationsprozesses« immer mehr verloren. Viele Sozialwissenschaftler haben die »verblüffenden« Fähigkeiten von Naturvölkern dokumentiert, die zum Beispiel wussten, dass ihren Angehörigen etwas zugestoßen war, obwohl diese Hunderte von Kilometern entfernt waren.

Je mehr wir uns einer immer größeren Informationsflut aussetzen, desto mehr verlieren wir offenbar unsere Fähigkeit, den Informationen unseres Unbewussten zu vertrauen.

Trotz der unbestreitbaren Kraft der Intuition haben wir

gelernt, sie mithilfe der Vernunft zu verdrängen, weil es uns schwerfällt zu erklären, warum wir überhaupt so etwas wie ein Bauchgefühl haben. Es kann sich etwas schwammig und eigenartig anfühlen, manchmal sogar so, als hätten wir Verdauungsprobleme. Das meine ich völlig ernst. Erst wenn wir unsere Intuition zum tausendsten Mal ignoriert haben und alles wieder einmal schiefgelaufen ist, fragen wir uns, warum wir nicht schon eher auf unser Bauchgefühl gehört haben.

Das soll allerdings nicht heißen, dass unser bewusster Geist nichts zu sagen hätte. Natürlich spielt er eine sehr wichtige Rolle. Schließlich möchte keiner von uns, dass der Steuerberater unsere Steuererstattung mithilfe seiner Intuition schätzt.

Doch unseren unbewussten Geist ständig mithilfe unseres Verstandes zurückzuweisen ist so, als würden wir versuchen, einen Supercomputer mit einem Taschenrechner zu übertreffen. Außerdem ist es eine effektive Methode, um uns davon abzuhalten, Reich und Glücklich zu werden.

Ein gemeinsames Merkmal von Reichen und Glücklichen Menschen ist, dass sie gelernt haben, sich viel besser auf ihr Unbewusstes einzuschwingen als der Rest der Bevölkerung. Sie haben gelernt, es nicht länger zu ignorieren, sondern ihm zu vertrauen.

Und Sie können das auch. Dafür ist lediglich eine gewisse Aufmerksamkeit erforderlich.

Wie fühlt es sich an, wenn Sie ein »Bauchgefühl« haben? Wo beginnt dieses Gefühl? Wohin geht es? Wie intensiv ist es? Gibt es bei jedem Mal Gemeinsamkeiten, die Sie bewusster wahrnehmen könnten?

Je fließender Sie die Sprache Ihres Unbewussten beherrschen, desto leichter ist es für Sie, die Informationen, die es

Ihnen schickt, zu entschlüsseln und sie zu Ihrem Vorteil zu nutzen, anstatt dagegen anzugehen.

Da er über so großartige Fähigkeiten verfügt, sollten Sie Ihren unbewussten Geist nun dazu auffordern, Ihre Wertvorstellungen an die Oberfläche Ihres Bewusstseins zu bringen.

WAS MIR WIRKLICH WICHTIG IST

Mithilfe des folgenden Prozesses können Sie herausfinden, was Ihnen wirklich wichtig ist. Es ist der entscheidende Schritt, um sich über Ihre Werte klar zu werden, und ein wesentlicher Bestandteil der Reich-und-Glücklich-Formel.

Er hilft Ihnen nicht nur, die Richtung zu erkennen, die Ihnen Ihr innerer Kompass anzeigt, sondern motiviert Sie auch dazu, sie tatsächlich einzuschlagen.

Können Sie von Ihrem jetzigen Leben zu einem Reichen und Glücklichen Leben übergehen, ohne aktiv zu versuchen, Ihre Werte herauszufinden? Ja, denn Ihr Bewusstseinszustand könnte sich zufällig verändern, genauso wie Sie aus 3000 Metern Höhe ohne Fallschirm aus einem Flugzeug springen und trotzdem irgendwie überleben könnten. Es ist möglich, aber die Chancen stehen sehr schlecht und ich rate Ihnen dringend davon ab, es wirklich auf diese Weise zu versuchen.

Im Zusammenhang mit Ihren Werten sollten Sie sich der folgenden drei Regeln stets bewusst sein:

1. Es gibt keine richtigen oder falschen Werte. Was richtig oder falsch ist, gilt jeweils nur für einzelne Menschen. Ihre Werte gelten für Sie, und meine Werte gelten für mich. Es ist sehr unwahrscheinlich, dass zwei Menschen genau die gleichen Werte haben, da es unendlich viele Wertvorstellungen gibt.
2. Nur weil ein Wert in der Rangliste an einer niedrigeren

Stelle steht, sollten Sie nicht denken, er habe keine besondere Bedeutung.

3. Falls die Werte eines anderen Ihnen absolut falsch erscheinen und sogar ein Idiot das Ihrer Meinung nach erkennen würde, sollten Sie sich die erste Regel noch einmal vor Augen führen.

Hinweis: Die folgende Übung sollten Sie unbedingt alleine machen!

Es ist sehr wichtig, *Ihre* wahren Werte zu erkennen, da sie in Beziehung stehen zur Fähigkeit, Reich und Glücklich zu werden. Daher ist die Anwesenheit eines anderen Menschen, der Ihre Antworten beeinflusst, nicht in Ihrem Interesse.

Ich habe einmal einen beinahe tragischen Fehler gemacht, als ich eine Werteermittlung bei einem gemeinsamen Termin mit einem Ehepaar durchführte.

Die Eheleute hatten einen sehr unterschiedlichen kulturellen Hintergrund. Die Frau war im Süden der USA in einem streng baptistischen Haushalt aufgewachsen. Der Mann kam aus einer Familie aus Neuengland und hatte ein viel entspannteres Verhältnis zu Religion und Familientraditionen. Um es kurz zu machen, bei der Frau stand »Familie« auf Platz eins ihrer Werteskala. Der Mann hatte diesen Punkt an die siebte Stelle gesetzt.

Leider beachtete die Frau die drei wichtigen Werteregeln keineswegs. Das wurde besonders deutlich, als sie ihren nichts ahnenden Mann plötzlich körperlich angriff. Sie zog ihn wild an den Haaren und trat voller Zorn nach ihm.

Da ihre Wut nicht nachließ, zog ich mich leise durch eine Seitentür in ein anderes Zimmer zurück, um dem Ehepaar die Möglichkeit zu geben »sich auszusprechen«. Als ich im Nebenraum saß, fragte ich mich, warum die Situation so aus dem Ruder gelaufen war.

Damals erkannte ich, dass man eine Werteermittlung für sich alleine durchführen sollte.

Machen Sie die Übung daher in einer Umgebung, in der Sie Ihre Gedanken, Emotionen und Antworten ehrlich zulassen können, ohne das Gefühl zu haben, sich gegenüber jemandem rechtfertigen zu müssen – auch nicht sich selbst gegenüber.

Wenn Sie bereit sind, sollten Sie sich die untenstehenden Listen mit den Werten und Anti-Werten ansehen. Die Listen sind keineswegs vollständig, sie dienen lediglich als Anhaltspunkte. Wenn Ihnen beim Lesen der Begriffe ein wichtiger Wert oder Anti-Wert einfällt, sollten Sie ihn notieren und einkreisen. Nehmen Sie sich für beide Listen ausreichend Zeit. Kreisen Sie bei der Werteliste die Begriffe ein, die in Ihrem Inneren am stärksten auf Resonanz stoßen. Es spielt keine Rolle, warum Ihnen diese Begriffe besonders ins Auge stechen, wichtig ist allein die Tatsache, dass sie es tun. Möglicherweise sind Sie angesichts Ihrer Reaktion auf einige Werte sogar überrascht, weil Sie noch nie ernsthaft darüber nachgedacht haben.

Gehen Sie bei der Liste der Anti-Werte entsprechend vor, ergänzen Sie die Begriffe, die Ihnen wichtig erscheinen, und markieren Sie die Stichworte, die Sie am meisten abschrecken.

Es ist wichtig, Anti-Werte miteinzubeziehen, denn zu wissen, was Sie unter allen Umständen vermeiden möchten, kann ebenso nützlich sein wie zu wissen, was Sie in einer idealen Welt anstreben würden. Manche Menschen motiviert der Wunsch, Leid zu vermeiden, stärker als das Bedürfnis nach Vergnügen. Sich Ihrer Anti-Werte bewusst zu sein, kann daher sehr wichtig sein, wenn es um Ihre Motivation geht.

Auf der Liste der Anti-Werte finden Sie auch den Begriff »Tod«. Das ist ein heikles Stichwort, da es eigentlich nicht in die Kategorie der Anti-Werte passt. Schließlich wird der physische Körper eines jeden von uns früher oder später sterben.

Sollte ich Ihnen damit eine Illusion zerstören, tut es mir leid, aber auf diese Weise endet das Spiel nun mal für uns alle. Möglicherweise können wir unseren Tod etwas hinausschieben, aber sehr viel mehr ist nicht zu wollen. Doch manche Menschen möchten den Tod um jeden Preis vermeiden. Dann wird er zu einem Anti-Wert.

Gehen Sie die Listen relativ rasch durch, ohne sich besonders stark darauf zu konzentrieren. Sie sollen eine Verbindung zu Ihrem Unbewussten herstellen, und je länger Sie auf die Listen starren und sie intensiv studieren, desto eher verlieren Sie den Zugang zu dem intuitiven Gefühl und den daraus entspringenden emotionalen Hinweisen, und desto stärker verlassen Sie sich auf Ihr Bewusstsein.

Falls Sie Schwierigkeiten haben, diese Übung rasch zu absolvieren, sollten Sie für eine Weile an einen anderen Ort gehen und an etwas ganz anderes denken. Erst wenn Ihnen das wirklich gelungen ist, sollten Sie wieder zu den Listen zurückkehren. Sie können auch unmittelbar vor dem Schlafengehen erneut einen Blick darauf werfen und dann beobachten, woran Sie beim Aufwachen denken.

Selbst wenn es Ihnen leichtfällt, die Listen durchzugehen, weil bestimmte Werte und Anti-Werte Sie förmlich anspringen, sollten Sie die Listen für eine Stunde oder länger beiseitelegen und dann noch einmal prüfen, ob sich bei erneutem Durchlesen die gleichen Gefühle einstellen.

Suchen Sie nun also einen ruhigen Ort auf, an dem Sie nicht gestört werden, gehen Sie die folgenden Listen durch und kreisen Sie all die Werte und Anti-Werte ein, die in Ihrem Leben eine wichtige Rolle spielen. In die leeren Spalten können Sie zusätzliche Werte oder Anti-Werte eintragen und entsprechend markieren. **Das Ziel besteht darin, bis zu acht Begriffe aus der Werteliste und bis zu acht Begriffe aus der Anti-Werteliste auszuwählen.**

Bitte führen Sie die Übung jetzt durch und lesen Sie danach weiter.

Werte

Anerkennung	Gemeinschaftsgefühl
Anteilnahme	Gerechtigkeit
Aufrichtigkeit	Gesundheit
Ausdauer	Glück
Authentizität	Harmonie
Bescheidenheit	Hilfsbereitschaft
Besonnenheit	Humor
Dankbarkeit	Innere Ruhe
Disziplin	Integrität
Ehrlichkeit	Klarheit
Energie	Kreativität
Engagement	Leidenschaft
Freiheit	Liebe
Freundlichkeit	Mut
Führungsqualitäten	Persönliches Wachstum
Geborgenheit	Positives Denken

Werte

Schönheit	Tiefgründigkeit
Selbsterkenntnis	Unvoreingenommenheit
Selbstkontrolle	Verbundenheit
Sicherheit	Vertrauen
Spannende Erlebnisse	Vielfalt
Spaß	Wahrheit
Spiritualität	Weisheit
Stabilität	Wissen
Stärke	Wohlstand

Anti-Werte

Abscheu	Oberflächlichkeit
Aggression	Saumseligkeit
Ängstlichkeit	Schlechte Gesundheit
Apathie	Schmerz
Armut	Sorgenkrämerei
Arroganz	Stress
Eifersucht	Tod
Faulheit	Unehrlichkeit
Furcht	Ungerechtigkeit
Großspurigkeit	Unmoral
Hass	Untreue
Heuchelei	Verachtung
Isolation	Zorn
Misstrauen	Zwietracht
Neid	Zynismus

Prima! Was haben Sie für ein Gefühl, wenn Sie die markierten Begriffe ansehen? Ist die Auswahl immer noch stimmig für Sie? Sind Sie sicher, dass Sie im Einklang mit diesen Werten leben und die markierten Anti-Werte vermeiden möchten?

Glauben Sie, dass das Leben angenehm und leicht wäre, wenn Sie Tag für Tag diesen Werten entsprechend handeln würden? Befänden Sie sich dann auf dem Reich-und-Glücklich-Pfad, würden also tun, was immer Sie möchten?

Bevor Sie Ihre Werte in einer Werteskala anordnen, sollten Sie prüfen, ob Sie tatsächlich stimmige Antworten gefunden haben und sich bei jedem markierten Begriff die folgende Frage stellen:

»Was gibt mir dieser Wert?«

Wenn Sie zum Beispiel den Begriff »Glück« eingekreist haben, fragen Sie sich: »Was gibt mir Glück?« Was kommt Ihnen unmittelbar in den Sinn? Falls Sie als Erstes an Freiheit denken, dann ist Freiheit der eigentliche Wert, nicht Glück. Stellen Sie sich die Frage so lange, bis Sie nicht mehr weiterkommen oder immer wieder auf die gleiche Antwort stoßen.

Beispiel 1: Was gibt mir Glück? Es schenkt mir Freiheit. Was gibt mir Freiheit? Sie schenkt mir innere Ruhe. Was gibt mir die innere Ruhe? Sie schenkt mir Freiheit. Es kann gut sein, dass Freiheit und innere Ruhe für Sie wichtige Werte sind, daher sollten Sie in diesem Fall beide Begriffe markieren. Dieses Beispiel zeigt auch, dass Glück in diesem Fall kein so zentraler Wert ist, da Freiheit und innere Ruhe eine größere Rolle spielen.

Beispiel 2: Angenommen, Sie haben innere Ruhe als einen Wert markiert. Wenn Sie sich fragen, was die innere Ruhe Ihnen gibt, fällt Ihnen – egal, wie sehr Sie sich auch bemühen – nichts Treffenderes ein, als es erneut mit dem Begriff innere

Ruhe zu beschreiben. In diesem Fall haben Sie einen echten Wert ermittelt, der markiert bleiben sollte.

Prüfen Sie abschließend, ob Sie auch keinen entscheidenden Wert vergessen haben, indem Sie sich fragen: »Was ist mir wirklich wichtig?«

Spiegeln die markierten Werte Ihre Antworten wider? Wenn das nicht der Fall ist, sollten Sie in der Liste notieren, was Ihnen wirklich wichtig ist. Machen Sie dann den oben beschriebenen Prozess durch, indem Sie sich fragen: »Was gibt mir das?« Markieren Sie schließlich die Begriffe, die Ihre wahren Werte repräsentieren.

Lassen Sie uns nun einen zusätzlichen Schritt machen, der Ihnen noch etwas weiterhilft. Ordnen Sie Ihre ausgewählten Werte und Anti-Werte – mit den wichtigsten beginnend – auf einer Skala an.

Ich möchte Ihnen für die Werte keinerlei Reihenfolge vorgeben, daher erläutere ich Ihnen die Vorgehensweise für die Erstellung einer Werteskala nicht anhand von Werten, sondern anhand einiger Bücher, die ich während der Recherche für dieses Buch genutzt habe.

Sie können sich diese Anleitung auch in einem kurzen Video ansehen, das Sie auf der Internetseite www.howtobe-richandhappy.com/videotutorials finden (in englischer Sprache). Zur Durchführung der Übung können Sie sich überdies Musterseiten von der Internetseite www.howtoberichand-happy.com/formdownload herunterladen (ebenfalls in englischer Sprache).

Auf der linken Seite habe ich die Titel von acht wichtigen Büchern notiert, die ich gelesen habe. Entsprechend sollten Sie bei der Übung auf S. 61 die acht Werte in die Liste eintragen, die Sie markiert haben.

Ermittlung der Reich-und-Glücklich-Werteskala

1	Wie wir entscheiden	1	1	1	1	1	1	1
		2	3	4	5	6	7	8
2	Bleib dran, wenn dir was wichtig ist	2	2	2	2	2	2	
		3	4	5	6	7	8	
3	Denken hilft zwar, nützt aber nichts	3	3	3	3	3		
		4	5	6	7	8		
4	Blink: Die Macht des Moments	4	4	4	4			
		5	6	7	8			
5	Ins Glück stolpern	5	5	5				
		6	7	8				
6	Flow	6	6					
		7	8					
7	Denke nach und werde reich	7						
		8						
8	Der neue Prometheus							

Als die Auswahl der Titel stand, fragte ich mich, welches der beiden Bücher *Wie wir entscheiden* oder *Bleib dran, wenn dir was wichtig ist* eine größere Bedeutung für mich hatte. Mir gefällt *Bleib dran, wenn dir was wichtig ist* zwar sehr gut, aber für dieses Buch hier spielte *Wie wir entscheiden* eine wichtigere Rolle, daher markierte ich die Zahl 1.

Dann fragte ich mich, ob *Wie wir entscheiden* oder *Denken hilft zwar, nützt aber nichts* wichtiger war. Wieder war es *Wie wir entscheiden*, also markierte ich die nächste 1, die zu diesem Titel gehört.

Nachdem ich den Titel *Wie wir entscheiden* mit allen anderen Büchern verglichen hatte, begann ich den Prozess erneut mit dem Buch *Bleib dran, wenn dir was wichtig ist*.

Ich verglich den Titel mit *Denken hilft zwar, nützt aber nichts* und entschied, dass Letzterer wichtiger war, also markierte ich in der Zahlenreihe neben dem Titel *Bleib dran, wenn dir was wichtig ist* die Zahl 3 (da diese für den dritten Titel auf der Liste steht, der in diesem Fall der wichtigere war). Entsprechend verfuhr ich weiter, bis ich am Ende der Liste angekommen war.

Und so sah meine fertige Liste aus:

Ermittlung der Reich-und-Glücklich-Werteskala

1 Wie wir entscheiden	①	①	①	①	①	①	①	7
	2	3	4	5	6	7	8	
2 Bleib dran, wenn dir	2	2	2	②	2	2		1
was wichtig ist	③	④	⑤	6	⑦	⑧		
3 Denken hilft zwar,	3	3	③	3	3			2
nützt aber nichts	④	⑤	6	⑦	⑧			
4 Blink: Die Macht	④	④	4	④				5
des Moments	5	6	⑦	8				
5 Ins Glück stolpern	⑤	5	⑤					4
	6	⑦	8					
6 Flow	6	6						0
	⑦	8						
7 Denke nach und werde	⑦							6
reich	8							
8 Der neue Prometheus								2

Wie Sie sehen, hatte ich am Ende der Übung alle Bücher miteinander verglichen. Um sie gemäß ihrer Wichtigkeit in der richtigen Reihenfolge anzuordnen, zählte ich, wie oft ich die Ziffer 1 markiert hatte und wie oft ich mich für die 2, die

3, die 4 und so weiter entschieden hatte, bis das Ergebnis für jedes Buch feststand.

Das Buch, dessen Zahl am häufigsten markiert war, ist das wichtigste. Die zu jedem Buch gehörige Summe der markierten Zahlen ist in der rechten Spalte eingetragen.

Es ist unschwer zu erkennen, dass man in der ersten Zeile einfach durchzählen kann, wie oft die 1 markiert ist. Aber bei den folgenden Büchern muss man alle Zahlen genauer ansehen. Wenn ich lediglich gezählt hätte, wie oft die 3 in der Zeile neben dem Titel *Denken hilft zwar, nützt aber nichts* markiert ist, hätte ich die markierte 3 übersehen, die neben *Bleib dran, wenn dir was wichtig ist* steht und anzeigt, dass das dritte Buch auf der Liste wichtiger ist als das zweite.

Mithilfe dieses Systems ergab meine abschließende Skala die folgende Reihenfolge:

1. *Wie wir entscheiden*
2. *Denke nach und werde reich*
3. *Blink: Die Macht des Moments*
4. *Ins Glück stolpern*
5. *Der neue Prometheus*
6. *Denken hilft zwar, nützt aber nichts*
7. *Bleib dran, wenn dir was wichtig ist*
8. *Flow: Das Geheimnis des Glücks*

Nur weil *Flow* an der achten Stelle meiner Tabelle steht, bedeutet es nicht, dass es nicht wichtig ist. Ich habe wahrscheinlich über 100 Bücher im Zusammenhang mit diesem Projekt gelesen, und dieser Titel hat es immerhin unter die ersten acht geschafft.

Das Gleiche gilt für Ihre Werte. Ein Wert, der an achter

Stelle steht, hat für Sie immer noch eine große Bedeutung. Er ist nicht ganz so wichtig wie der Wert auf Platz sieben, welcher wiederum nicht ganz so wichtig ist wie die Nummer sechs oder die Nummer fünf …

Wir alle tragen weitaus mehr als acht Werte in uns. Das Ziel dieser Übung besteht darin herauszufinden, welche für Sie die größte Bedeutung haben. Reiche und Glückliche Menschen wissen diese Dinge über sich selbst, und da auch Sie Reich und Glücklich sein möchten, ist es für Sie ebenfalls wichtig, es zu wissen.

Lassen Sie es uns nun also herausfinden. Tragen Sie Ihre acht Werte in die leere Tabelle auf der nächsten Seite ein. Vergleichen Sie die einzelnen Werte dann jeweils miteinander und ermitteln Sie schließlich deren Rangfolge in der Werteskala.

An diesem Punkt möchte ich Sie noch einmal darauf hinweisen, wie wichtig es ist, Ihre eigenen Werte nicht zu beurteilen. Versuchen Sie nicht, Ihr Bauchgefühl zu übergehen, indem Sie beispielsweise zu sich selbst sagen: »Wahrscheinlich sollte ich die Familie wirklich an die erste Stelle setzen, sonst nimmt meine Frau/mein Mann/nehmen meine Kinder es mir übel. Außerdem werden alle denken, ich sei verrückt, wenn sie herausfinden, dass Bescheidenheit bei mir über der Gesundheit steht, also sollte ich die Reihenfolge lieber vertauschen.«

An welcher Stelle Sie Ihre Werte einordnen, muss für *Sie selbst* stimmig sein. Es ist egal, was Ihr Partner, Ihre Freunde oder irgendwelche anderen Leute denken. Sollten Sie selbst Ihre Liste zu einem späteren Zeitpunkt noch einmal durchgehen und dabei feststellen, dass die Reihenfolge nicht stimmt, können Sie diese natürlich verändern.

Ermittlung der Reich-und-Glücklich-Werteskala

1	_Aufrichtig..._	1 1 ① 1 1 1 1	6
		2 3 4 ⑤ ⑥ ⑦ ⑧	
2	_Freiheit_	② ② ② ② ② ②	1
		3 4 5 6 7 8	
3	_innere Ruhe_	③ ③ ③ ③ ③	2
		4 5 6 7 8	
4	_Leidenschaft_	4 4 4 4	7
		⑤ ⑥ ⑦ 8	
5	_Liebste herum..._	5 5 5	5
		6 ⑦ ⑧	
6	_verbundenheit_	6 6	3
		⑦ 8	
7	_Vertrauen_	⑦	4
		8	
8	_Weisheit_		

Prima! Mit diesem Ranking-Prozess haben Sie einen zentralen Bestandteil der Formel für sich ermittelt.

Falls Ihnen jetzt oder später ein anderer Wert einfällt, können Sie auf einfache Weise testen, ob er für Sie eine größere Bedeutung hat als diejenigen auf Ihrer kurzen Liste.

Nehmen wir wieder meine Bücherliste als Beispiel. Angenommen, ich frage mich plötzlich, ob Paul Ekmans Buch _Gefühle lesen_ auf der Liste stehen sollte.

1. _Wie wir entscheiden_
2. _Denke nach und werde reich_
3. _Blink: Die Macht des Moments_
4. _Ins Glück stolpern_

5. *Der neue Prometheus*
6. *Denken hilft zwar, nützt aber nichts*
7. *Bleib dran, wenn dir was wichtig ist*
8. *Flow: Das Geheimnis des Glücks*

Ich vergleiche den Titel einfach mit *Flow* auf dem achten Rang und wenn ich meine, dass er wichtiger ist als *Flow*, übernimmt er dessen Platz. Dann gehe ich die Liste von unten nach oben durch, bis ich ermittelt habe, auf welchen Rang er gehört.

Haben Sie Werte, die gleich stark abgeschnitten haben? Falls es so ist, sollten Sie die beiden noch einmal direkt miteinander vergleichen. Die gleiche Punktzahl bedeutet in der Regel, dass die beiden Werte auf der Skala sehr dicht beieinander liegen. Wenn Sie drei oder sogar vier Werte mit der gleichen Punktzahl haben (das kommt sogar relativ häufig vor), sollten Sie den Prozess noch einmal durchmachen und prüfen, ob Sie das gleiche Ergebnis erhalten. Falls ja, kennzeichnen Sie die Werte einfach als gleichwertig.

Nachdem Sie die Skala für Ihre positiven Werte erstellt haben, sollten Sie entsprechend Ihre Anti-Werte durchgehen. Dieses Mal sollten Sie sich allerdings jeweils fragen: »Welcher dieser Anti-Werte ist schlimmer für mich?« Ich möchte noch einmal betonen, dass es darum geht, was dieser Begriff für Sie persönlich bedeutet. Bei den Anti-Werten kann es sich zum Beispiel um Dinge handeln, die Sie für sich selbst ablehnen, oder um Charaktereigenschaften, die Sie bei anderen Menschen nicht mögen. Doch nicht immer sind Anti-Werte so klar definiert. Manchmal sind es lediglich vage Vorstellungen, die man mit sich herumträgt. Achten Sie bei der Einordnung der Anti-Werte auf Ihr Bauchgefühl.

Verwenden Sie für Ihren Test die folgende Tabelle.

Ermittlung der Reich-und-Glücklich-Werteskala

1	1	1	1	1	1	1	1
	2	3	4	5	6	7	8
2	2	2	2	2	2		
	3	4	5	6	7	8	
3	3	3	3	3			
	4	5	6	7	8		
4	4	4	4				
	5	6	7	8			
5	5	5					
	6	7	8				
6	6						
	7	8					
7	7						
	8						
8							

Prima. An diesem Punkt haben Sie zwei sortierte Listen – eine mit Ihren Positiv-Werten und eine mit Ihren Anti-Werten. Schreiben Sie nun Ihre Positiv-Werte in die erste Spalte der untenstehenden Liste und Ihre Anti-Werte in die zweite Spalte. Das ist der letzte Teil der Werte-Übungen.

Positiv-Werte	Anti-Werte

Was mir wirklich wichtig ist | 63

Positiv-Werte	Anti-Werte

Im nächsten Kapitel werde ich Ihnen kurz zwei Dinge erläutern. Zum einen geht es darum, wie Sie widerstreitende Werte erkennen und vermeiden, dass diese sich negativ auf Ihre Fortschritte beim Reich-und-Glücklich-Werden auswirken.

Zum anderen werde ich Ihnen zeigen, wie die Erkenntnisse, die Sie nunmehr über Ihre Werte gewonnen haben, Sie zu einem Reichen und Glücklichen Leben führen werden.

VERHANDELN SIE NICHT MIT DEM PFÖRTNER

Im Geschäftsleben muss man mit dem richtigen Ansprechpartner reden, um zu einem Ergebnis zu kommen. Wenn man mit jemandem spricht, der keine Entscheidungsgewalt hat, vergeudet man in der Regel viel Zeit.

Ich weiß aus persönlicher Erfahrung, wie ernüchternd es sein kann, das halbe Verkaufsgespräch bereits hinter sich zu haben und mit einem Abschluss zu rechnen, nur um dann festzustellen, dass man mit dem Pförtner verhandelt hat, der definitiv nichts entscheiden kann, egal, was er einem erzählt.

Das Ziel zu verfolgen, Reich und Glücklich zu werden, ohne die eigenen Werte zu kennen oder sich eines einzigen größeren Wertekonflikts bewusst zu sein, ist etwa so, als würde man versuchen, dem Pförtner einer Fluggesellschaft eine Airbusflotte zu verkaufen. Anfangs macht alles vielleicht noch einen sehr guten Eindruck, aber an irgendeinem Punkt wird man sich fragen, warum die Besprechung im Pförtnerhäuschen stattfindet, und erkennen, dass man auf diese Weise unmöglich zum Ziel kommen wird.

Hier ein paar Beispiele für Wertekonflikte:

Vor ein paar Jahren hatte ich ein Bewerbungsgespräch. Nach der Hälfte der Zeit erkannte ich, dass mir eigentlich weder der Arbeitsplatz noch das Unternehmen entsprachen. Innerlich wusste ich, dass ein großer Wertekonflikt zwischen mir und den Managern bestand, die das Gespräch mit mir führten (auch wenn ich es damals noch nicht so klar in Worte fassen konnte).

Aus Gründen der Höflichkeit entschloss ich mich, so zu tun,

*als sei ich interessiert. Als ich gegen Ende bereits darüber nach-
dachte, worauf ich zum Abendessen Lust hatte, informierten
meine Gesprächspartner mich darüber, dass es einen ansehnli-
chen Einstiegsbonus geben würde.*

*Plötzlich meldete sich eine innere Stimme zu Wort: »Habe
ich gesagt, dass ich hier einen Wertekonflikt sehe? Vielleicht
sollte ich nicht allzu vorschnell urteilen. Möglicherweise irre
ich mich ja auch. Immerhin bieten sie einen sehr beträcht-
lichen Einstiegsbonus.« Innerhalb weniger Minuten hatte ich
nicht nur die Beurteilung des Wertekonflikts durch mein Unbewusstes über den Haufen geworfen, ich hatte mich auch davon
überzeugt, dass dies der perfekte Job für mich war.*

Und was war das Ergebnis des Ganzen? Ich hasste den
Job. Ich hatte einen großen Wertekonflikt in Kauf genommen, der mich jeden Tag belastete, und fühlte mich in einem
Job gefangen, der Gift für mich war. Natürlich hatte ich ein
gutes Gehalt und ein tolles Auto, aber Geld und tolle Autos
machen uns nicht Reich und Glücklich, wenn wir nicht im
Einklang mit unseren Werten handeln.

**Einige der offenkundigsten Wertekonflikte erkennt
man anhand von Beispielen berühmter Persönlichkeiten, die eine Krise erlebt haben.**

Manche Athleten, die darauf fokussiert sind, ihre körperliche Leistungsfähigkeit aufrechtzuerhalten, und gleichzeitig
große Angst vor dem Versagen oder ein starkes Verlangen
nach Ruhm haben, spritzen sich Steroide, die ihnen anfangs
vielleicht helfen, aber langfristig ihre Gesundheit ruinieren.

Schauspieler, die ihre Kunst perfektionieren möchten,
können schnell desillusioniert und depressiv werden, wenn
der Ruhm ihre Privatsphäre zerstört und sie in ihrem Leben
nicht mehr zur Ruhe kommen.

Selbst einige Autoren leiden unter einem Konflikt, wenn sie sich einerseits wünschen, dass ihre Ideen von vielen Menschen wahrgenommen werden, und andererseits nicht öffentlich auftreten wollen, da dies häufig die Voraussetzung dafür ist, eine große Leserschaft zu bekommen.

Wenn man die eigenen Werte nicht kennt oder nicht weiß, wie man Wertekonflikte lösen kann, fühlt man sich häufig alles andere als Reich und Glücklich. Man merkt, dass etwas nicht stimmt, fühlt sich verloren und deprimiert, weiß aber nicht, woran es liegt oder ob es sich je ändern wird.

In Extremsituationen können solche Emotionen Menschen dazu veranlassen, nach Mitteln wie Alkohol oder anderen Drogen zu greifen, um ihr Leid zu überwinden – oder sich sogar das Leben zu nehmen.

Reiche und Glückliche Menschen haben gelernt, dass der Schlüssel zur Vermeidung solch negativer Situationen und für ein Reiches und Glückliches Leben darin besteht, die eigene Werteskala zu kennen und ständig Entscheidungen zu fällen, die es einem erlauben, im Einklang mit diesen Werten zu leben.

Wenn Sie wissen, dass Ihr oberster Wert die »Familie« ist, dann ist es nur konsequent, keinen Dokumentarfilm zu drehen, für den Sie ein ganzes Jahr lang alleine mit einem Rucksack die Welt bereisen müssten. Wenn das »Führen von Menschen« ganz oben auf Ihrer Liste steht, dann sollten Sie Ihre Zeit und Energie dafür einsetzen, eine Führungsposition zu erhalten, anstatt ein nicht ausbaufähiges Ein-Personen-Unternehmen zu leiten. Wenn »innere Ruhe« Ihr oberster Wert ist und »Stress« Ihr größter Anti-Wert, dann passt ein Wirtschaftsstudium in New York mit dem Ziel, als Aktienmakler zu arbeiten, nicht optimal dazu.

Reich und Glücklich zu sein bedeutet zu tun, was Sie möchten, wann immer Sie es möchten. Und Ihren eigenen Werten treu zu bleiben ist ein großer Schritt, der Ihnen dabei hilft, das zu erreichen.

Lesen Sie dazu nun die Geschichte eines Mannes, der genau das getan hat.

Tom Tuohy hatte 24 Jahre lang als Anwalt in Chicago gearbeitet. Er war ein guter Anwalt, dem seine Arbeit grundsätzlich Spaß machte, denn er hatte das Gefühl, für seine Klienten tatsächlich etwas erreichen zu können.

20 von diesen 24 Jahren hatte Tom sich in einer von ihm gegründeten Organisation namens »Dreams for Kids« (= Träume für Kinder) engagiert. Die Organisation befand sich außerhalb von Chicago und widmete sich dem Ziel, im Leben von Kindern, die arm oder behindert waren, etwas zu bewegen.

Die Organisation war klein, aber der positive Einfluss, den sie auf die Kinder hatte, mit denen sie arbeitete, war enorm, und Tom hatte immer mehr das Bedürfnis, weniger Zeit als Rechtsanwalt zu verbringen und sich stärker für die Kinder einzusetzen.

Im Jahr 2007 begegnete er zufällig dem Gründer der gemeinnützigen Organisation »Me to We« (= Vom Ich zum Wir), die genauso wie Toms Initiative klein angefangen hatte, mittlerweile aber an vielen Orten der Welt etwas bewegte. Die beiden Männer unterhielten sich im Flughafen miteinander und an irgendeinem Punkt sagte sein Gesprächspartner zu Tom, dass es weltweit einen Bedarf für die Arbeit von Dreams for Kids gebe. Und er fragte Tom, ob er die Organisation nicht hauptberuflich leiten wolle.

Als ihr gemeinsamer Flug zu Ende war, hatte Tom bereits eine Entscheidung gefällt. Er war entschlossen, genau das zu tun, was er wollte, und der Präsident von Dreams for Kids zu werden. Seine Entscheidung beruhte auf mehreren Faktoren. Die größte Rolle spielte seine Überzeugung, dass ausschlaggebend ist, welchen Beitrag man selbst im Leben geleistet hat, wenn man am Ende Bilanz zieht.

Obwohl Tom die Arbeit als Rechtsanwalt Spaß machte, würde er nicht den Beitrag leisten können, zu dem er fähig war und den er sich wünschte, wenn er seine Zeit weiterhin zwischen Dreams for Kids und der Kanzlei aufteilte. Er würde in einem Wertekonflikt leben.

Die Entscheidung war in vieler Hinsicht ein Sprung ins kalte Wasser. Tom wusste nicht, was die Zukunft bringen würde. Er wusste nur, dass er durch diese Veränderung stärker im Einklang mit seinem wichtigsten Wert leben würde – sich selbst einzubringen und einen Beitrag zu leisten.

Innerhalb weniger Jahre nach seiner Entscheidung hatte Tom aus Dreams for Kids eine internationale Organisation gemacht, die sich mittlerweile auf der ganzen Welt in mehr als 40 Ländern für Kinder einsetzt. Sie fördert die am stärksten isolierten Kinder auf diesem Planeten, solche, die in Armut oder mit einer Behinderung leben, und bringt sie mit anderen Kindern zusammen.

So inspiriert sie Kinder im Rollstuhl beispielsweise dazu, Dinge zu tun, die sie sich nie hätten vorstellen können, wie etwa Wasserski zu fahren oder zu tauchen. Oder sie sorgt für sauberes Wasser und errichtet Unterkünfte für junge Leute, die diese dringend benötigen. Dreams for Kids leistet einen enormen Beitrag für das Leben von anderen.

Aufgrund des großen Erfolgs, den Tom mit seinem Team hat, wurde die Organisation bereits von den Vereinten Nationen und der Weltbank dazu aufgefordert, ihre Bemühungen weiter

auszubauen, damit noch mehr Kinder erreicht werden können.

Weitere Informationen über Tom und Dreams for Kids finden
Sie auf der Internetseite www.dreamsforkids.org.

GLAUBEN SIE NICHT AN IHRE ÜBERZEUGUNGEN, ES SEI DENN, DIESE GLAUBEN AN SIE

Wussten Sie, dass die Chinesische Mauer das einzige von Menschenhand geschaffene Objekt ist, das man aus dem All sehen kann? Wussten Sie außerdem, dass die Wahrscheinlichkeit steigt, dass ein Basketballspieler den Korb auch beim nächsten Wurf trifft, wenn er einen Lauf hat und die sogenannte »heiße Hand« entwickelt hat? Und sind Sie sich der Tatsache bewusst, dass Stress etwas Negatives ist und wir ihn daher aus unserem Leben verbannen sollten, um effektiver zu arbeiten und uns eine optimale Gesundheit zu bewahren?

Ich hoffe, Sie wussten *nichts* davon, denn all diese Aussagen sind falsch.

Die Chinesische Mauer misst an ihrer breitesten Stelle circa zehn Meter. Damit ist sie viel weniger breit als ein normaler vierspuriger Highway, den man vom All aus nicht sehen kann. Natürlich ist die Chinesische Mauer Tausende Kilometer lang – aber das trifft auch auf die vierspurigen Highways zu.

Die Theorie der »heißen Hand«, von der zwar viele Basketballfans, Spieler und Trainer überzeugt sind, wurde von den Pionieren der Kognitionswissenschaft Amos Tversky und Thomas Gilovich als absoluter Nonsens entlarvt. Sie haben Hunderte Stunden Filmmaterial und Statistiken analysiert und die Theorie 1985 eindeutig widerlegt.

Stress ist zwar schädlich, wenn er zu viel wird oder man

ihm zu häufig ausgesetzt ist, aber er ist auch ein wesentlicher und notwendiger Teil des Lebens. Wichtig ist die Fähigkeit, richtig mit Stress umzugehen und sich davon zu erholen, nicht aber, ihn um jeden Preis zu vermeiden.

Diese drei weitverbreiteten Überzeugungen werden von vielen Menschen übernommen, obwohl sie falsch sind. Und diese Tatsache beinhaltet eine wertvolle Lehre. Was wir für wahr halten, muss keineswegs richtig sein.

Nun ist es wahrscheinlich kein Problem, wenn Sie an der Überzeugung festhalten wollen, die Chinesische Mauer sei vom All aus sichtbar, denn es wird wohl kaum negative Konsequenzen haben.

Wenn Sie aber Reich und Glücklich sein wollen, ist es wichtig, zwischen Überzeugungen und Tatsachen zu unterscheiden. Sie sollten negative Überzeugungen aufgeben, die dazu führen, dass Sie sich schlecht oder wertlos fühlen, und die Sie blockieren. Stattdessen sollten Sie sich eine positive Haltung zu eigen machen, die Sie unterstützt, aufbaut und Ihnen Energie schenkt.

Seien Sie sich stets der Tatsache bewusst, dass jede Überzeugung verändert werden kann. Egal, woher sie stammt, wie lange Sie diese bereits haben oder für wie wahr Sie diese halten.

Lassen Sie uns den Unterschied zwischen einer Überzeugung und einer Tatsache einmal genauer betrachten. Hier ein paar Beispiele:

»Ich habe 3000 Euro Schulden.« (Tatsache)
»Ich kann überhaupt nicht mit Geld umgehen.« (Überzeugung)

»Mein Job macht mir im Moment überhaupt keinen Spaß.«
(Tatsache)
»Dieser Job ist absolut mies.« (Überzeugung)

»Ich bin seit zwei Jahren Single.« (Tatsache)
»Ich bin hässlich und niemand wird mich je attraktiv finden.«
(Überzeugung)

Wenn Sie den Unterschied zwischen Tatsachen und Überzeugungen erkennen, sind Sie in der Lage, sich auf die Dinge zu konzentrieren, die Sie beeinflussen können, anstatt sich frustriert mit dem zu beschäftigen, was außerhalb Ihrer Kontrolle liegt.
Die folgenden Überzeugungen hindern Sie daran, Reich und Glücklich zu werden. KEINE davon ist eine Tatsache.

Ich tauge zu nichts.
Niemand mag mich.
Ich bin zu alt, um mich beruflich zu verändern.
Ohne eine gute Ausbildung habe ich beruflich keine Chance.
Ich habe es nicht verdient, erfolgreich zu sein.
Es ist schwer, zu Geld zu kommen.
Abzunehmen ist in meinem Alter wirklich schwierig.
Veränderungen machen einem Angst.
Ich bin nun mal ein unglücklicher Mensch.
Niemand würde jemanden wie mich einstellen.
Ich habe nichts Wertvolles beizutragen.

All diese Aussagen sind Teil einer Opferhaltung. Damit gibt man die Kontrolle ab, fühlt sich hilflos und letztlich werden die Aussagen zu einer sich selbst erfüllenden Prophezeiung.

Sehen Sie sich nur einmal in der Welt um. Sie werden auf gut aussehende Leute stoßen, die sich selbst für hässlich halten, auf intelligente Menschen, die meinen, sie seien dumm, und auf sehr wohlhabende Menschen, die denken, sie seien arm.

Die Welt ist voller Leute, die – objektiv betrachtet – an offensichtlich falschen Überzeugungen festhalten.

Gehören Sie zu diesen Menschen?

Schätzen Sie sich selbst sehr negativ ein, obwohl andere Leute Ihnen häufig sagen, wie toll Sie sind? Ignorieren Sie Komplimente, erinnern sich aber deutlich an Kritik? Sagen Sie zu sich selbst, dass Sie nicht gut genug sind, obwohl es kaum einen oder sogar keinen einzigen Beweis dafür gibt, der diese Überzeugung untermauern würde? Gehen Sie davon aus zu scheitern, bevor Sie etwas überhaupt versucht haben? Ermutigen und unterstützen Sie andere Menschen mehr als sich selbst?

Solche Verhaltensweisen werden Sie für immer davon abhalten, Reich und Glücklich zu sein.

Wenn Sie ernsthaft ein Reiches und Glückliches Leben anstreben, sollten Sie für den Rest dieses Kapitels und für Ihr restliches Erdenleben all die negativen Überzeugungen über Bord werfen, die Sie sich selbst gegenüber haben.

Egal, wie lange Sie diese Überzeugungen bereits gehegt oder wie stark Sie daran geglaubt haben, von nun an sollten Sie absolut unvoreingenommen und offen dafür sein, wer Sie sind und wozu Sie fähig sind.

Denn Sie werden gleich erkennen, dass Sie ein viel größeres Potenzial haben, als Sie annehmen.

REALISMUS IST ETWAS FÜR BUCHHALTER

Am Anfang meiner Tätigkeit als Coach hatte ich eine Klientin, die ihrem Leben eine neue Richtung geben und ein eigenes Unternehmen gründen wollte. Wir sprachen über die verschiedenen Optionen und stets fiel ihr sofort ein Grund ein, warum das jeweilige Projekt scheitern würde. Ich machte sie auf ihre pessimistische Haltung aufmerksam und bekam eine Antwort, die ich mittlerweile 13 228 Mal gehört habe und weiterhin zu hören bekommen werde:

»Ich versuche nur, realistisch zu sein.«

Lassen Sie uns also alle niederknien und dem allmächtigen Herrn für unseren Realismus danken. Wo wären wir nur ohne ihn? Wahrscheinlich würden wir immer noch in Höhlen hausen, hätten eine flache Stirn, behaarte Fingerknöchel und trügen Unterwäsche aus Fell. Die Fellunterwäsche finde ich ja ganz o. k., aber ich hänge sehr an meiner präfrontalen Hirnrinde und hätte überhaupt keine Lust, meine Handrücken regelmäßig mit Wachs zu enthaaren.

Jede Errungenschaft und jede Erfindung des Menschen wurde an irgendeinem Punkt von irgendjemandem für unrealistisch gehalten. Jede Einzelne davon.

Reichen und Glücklichen Menschen aus allen Bereichen, einschließlich Wissenschaft, Sport, Musik, Politik, Kunst, Design und Wirtschaft, wurde im Laufe der Geschichte immer wieder gesagt, sie seien unrealistisch. Sie wurden verspottet, abgelehnt und angegriffen, weil sie es wagten, etwas anders zu machen.

Ein Glück für die Menschheit, dass solche Leute nicht darauf hören, wenn andere versuchen ihnen weiszumachen, sie seien unrealistisch. Ihnen ist klar, dass dieser Rat zwar häufig gut gemeint, aber nur selten nützlich ist, und sie sind nicht geneigt, ihn anzunehmen.

Hatten etwa die Leute recht, die Walt Disney sagten, sein Vorhaben, den größten Themenpark der Welt in einem Sumpfgebiet zu errichten, sei unrealistisch?

Natürlich nicht! Und was ist mit den Leuten, die den Gebrüdern Wright empfahlen, wieder auf den Boden der Realität zurückzukommen, als diese sich entschlossen, eine Flugmaschine zu bauen? Auch hier sollten die Skeptiker nicht recht behalten! Und was ist mit den Leuten, die Cliff Young sagten, er könne keine 550 Meilen laufen?

Welcher Cliff?

In Australien gibt es einen Ultramarathon von Sydney nach Melbourne. Die Strecke verläuft durch Australiens wunderschönen Südosten, ist 875 Kilometer lang und gilt selbst bei erfahrenen Langstreckenläufern als echter Härtetest. 1983 entschloss sich Cliff Young an dem Rennen teilzunehmen. Cliff war kein typischer Athlet. Im Grunde genommen war überhaupt nichts typisch an ihm. Die meisten Teilnehmer waren extrem fit und auf dem Höhepunkt ihrer Leistungsfähigkeit. Cliff dagegen war ein 61-jähriger Schafzüchter ohne größere Wettkampferfahrung. Einige Organisatoren wollten ihn zu seiner eigenen Sicherheit vom Rennen ausschließen, aber den Teilnahmebedingungen zufolge durften nur zu junge Läufer nicht am Rennen teilnehmen, nach oben aber gab es keine Altersgrenze.

Es war ein warmer Tag in Sydney, als Cliff in einem Overall, Arbeitsstiefeln und Überschuhen zum Rennen kam und damit Spottrufe von einigen der 150 Teilnehmer, aber gleichzeitig auch ein zunehmendes Interesse der Pressevertreter auf sich zog.

Er brach nicht nach einigen Stunden zusammen und starb auch nicht, wie einige gemutmaßt hatten. Er schlug sich sogar hervorragend. Cliff Young beendete das 875-Kilometer-Rennen nicht nur, er gewann es sogar. In der Tat, er gewann es! Ein 61-jähriger zahnloser Schafzüchter in Overall und Überschuhen besiegte eine ganze Heerschar von Profiläufern bei einem 875-Kilometer-Ultramarathon!

Niemand hatte Cliff gesagt, dass er jeden Abend wie all die anderen Läufer eine sechsstündige Pause einlegen sollte. Daher lief er einfach weiter und immer weiter und immer weiter, genau so, wie er es tat, wenn er die Schafe auf seiner riesigen Farm nach einem Gewitter wieder zusammentreiben musste.

Cliff Young wurde aufgrund seines Erfolgs eine beliebte und sehr bekannte Persönlichkeit in seinem Land, und sein Beispiel veranschaulicht auf wunderbare Weise einen entscheidenden Teil der Reich-und-Glücklich-Formel. Er legte selbst fest, was für ihn möglich war und was nicht.

Er wählte einen Glaubenssatz, der es ihm nicht nur erlaubte, das Rennen zu gewinnen, sondern der den Ablauf von Ultramarathons für immer verändern sollte. Keiner der Gewinner des Melbourne-Sydney-Rennens konnte sich seither den Luxus einer längeren Schlafpause gönnen, denn sobald Cliff gezeigt hatte, was möglich war, mussten die jüngeren, fitteren Läufer seinem Beispiel folgen.

Viele Menschen führen ihr Leben so, wie sie es tun, weil sie Überzeugungen angenommen haben und für realistisch halten, die ihnen weismachen, sie könnten ihre Ziele nicht erreichen. Leider ähneln solche begrenzenden Überzeugungen meistens der These, man könne die Chinesische Mauer aus dem All mit bloßem Auge erkennen. Sie basieren in Wirklichkeit nämlich keineswegs auf Fakten.

Reiche und Glückliche Menschen hingegen nutzen Überzeugungen auf umgekehrte Weise. Sie wählen Überzeugungen, die sie unterstützen, statt sie zu bremsen. Sie hinterfragen ihre Überzeugungen regelmäßig, um sicherzugehen, dass es sich dabei nicht um Hürden handelt, sondern um unterstützende Faktoren.

Ihre Überzeugungen sollten Sie dabei unterstützen, ein Reiches und Glückliches Leben zu führen.

Prüfen Sie daher, ob Ihre Überzeugungen zutreffen und Ihnen darüber hinaus helfen. Wenn das nicht der Fall ist, sollten Sie sie verändern. Ich weiß, dass Sie dazu in der Lage sind. Sonst hätten Sie dieses Buch nicht in die Hand genommen und begonnen, es zu lesen.

Wie wahrscheinlich war es wohl für eine Frau, die 1880 in Alabama geboren wurde, Französisch, Deutsch, Griechisch und Latein zu lernen? Und am Radcliffe College, dem Frauencollege der Harvard Universität, zu studieren – zu einer Zeit, in der die wenigsten Frauen aus ihrer Heimatstadt andere Hoffnungen hegten, als zu heiraten und Kinder zu bekommen?

Später sollte sie dann ein Buch schreiben, das in 25 Sprachen übersetzt wurde und als Vorlage für zwei oscarprämierte Filme diente. Überdies traf sie alle amerikanischen Präsidenten ihrer Zeit, ihr wurde die höchste zivile Auszeichnung der USA verliehen – die sogenannte Presidential Medal of

Freedom, eine Friedensmedaille –, und darüber hinaus war sie eng mit Alexander Graham Bell und Mark Twain befreundet.

All das wäre bereits unglaublich beeindruckend. Aber stellen Sie sich nun einmal vor, wie schwierig es wäre, all das zu erreichen, wenn man bereits mit 18 Monaten taub und blind ist und kaum sprechen kann.

Helen Keller hat all diese Dinge und noch viel mehr erreicht. Doch das geschah erst, nachdem sie ihre Vorstellungen über sich selbst und über ihre Möglichkeiten mithilfe ihrer Lehrerin Annie Sullivan verändert hatte.

Können Sie sich überhaupt vorstellen, wie schwierig es sein muss, sprechen zu lernen, wenn man den Klang der eigenen Worte nicht wahrnehmen kann, wenn man das Lob beziehungsweise Feedback der Lehrerin nicht hört und keine visuellen Signale wie etwa ein Lächeln oder Kopfnicken anderer Menschen sieht, sobald man etwas richtig gemacht hat?

Helen Keller erreichte so viel, weil sie sehr starke Überzeugungen hatte, die ihr Energie verliehen. Sie erzählte sich selbst tolle Geschichten und sie machte sich keine Gedanken darüber, ob sie realistisch waren. Es sei zwecklos zu versuchen, lesen und sprechen zu lernen, war eine Haltung, die sie nicht akzeptierte. Sie sah sich selbst nicht als Opfer und jammerte nicht über die Ungerechtigkeit des Lebens, so wie viele andere es in ihrer Situation getan hätten.

Erlebte sie Momente, in denen sie dachte, die Welt sei grausam? Ja! Hatte sie gelegentlich Wutausbrüche? Ja! Aber sie rappelte sich immer wieder auf, riss sich zusammen und widmete sich dem einzigen Leben, das sie führen konnte, ihrem eigenen.

Sie entschied sich für Überzeugungen, die ihr Kraft

schenkten; zum Beispiel, dass ihre Blind- und Taubheit sie nicht davon abhalten würden, ein langes, erfülltes und glückliches Leben zu führen; sie würde sprechen und lesen lernen, sie hatte Ziele im Leben und sie würde großartige Dinge erreichen.

Wenn Helen Keller die Kraft der positiven Überzeugungen nutzte, um ihre Schwierigkeiten zu überwinden und ein Reiches und Glückliches Leben zu führen, wozu wären Sie dann in der Lage – wenn Sie nur daran glauben würden, dass es möglich ist?

WIE VOLL IST IHR GLAS?

Eine der wesentlichen Gemeinsamkeiten von Reichen und Glücklichen Menschen ist die Entscheidung, statt einer negativen eine positive Einstellung zum Leben zu haben.

Optimisten sehen in allen Dingen eine Chance. Sie betrachten ein Scheitern als einmaliges Ereignis, an dem sie entweder keine Schuld haben oder das einfach darauf zurückzuführen ist, dass sie einen schlechten Tag hatten. Sie sehen einen Misserfolg auch als Chance, ein wichtiges Feedback zu bekommen.

Wenn ein Optimist sich innerhalb seines Unternehmens um einen besseren Job bewirbt, aber eine Absage bekommt, denkt er, dass der Zeitpunkt wahrscheinlich ungünstig war und er beim nächsten Mal bestimmt eine Zusage erhalten wird. Oder er kommt zu dem Schluss, dass er seine Bedeutung für das Unternehmen besser darstellen muss. Vielleicht denkt er sogar, dass es an der Zeit ist, sich nach einem anderen Arbeitgeber umzusehen, da er nicht die Anerkennung bekommt, die er verdient.

Durch diese Gedanken behält er die Kontrolle über die Situation und verfällt nicht in eine Opferrolle.

Pessimisten machen sich dagegen ständig Sorgen. Ihrem Gefühl zufolge besteht die Welt im Prinzip aus einer Abfolge negativer Ereignisse. Misserfolge oder frustrierende Ereignisse sind für sie nur weitere Beweise dafür, wie schwierig das Leben ist. Wenn ein Pessimist sich in seinem Unternehmen um einen besseren Job bewirbt und eine Absage bekommt, denkt er, dass er nicht gut genug ist, es auch nie sein wird, dass seine Chefin ihn nicht leiden kann oder Menschen wie er einfach nie so einen guten Job bekommen werden.

Optimisten sehen sich jede Situation erst einmal an, handeln dann entsprechend und erwarten dabei stets ein positives Ergebnis. Entdecken sie eine ungewöhnliche Beule an ihrem Körper, vereinbaren sie umgehend einen Termin beim Arzt. Ein Pessimist dagegen sitzt endlos da, macht sich Sorgen und ist am Ende überzeugt, schon fast mit einem Bein im Grab zu stehen. Oft unternimmt er gar nichts und hofft, dass das Problem von alleine wieder verschwindet.

Zu den nachgewiesenen Vorteilen einer optimistischen Lebenseinstellung gehören ein niedrigeres Stressniveau, ein geringeres Risiko, Depressionen zu bekommen, eine größere Wahrscheinlichkeit, Krankheiten zu vermeiden beziehungsweise sich davon zu erholen, die Fähigkeit, besser mit schwierigen Situationen fertigzuwerden, und eine längere Lebensdauer.

Das ist für den Anfang gar nicht so schlecht.

Von einer pessimistischen Grundhaltung sind keine medizinischen Vorteile bekannt.

Nur wenige Menschen geben gerne zu, pessimistisch zu sein. Sie bezeichnen sich lieber als realistisch. Doch obwohl sie sich für realistisch halten, befürchten sie ständig, dass ihre Kinder entführt werden könnten, der Verkehr die Straßen ganz fürchterlich verstopfen wird, egal, zu welcher Tageszeit sie versuchen, irgendwohin zu fahren, dass sie todkrank werden, wenn sie den Griff des Einkaufswagens im Supermarkt nicht desinfizieren, oder dass ihr Flugzeug während des Transatlantikflugs von Terroristen gekapert werden könnte.

Diese Leute sind allesamt nicht realistisch. Sie sind pessimistisch und zu einem großen Teil sogar leicht neurotisch.

Reiche und Glückliche Menschen wissen, dass man die Wahl hat. Man kann sich Gedanken über Dinge machen, die man beeinflussen kann, und man kann sich Sorgen über Dinge machen, auf die man keinen Einfluss hat. Aber wenn man etwas nicht ändern kann, bringt es nichts, sich darüber den Kopf zu zerbrechen. Ist man dagegen in der Lage, etwas zu beeinflussen, dann sollte man handeln und beobachten, was passiert.

Falls Sie das Gefühl haben, es sei gerechtfertigt, sich über alles Mögliche Sorgen zu machen, da man auf diese Weise aktiv wird, wenn es nötig ist, sollten Sie sich fragen, wie oft Sie einer solchen Aufforderung zum Handeln tatsächlich folgen. Pessimisten tun das nur selten. Sie sehen zu, wie sich ihre Gesundheit verschlechtert, und befürchten, an Gewicht zuzunehmen, aber trotzdem treiben sie deshalb nicht mehr Sport und sie ernähren sich auch nicht gesünder. Sie sitzen herum, machen sich Sorgen und glauben, dass sie jeden Moment ihren Hintern hochbekommen werden, aber ihr Hintern bleibt in der Regel genau dort, wo er ist.

Reiche und Glückliche Menschen wissen, dass Pessimismus und sorgenvolles Gegrübel nicht zwangsläufig zum Leben gehören. Man verschwendet damit nur wertvolle Energie, die man lieber nutzen sollte, um Lösungen für tatsächliche Herausforderungen zu finden.

Diejenigen, die behaupten, sie seien als Pessimisten zur Welt gekommen und könnten daher nichts daran ändern, sollten erkennen, dass dies schlichtweg eine falsche Überzeugung ist.

Wie der renommierte Experte Dr. Martin Seligman

in seiner mehr als 20-jährigen Forschungstätigkeit auf dem Gebiet der Positiven Psychologie gezeigt hat, besteht kein Zweifel mehr daran, dass jeder pessimistische Gedanken über Bord werfen und eine optimistische Haltung entwickeln kann.

Niemand wird als Pessimist geboren. Aufgrund genetischer oder soziokultureller Faktoren kann jemand zwar eher dazu neigen, sich über alles Mögliche Sorgen zu machen, doch diese Haltung lässt sich verändern, wenn man möchte. Wir Menschen können uns dazu entscheiden, die Welt so zu sehen, wie wir wollen. Das Beispiel des Australiers Warren Macdonald zeigt das sehr schön.

Schon sein ganzes Leben lang war Warren stets gerne draußen in der Natur gewesen. Er ging früh von der Schule ab, um Gaspipelines zu verlegen, nur weil er draußen sein wollte. Als Freunde von ihm eine sechswöchige Reise in die USA planten, nutzte er die Gelegenheit, schloss sich ihnen an und setzte seine Reise danach alleine fort, um zweieinhalb Jahre lang um die Welt zu reisen.

Das Reisen war für ihn eine Bestätigung dafür, was er bereits im Hinterland seiner Heimat gelernt hatte. »*Wenn wir bereit sind, unsere Komfortzone zu verlassen und uns ins Unbekannte vorzuwagen, kann das o. k. sein. Tatsächlich liegt das Abenteuer in diesem Bereich des Ungewissen.*«

Doch im April 1997 erlebte Warren ein extremeres Abenteuer, als ihm lieb war.

Als er den Gipfel des Mount Bowen besteigen wollte, des höchsten Bergs der Hinchinbrook Insel vor der australischen Küste von Queensland, kam es zur Katastrophe. Ein tonnenschwerer Felsbrocken löste sich, und Warren wurde darunter eingeklemmt. Das Gewicht zerquetschte seine Beine. Sein Wan-

derpartner musste absteigen, um Hilfe zu holen. Und so musste Warren 45 Stunden alleine ums Überleben kämpfen.

Als der Rettungshubschrauber endlich eintraf, benötigte das Bergungsteam zweieinhalb Stunden, um Warren unter dem Felsbrocken hervorzuziehen. Erst dann konnte er ins Krankenhaus geflogen werden. Dort eröffnete man ihm die schlechte Nachricht. Seine Beine waren so stark zertrümmert, dass sie amputiert werden mussten.

»In welcher Höhe?«, fragte Warren.

»Oberhalb der Knie.«

Und damit begann sein neues Leben. Macdonald hätte so leicht aufgeben und sich auf die Dinge fixieren können, die er nun nicht mehr tun konnte. Stattdessen stellte er sich folgende Frage: »Was für ein Leben kann jemand ohne Beine führen?«

Es gab nur einen Weg, um das herauszufinden. Wo er sich auch hinwandte, tauchten neue Hürden auf. Es schien, als müsste er beinahe alles völlig neu erlernen. Doch jedes Hindernis, auf das er stieß, und jeder Weg, den er entdeckte, um dem Hindernis auszuweichen, es zu überwinden oder sich geradewegs hindurchzuarbeiten, machten ihn stärker.

Jeder Sieg versetzte ihn in eine bessere Position für die nächste Herausforderung. Als er eines Tages mit seinem Rollstuhl, der Mountainbike-Reifen hatte, beim »Wandern« war, machte es innerlich »klick« bei ihm. »Wenn das hier möglich ist, dann kann ich vielleicht auch einen Berg erklimmen.«

Damit hatte er einen Samen gesetzt, und sechs Monate später – nur zehn Monate, nachdem er beide Beine verloren hatte – erreichte er den Gipfel des Cradle Mountain in Tasmanien. Fünf Jahre später war er der erste Mensch mit zwei oberhalb der Knie amputierten Beinen, der den höchsten Berg in Afrika erklomm, den Kilimandscharo.

So unglaublich das auch klingen mag, wenn Macdonald heute auf seinen Unfall zurückblickt, erklärt er, dass er die Zeit nicht zurückdrehen würde – selbst wenn er die Wahl hätte und sich seinen Leidensweg so ersparen könnte. Er würde es nicht tun.

Er hat so viel gelernt und sich so positiv verändert, dass es für ihn keinen Sinn machen würde. Er hat sich so weit angepasst, dass es kein Thema mehr für ihn ist, Beine zu haben.

Warren Macdonald hat sich entschlossen, die Welt so zu sehen, wie er sie haben möchte. Für ihn ist die Veränderung ein ständiger Teil des Lebens. Nach seiner Überzeugung ist die Welt kein Ort, an dem ihm ständig etwas widerfährt, sondern einer, an dem er vielmehr die Möglichkeit hat, Dinge zu verwirklichen.

Wenn Sie mehr über Warren und seine inspirierende Geschichte erfahren möchten, können Sie seine Internetseite http://www.warren-macdonald.com besuchen.

Ich habe die gesundheitlichen Vorteile einer optimistischen Einstellung bereits kurz am Anfang dieses Kapitels erwähnt. Als weiteren Beleg dafür möchte ich nun zeigen, was geschieht, wenn man sich für das Gegenteil, für eine pessimistische Haltung, entscheidet.

Man hat doppelt Pech, wenn man pessimistisch gestimmt ist und sich ständig Sorgen macht. Denn dies erhöht nicht nur die Wahrscheinlichkeit, krank zu werden, es mindert auch die Fähigkeit, sich schnell und vollständig wieder zu erholen.

Physiologisch betrachtet, liegt dies daran, dass die meisten Erreger von Infektionen über Mund und Nase in den Körper gelangen. Einer der wirksamsten körpereigenen Abwehrmechanismen, abgesehen von der Haut, ist der Speichel. Er fungiert als Barriere, indem er ungebetene Gäste einhüllt und im Keim erstickt, bevor sie irgendeinen Schaden anrichten können.

Raten Sie mal, was geschieht, wenn wir uns große Sorgen machen oder Angst haben? Unser Gehirn schaltet auf die Kampf-oder-Flucht-Reaktion um und reduziert die Speichelproduktion. Der Körper begibt sich in einen Überlebensmodus, in dem die Speichelproduktion zur Bekämpfung von Krankheitserregern und zum Aufspalten der Nahrung nicht mehr essenziell ist. Das Gehirn sorgt dafür, dass alle Kräfte auf etwas anderes ausgerichtet sind, da wir sonst vielleicht gar keine Gelegenheit mehr haben werden, etwas zu essen.

Daher bekommen wir bei Angst einen trockenen Mund, und deshalb werden Menschen oft krank, wenn sie sich über längere Zeit große Sorgen machen oder Stress ausgesetzt sind. Interessanterweise ist dies auch der Grund, warum Ausdauersportler bis zu zwei Wochen nach einer großen Belastung so anfällig für Erkrankungen der oberen Atemwege sind.

Sich Sorgen zu machen kann außerdem eine katastrophale Wirkung auf den Schlafrhythmus haben, was wiederum die Fähigkeit des Körpers herabsetzt, Infektionen abzuwehren, da man insgesamt in eine zunehmend schlechte Verfassung gerät.

Wenn Menschen sagen »Ich bin krank vor Sorge um meine Kinder«, übertreiben sie oft nicht. Meistens ist ihnen aber gar nicht bewusst, wie zutreffend ihre Aussage ist. Sie denken, sie würden etwas Beiläufiges sagen, wie etwa »Ich habe mich zu Tode erschreckt« oder »Ich bin hundemüde«. Doch stattdessen kommt in ihren Worten die Wahrheit zum Ausdruck – sie sind auf dem besten Weg dazu, vor lauter Sorgen tatsächlich krank zu werden.

Bei manchen dieser pessimistischen oder sorgenvollen

Menschen kommt es nicht nur zu häufigen Erkältungen, die sie sonst hätten abwehren können, sondern sogar zu einem frühen und vermeidbaren Schlaganfall oder Herzinfarkt.

Der allgemeine Gesundheitszustand spiegelt wider, was auf der Mikroebene im Körper vor sich geht. Und das ist häufig Ausdruck einer optimistischen oder pessimistischen Lebenseinstellung.

Wenn Sie immer noch der Meinung sind, es sei wichtig, an einer pessimistischen Einstellung festzuhalten, sollten Sie über Folgendes einmal nachdenken. Erinnern Sie sich an die Zeit vor einem Jahr und versuchen Sie sich zu entsinnen, worüber Sie sich damals Sorgen gemacht haben. Denken Sie intensiv darüber nach. Was genau war es?

Falls Sie nicht gerade etwas Besonderes oder Traumatisches in Ihrem Leben durchgemacht haben, wird es Ihnen wahrscheinlich kaum gelingen, sich daran zu erinnern. Denn es war nichts anderes als eine weitere Sorge an einem anderen Tag, in einem anderen Monat, in einem anderen Jahr. Wenn Sie sich also nur zwölf Monate später nicht mehr daran erinnern, kann es wirklich nicht so wichtig gewesen sein.

Unsere Reich-und-Glücklich-Erkenntnis lautet daher: Man hat keinen Vorteil davon, pessimistisch zu sein oder sich Sorgen zu machen. Und wenn es keinerlei Vorteile mit sich bringt, dann hat es überhaupt keinen Sinn.

Falls Sie befürchten, unbesonnen zu handeln, sobald Sie sich keine Sorgen mehr machen, sollten Sie sich dessen bewusst werden, dass die Überzeugung, sich Sorgen machen zu müssen, eben lediglich eine Überzeugung ist. Es handelt sich nicht um eine Tatsache.

Pessimismus entsteht, wenn man sich nicht die Zeit

nimmt, die Lage wirklich zu erfassen. Oder aber mögliche Gefahren weit überschätzt.

Stellen Sie eine Liste von zehn Punkten zusammen, über die Sie sich zuletzt Sorgen gemacht haben. Ob Sie dachten, dass Sie ausgelacht werden, weil Sie mit zwei unterschiedlichen Socken das Haus verlassen haben, oder ob Sie überzeugt davon waren, Ihre Kopfschmerzen stammten von einem melonengroßen Gehirntumor. Schreiben Sie einfach alles auf, egal was.

Zehn Dinge, über die ich mir zuletzt Sorgen gemacht habe:

_____

_____

_____

_____

_____

_____

_____

_____

_____

_____

Falls Sie zu den Optimisten gehören, können Sie diese Liste wahrscheinlich gar nicht füllen, weil Sie sich an so gut wie nichts erinnern, worüber Sie sich Sorgen gemacht haben.

Und falls Sie bisher ein Pessimist waren, wie viele der zehn Dinge auf Ihrer Liste haben sich erfüllt? Bei den meisten Menschen sind es in der Regel nicht mehr als ein oder zwei davon. Das heißt, zu 80 oder mehr Prozent der Zeit ist die Entscheidung, sich Sorgen zu machen, falsch. Ja, es ist tatsächlich eine Entscheidung, die man fällt.

Alleine aufgrund dieser Information müssten Sie eigentlich schon erkennen, dass es sich nicht lohnt, eine pessimistische, sorgenkrämerische Einstellung beizubehalten.

Aber warten Sie nur ab, es kommt noch besser! Wie viele der Dinge, über die Sie sich Sorgen gemacht und die sich tatsächlich erfüllt haben, hatten so ernste Konsequenzen wie ursprünglich befürchtet? Wahrscheinlich waren es sehr wenige bis gar keine.

Reiche und Glückliche Menschen weigern sich, viel Zeit und Energie auf »ungelegte Eier« zu verwenden. Denn das würde sie von den Sachen abhalten, die sich verwirklichen lassen. Wenn Sie ernsthaft Reich und Glücklich werden möchten, sollten Sie sich diese Haltung also abschauen.

Um Ihnen dabei zu helfen, schenke ich Ihnen morgen einen sorgenfreien Tag.

Zur Vorbereitung haben Sie die Möglichkeit, sich im Voraus über alles, was Sie wollen, Sorgen zu machen. Machen Sie sich Sorgen über Ihre Gesundheit, das Wetter, die Wahlen, Ihre Familie, die Art und Weise, wie der Mann, den Sie nicht kennen, Sie angesehen hat, darüber, ob Ihr Hintern zu dick ist, sowie über all die Dinge, über die Sie sich sonst Gedanken machen. Nehmen Sie sich circa eine Stunde Zeit dafür, sich in Ihren Sorgen zu suhlen wie ein glückliches Schwein, das sich im warmen, braunen Schlamm wälzt.

Morgen sollten Sie dann dem amerikanischen Brauch des Outsourcings folgen und mich Ihre Sorgen für Sie übernehmen lassen. Ausnahmsweise werde ich Ihnen dafür nicht einmal etwas berechnen.

Vielleicht sind Sie im Moment mit großen Problemen oder

Belastungen konfrontiert und denken, dass diese Übung für Sie nicht infrage kommt. Doch das tut sie. Selbst wenn Sie eine ernste Krankheit haben sollten oder finanzielle Probleme dazu führen könnten, dass Sie Ihr Haus verlieren, können Sie sich dagegen entscheiden, pessimistisch zu sein und sich Sorgen zu machen. Denn das wird Ihnen nicht helfen. Es wird Sie lediglich davon abhalten zu handeln, und das ist für Sie nun am wichtigsten.

Ihre Sorgen für einen Tag an mich abzugeben mag zwar keine dauerhafte Lösung sein. Aber Sie werden erkennen, dass die Welt nicht untergeht und es überhaupt nichts bringt, sich Sorgen zu machen. Vielleicht genügt diese Übung bereits, um Ihre Sichtweise für immer zu verändern. Und selbst wenn Sie länger dafür brauchen sollten, Ihre pessimistische Haltung zu überwinden – es ist möglich, wenn Sie es wirklich wollen. Ich muss es wissen, denn ich habe es selbst geschafft und ich bin nicht besser als Sie.

Lesen Sie zu diesem Thema das Beispiel von Norman Cousins:

Cousins war einer der großen Friedensaktivisten des 20. Jahrhunderts, dem John F. Kennedy, Papst Johannes XXIII. und Albert Einstein ihre Anerkennung aussprachen. Außerdem erhielt er die Friedensmedaille der Vereinten Nationen sowie zahlreiche weitere Auszeichnungen für sein Engagement für den Weltfrieden.

Cousins wurde zwei Mal von Ärzten eröffnet, dass er wahrscheinlich sterben würde, und beide Male reagierte er gleich – er blieb optimistisch und machte sich keine Sorgen. Dann leitete er die Schritte ein, von denen er sich am meisten versprach. Das erste Mal wurde Morbus Bechterew bei ihm diagnostiziert.

Dabei handelt es sich um eine degenerative Erkrankung, die das zellverbindende Kollagen angreift. Nach Auskunft der Ärzte würde die Krankheit Cousins langsam lähmen und nach einigen Monaten zum Tod führen.

Cousins mietete sich, ausgerüstet mit großen Mengen an Vitamin C und den Filmen der Marx Brothers, in einem Hotel ein. Und dann lachte er sich wieder in die Beweglichkeit zurück.

Beim zweiten Mal erlitt Cousins einen Herzinfarkt und man stellte daraufhin eine fortgeschrittene Herzerkrankung bei ihm fest. Er verließ das Krankenhaus und wiederholte seine Vitamin-C-Lachtherapie. Und erneut widerlegte er die Prognose der Ärzte, denn er lebte noch eine weitere Dekade.

Cousins' Genesung ist sicherlich auf ein Zusammenspiel mehrerer Faktoren zurückzuführen. Er hatte eine optimistische Einstellung. Und er war überzeugt zu wissen, was für seinen Körper am besten war, und dass er mithilfe seiner eigenen Methode sowie der Kraft seines Willens wieder gesund werden würde. Darüber hinaus widmete er seine Zeit und Energie ausschließlich dem Gesundwerden und machte sich keine Sorgen über das Kranksein.

SCHEITERN SIE, SCHEITERN SIE SCHNELL UND SCHEITERN SIE OFT

Es ist weit besser, Großes zu wagen und prächtige Triumphe zu sammeln, auch wenn sie von Niederlagen begleitet werden, als sich unter die armen Seelen zu reihen, die weder von Freude noch Leid wissen, weil sie in dem grauen Zwielicht leben, das weder Sieg noch Niederlage kennt.
Theodore Roosevelt

Eine der wichtigsten Überzeugungen, die es Reichen und Glücklichen Menschen ermöglicht, ihr Leben so zu führen, wie sie es tun, ist die Erkenntnis, dass es in Ordnung ist zu scheitern. Wir Menschen lernen viel schneller durch das Scheitern. Wir erkennen, was nicht funktioniert, und probieren dann etwas anderes aus. So werden die Verbindungen im Gehirn fest verschaltet.

Als Babys lernen wir, uns vom Rücken auf den Bauch zu drehen, dann zu krabbeln und schließlich zu laufen – und all das, indem wir es einfach ausprobieren. Wenn wir scheitern, denken wir nicht: »Ach, ich glaube, das werde ich nie schaffen. Darum bleibe ich lieber gleich hier sitzen.«

Nein, wir versuchen es, scheitern, rappeln uns wieder auf und versuchen es erneut. Als Baby ist es uns noch nicht peinlich zu versagen, deshalb machen wir beharrlich weiter. Intuitiv wissen wir, dass wir für immer am selben Platz sitzen bleiben werden, wenn wir aufhören, es zu versuchen. Die einzige logische Option ist die, es erneut zu versuchen.

Und nicht nur das, wir werden auch von unseren Liebsten dazu ermuntert. Jedes Mal, wenn wir einen Versuch unternehmen, jubeln sie und strahlen angesichts unserer Bemühungen über das ganze Gesicht. Sie rügen uns nicht, wenn wir es beim ersten Mal nicht gleich schaffen.

Doch dann geschieht etwas Seltsames und äußerst Kontraproduktives. Wenn wir älter werden, erscheint es nicht mehr so akzeptabel zu scheitern. Die Mitglieder von Sportmannschaften werden von ihren Trainern extrem zum Erfolg angetrieben. Unsere Eltern möchten, dass wir gute Noten nach Hause bringen, und die Lehrer verwenden den Rotstift, um unsere Fehler zu markieren. Die kleinste Unbesonnenheit kann dazu führen, dass wir heftig ausgelacht und bloßgestellt werden …

Also entwickeln die meisten Menschen nach und nach Angst vor dem Scheitern, Angst davor, aus einer Menge herauszustechen (was manchmal zu einer Angst vor dem Erfolg führen kann), sowie Angst davor, etwas anders zu machen. Kreativität und der Mut zum Risiko werden in dem Versuch erstickt, den gesellschaftlichen Normen zu entsprechen. Diese Angst war vor unserer Geburt noch nicht vorprogrammiert. Wir lernen sie von unseren Eltern, anderen Verwandten, von Vorbildern und Lehrern. Natürlich vermittelt uns keiner diese Angst absichtlich. Die meisten Ratschläge und Ermahnungen sind gut gemeint, aber trotzdem können sie uns schaden.

Reiche und Glückliche Menschen haben gelernt, sich von erlernten Mustern zu lösen. Sie haben gerne Erfolg, wissen aber, dass ein Scheitern lediglich ein Schritt auf dem Weg zu ihrem zukünftigen Erfolg ist.

Michael Jordan, der größte Basketballspieler aller Zeiten, hat einmal Folgendes gesagt: »Ich bin in meinem Leben immer und immer wieder gescheitert und deshalb habe ich Erfolg.« Der Anteil seiner erfolgreichen Korbwürfe liegt insgesamt bei 51 Prozent. Er hatte also in etwa ebenso viele Fehlwürfe wie Treffer. Aber das hat ihn nicht aufgehalten.

Was könnten Sie tun, wenn es Ihnen egal wäre zu scheitern? Ich möchte Sie keineswegs dazu auffordern, dem Leben mit einer apathischen Haltung zu begegnen oder etwa nicht Ihr Bestes zu versuchen. Aber wie wäre es zu akzeptieren, dass das Scheitern zum Leben dazugehört – egal, wie gut Sie selbst sind –, und sich dadurch nicht zurückhalten oder herunterziehen zu lassen?

Richard Branson, der exzentrische Milliardär und Gründer von Virgin Music und Virgin Airways, geht ständig Risiken ein und einige seiner Unternehmungen waren alles andere als erfolgreich. Trotzdem gilt er in der Geschäftswelt als Vorbild.

Als Sechzehnjähriger gab er eine Schülerzeitschrift mit dem hinreichend fantasievollen Titel *Student* heraus. Im Alter von 20 Jahren gründete er dann die Firma Virgin Records, zunächst als Ladenkette für Schallplatten. Damit veränderte er die Musikszene im Vereinigten Königreich für immer. Als Branson sein Unternehmen startete, musste man lediglich musikbegeistert sein und unbedingt für Virgin arbeiten wollen. Das waren die einzigen Voraussetzungen, um von Branson eingestellt zu werden. Lange Haare und Tätowierungen störten ihn nicht.

Seine Läden waren extrem erfolgreich und nachdem er von seinen Gewinnen ein Herrenhaus auf dem Land gekauft und ein Tonstudio eingerichtet hatte, gründete er das Schallplattenlabel Virgin Records. Mit der Veröffentlichung des Albums *Tubular Bells* von dem bis dahin unbekannten Mike

Oldfield ging Branson ein großes Risiko ein. *Tubular Bells* sollte sich weltweit 15 Millionen Mal verkaufen und war unglaubliche 279 Wochen lang in den Musikcharts des Vereinigten Königreichs vertreten.

Man könnte nun vermuten, dass Richard Branson weiterhin nur Erfolg hatte. Doch das war keineswegs der Fall.

Branson hat über 300 Unternehmen gegründet, von denen viele nicht erfolgreich waren. Einige entpuppten sich als regelrechte Pleiten. Das Gleiche gilt für seine außergeschäftlichen Aktivitäten. Zusammen mit Per Linstrand (sowie Steve Fossett) scheiterte Branson drei Mal bei dem Versuch, als Erste mit einem Heißluftballon um die Welt zu fliegen. Außerdem scheiterte er bei seinem Versuch, die erste nationale Lotterie des Vereinigten Königreichs zum Laufen zu bringen, und viele Leute würden sagen, dass es ihm nicht gelungen ist, Virgin Rail zum führenden Bahnunternehmen des Vereinigten Königreichs zu machen.

Macht ihm das etwas aus? Nun, wenn ein Unternehmen scheitert, ist er wahrscheinlich nicht gerade begeistert. Aber er weiß, dass aus dem Scheitern der Erfolg entsteht, das hat er immer wieder bewiesen.

Das folgende Zitat bringt die lockere Haltung, die er gegenüber dem Scheitern hat, auf den Punkt. Er weiß, dass es sich im Leben und bei geschäftlichen Unternehmungen nicht ausschließen lässt und man daher am besten positiv damit umgeht und nach vorne schaut.

»Es gibt eine ganze Reihe von Dingen, bei denen sogar ich selbst dachte, möglicherweise einen Schritt zu weit gegangen zu sein. Aber wenn man bereit ist, sich zum Narren zu machen und Leute zum Lächeln zu bringen – solange man es mit Humor nimmt –, kommt man ganz gut damit durch.«

Wie großartig könnten Sie sein, wenn Sie eine ähnliche Haltung entwickeln würden?

In den USA gilt Donald Trump zu Recht als Ikone der Geschäftswelt und ist äußerst angesehen. 1989 musste er geschäftlich Insolvenz anmelden und bewegte sich zudem am Rande der Privatinsolvenz. 1992 meldete er Gläubigerschutz nach Kapitel 11 des US-Handelsgesetzes an und musste 49 Prozent des Trump Plaza Hotels an die Citibank und andere Investoren abtreten.

Noch bis zum Februar 2009 hatte Trump finanzielle Schwierigkeiten mit seiner Holdinggesellschaft Trump Entertainment Resorts, die Kasino-Hotels in den USA betreibt.

Aber trotz seines mehrfachen Scheiterns besitzt Trump heute Hotels in Las Vegas, Chicago und Atlantic City. Darüber hinaus ist er der Eigentümer zahlreicher Golfplätze und Immobilien auf der ganzen Welt. Sein Vermögen wird auf bis zu circa drei Milliarden Dollar geschätzt. Er wurde zwei Mal für den Emmy nominiert und hat einen eigenen Stern auf dem Walk of Fame in Hollywood.

Nicht viele Menschen würden Branson oder Trump für gescheitert halten. Dabei sind sie beide gescheitert und das heftig. Aber für sie ist das in Ordnung. Denn je öfter sie scheitern, desto mehr lernen sie auch. Je mehr sie lernen, desto erfolgreicher werden sie, und daher sind sie paradoxerweise umso erfolgreicher, je öfter sie scheitern.

Tiger Woods ist einer der besten Golfspieler der Welt, aber er verliert mehr Turniere, als er gewinnt. Abraham Lincoln wurde der 16. Präsident der USA und führte das Land durch einen Bürgerkrieg, obwohl er mehr Wahlen verlor, als er gewann. Die Suffragetten Alice Paul und Lucy Burns, Vorbilder für viele, kämpften zwölf Jahre lang für das Frauenwahlrecht.

Sie mussten zahllose Entwürdigungen über sich ergehen lassen, wurden verhaftet und ins Gefängnis gesteckt, bevor sie ihr Ziel schließlich erreichten.

Reiche und Glückliche Menschen wissen, dass wir von Geburt an die unglaubliche Fähigkeit haben, mit Dingen fertigzuwerden, die schieflaufen. Es ist nicht nötig, das Scheitern zu vermeiden, denn zum einen können wir damit umgehen und zum anderen ist es eine Gelegenheit zu lernen und daran zu wachsen.

Erinnern Sie sich einmal an alle Dinge, die in Ihrem Leben schiefgelaufen sind. Sie sind mit jeder einzelnen Situation fertiggeworden und haben etwas daraus gelernt. Und Sie werden auch mit allem fertigwerden, was Ihnen bis zum Ende Ihres Lebens noch widerfahren mag. Darüber hinaus ist der Gedanke an ein Scheitern fast immer schlimmer als das Ereignis selbst.

Um im Leben wirklich erfolgreich zu sein, sollten Sie das Scheitern willkommen heißen, selbst wenn es Ihnen Angst macht. Gehen Sie Projekte mit der folgenden Haltung an: »Ich werde mein Bestes geben und wenn es nicht funktioniert, ist es kein Problem. Dann versuche ich eben etwas Neues.« Sie sind auch nur ein Mensch. Sie werden hin und wieder etwas verbocken, das ist nur allzu menschlich. Aber wenn Sie darüber lachen und aus Ihren Fehlern lernen, überwinden Sie das Bedürfnis, sich über das Scheitern Sorgen zu machen, und damit sinkt die Wahrscheinlichkeit, dass Sie scheitern werden.

Im Hafen ist ein Schiff sicher –
aber dafür werden Schiffe nicht gebaut.
William Shedd, *Salt From My Attic*

BLEIBEN SIE AUFGRUND IHRER EINSTELLUNG ZUM GELD ARM?

Wie wir bereits gesehen haben, können falsche Überzeugungen Sie davon abhalten, Reich und Glücklich zu werden. Wir wollen uns nun einige Vorstellungen genauer ansehen, die Menschen über das Geld haben.

Millionen von Menschen glauben, Geld an sich würde sie glücklich machen. Wenn sie nur genug davon hätten, so ihre Annahme, würden sie sich automatisch in einem glücklichen Zustand befinden. Die Wahrheit sieht allerdings ganz anders aus.

Sobald jemand sich nicht mehr in einem Zustand großer Armut befindet, ist das Glück so gut wie überhaupt nicht mehr an den Wohlstand gekoppelt.

Lassen Sie mich das noch einmal wiederholen, für den Fall, dass Sie denken, ich hätte mich hier verschrieben:

Sobald jemand sich nicht mehr in einem Zustand großer Armut befindet, ist das Glück so gut wie überhaupt nicht mehr an den Wohlstand gekoppelt.

Eine Studie des Ökonomen Alan B. Krueger und des Psychologen und Nobelpreisträgers Daniel Kahnemann, die 2006 an der Princeton Universität durchgeführt wurde, kam zu folgendem Ergebnis: »Die Überzeugung, dass Wohlbefinden mit einem hohen Einkommen einhergeht, ist weitverbreitet, aber zum größten Teil falsch. Menschen mit einem überdurchschnittlichen Einkommen sind relativ zufrieden mit ihrem Leben, aber kaum glücklicher als andere, was

Erfahrungen anbelangt, die man von einem Moment zum anderen macht. Sie neigen dazu, angespannter zu sein, und verbringen nicht mehr Zeit mit besonders angenehmen Aktivitäten.«

Es gibt zahlreiche weitere Studien mit ähnlichen Ergebnissen. Trotzdem glauben viele Menschen nicht, dass die Erkenntnisse auf sie selbst zutreffen. Für andere Leute mögen sie ihrer Meinung nach zwar gelten, aber sich selbst nehmen sie aus, nur um sich sogleich wieder 80 Stunden pro Woche in die Arbeit zu stürzen und dem Geld hinterherzujagen. Häufig auf Kosten ihres Familienlebens, ihrer sonstigen sozialen Kontakte und sogar ihrer Gesundheit.

Überrascht es Sie zu erfahren, dass Gewinner großer Lotteriesummen sich sechs Monate nach ihrem Gewinn statistisch gesehen nicht für glücklicher halten als Leute, die bei einem Verkehrsunfall eine Querschnittslähmung davontrugen?

Daniel Gilbert, Psychologieprofessor an der Harvard Universität, hat dies festgestellt und darüber in seinem brillanten Buch *Ins Glück stolpern* berichtet.

Woran könnte das liegen?

Im Leben der Lotteriegewinner hat sich eigentlich nichts geändert, abgesehen davon, dass sie viel Geld erhalten und damit einige materielle Dinge gekauft haben. Die Querschnittsgelähmten dagegen haben etwas Wichtiges erreicht.

Sie haben gelernt sich umzustellen, die Situation zu akzeptieren und damit fertigzuwerden, was zuvor undenkbar für sie gewesen wäre. Sie sind persönlich gewachsen. Sie haben eine große Anpassungsfähigkeit unter Beweis gestellt und viele von ihnen haben erkannt, was ihnen als Mensch wirklich wichtig ist.

Die Schlussfolgerung daraus lautet nicht etwa, dass Geld uns nicht *helfen* könnte, einen glücklicheren Zustand zu erreichen. Das kann es durchaus. Ständig von der Hand in den Mund zu leben und kein Geld für unerwartete Rechnungen oder besondere Ausgaben zur Verfügung zu haben, kann sehr belastend sein.

Doch es ist ein Irrglaube, man bräuchte nichts anderes als Geld, um glücklich zu sein. Diese Überzeugung führt zu einem Leben voller Enttäuschungen.

Wenn Reiche und Glückliche Menschen Geld also nicht mit Glücklichsein gleichsetzen, welche Einstellung haben sie dann zum Geld?

Wie ich feststellen konnte, haben diese Menschen eine ähnliche Einstellung, die auch ein wichtiger Faktor für ihren Erfolg ist.

Folgendes trifft hundertprozentig zu: Reich und Glücklich zu sein bedeutet keineswegs nur, Geld anzuhäufen, sondern zu tun, was man möchte, wann immer man es möchte. Da Geld aber ein solch gängiges Mittel ist, um weltweit Transaktionen zu erleichtern, hat die Einstellung der Menschen zum Geld einen erheblichen Einfluss auf ihre Fähigkeit, Reich und Glücklich zu sein.

Hier sind einige weitverbreitete Meinungen, die nicht reiche und nicht glückliche Menschen über das Geld haben. Ich habe bewusst eine Lücke in jedem Satz gelassen. Lesen Sie sich die Aussagen nacheinander durch und versuchen Sie, die Lücken rasch und ohne große Überlegung zu füllen.

1. Geld ist die Wurzel allen …
2. Eher geht ein Kamel durch ein Nadelöhr, als dass ein Reicher in das Reich … gelangt.

3. Das Geld wächst nicht auf ...
4. Die Reichen werden reicher, die Armen werden ...
5. Zeit ist ...

Wenn Sie einen Satz oder sogar alle Aussagen vervollständigen konnten und dabei keine starke negative Reaktion verspürt haben, gehören diese Sätze zu den nicht gerade förderlichen Ansichten über Geld, die Sie in gewisser Weise für wahr halten.

Hier die Liste noch einmal. Dieses Mal mit den vollständigen Aussagen.

1. Geld ist die Wurzel allen Übels.
2. Eher geht ein Kamel durch ein Nadelöhr, als dass ein Reicher in das Reich Gottes gelangt.
3. Das Geld wächst nicht auf Bäumen.
4. Die Reichen werden reicher, die Armen werden ärmer.
5. Zeit ist Geld.

Und hier eine Liste weiterer gängiger Meinungen über das Geld, die Menschen davon abhalten, Reich und Glücklich zu sein.

6. Ich werde nie genügend Geld haben.
7. Reiche Menschen sind unglücklich.
8. Ich kann einfach nicht gut mit Geld umgehen.
9. Ich möchte kein Geld haben und nicht darauf eingebildet sein.
10. Je mehr Geld ich hätte, desto mehr Probleme hätte ich auch.

Wenn Sie auch diese Aussagen gelesen haben, ohne negativ darauf zu reagieren, handelt es sich um weitere nicht förderliche Überzeugungen, die Sie in gewisser Weise für wahr halten.

Solange Sie diese und andere negative Aussagen über das Geld weiterhin für sich gelten lassen, hindern diese Sie daran, Reich und Glücklich zu werden. Sie vermitteln Ihrem Unbewussten eine extreme Aversion gegen den Besitz von oder den Umgang mit Geld.

Da Geld ein Tauschmittel für so viele Reich-und-Glücklich-Erfahrungen und -Erlebnisse ist, wird Ihr Unbewusstes alles nur Erdenkliche tun, um Ihnen jede Möglichkeit zu nehmen, solche Erfahrungen und Erlebnisse zu haben.

Meistens eignen wir uns unsere Meinungen über das Geld nicht bewusst an. Wir übernehmen sie in der Regel von anderen (zum Beispiel von unseren Eltern oder Verwandten), ohne ihre Gültigkeit je zu hinterfragen oder zu prüfen, ob sie uns dienlich sind.

Denken Sie einmal über den Satz »Zeit ist Geld« nach. Ist Zeit wirklich Geld? Haben Sie das je hinterfragt? Zeit ist nicht Geld! Geld ist Geld!

Und was ist mit der Aussage »Geld ist die Wurzel allen Übels«? Geld ist ein lebloses Objekt. Es kann an und für sich nicht böse oder schlecht sein. Natürlich wird es manchmal für unmoralische, unethische oder illegale Zwecke verwendet, aber was beweist das? Nichts, denn es wird ebenso für moralische, ethische, legale, wohltätige und humanitäre Zwecke eingesetzt.

Dieses Kapitel liegt mir besonders am Herzen, weil meine frühere Einstellung zum Geld mich selbst extrem blockiert hat. Menschen, die viel Geld haben, so dachte ich, müssen es erworben haben, indem sie andere übervorteilt haben. Auch wenn sie vielleicht ganz nett wirkten und es womöglich auch waren.

Diese Überzeugung bereitete mir große Probleme, als ich versuchte, mein Reiches und Glückliches Leben zu gestalten. Da Integrität auf meiner Werteskala sehr weit oben steht, ist es wichtig für mich, fair und ehrlich zu sein. Gemäß meiner damaligen Überzeugung musste ich andere allerdings ausnutzen, um viel Geld zu verdienen.

Obwohl ich mein Geld auf eine ethische und ehrliche Weise verdiente, indem ich Dinge tat, die ich gerne machte und die das Leben anderer Menschen positiv veränderten, sabotierte ich meine Arbeit selbst, sobald ich finanziell erfolgreich war.

Sobald es gut lief, fühlte ich mich innerlich unwohl und beendete, was ich tat. Danach ging es mir allerdings nur noch schlechter. Jahrelang wusste ich nicht, was los war.

Meine Freunde und meine Familie fragten mich stets: »Warum machst du nicht weiter, wo es doch gerade so gut läuft?« Aufgrund meiner falschen Überzeugung erlebte mein Unbewusstes einen extremen Fall einer Persönlichkeitsspaltung.

Einerseits sendete ich die Botschaft aus, dass ich Dinge tun wollte, die mir Freude machten und die einen positiven Einfluss auf das Leben anderer Menschen hatten. Und je intensiver ich mich dieser Aufgabe widmete, desto mehr wurde ich natürlich dafür belohnt, oft finanziell.

Andererseits sendete ich die Botschaft aus, dass ich Menschen wohl irgendwie ausgenutzt haben musste, wenn ich so viel Geld verdiente, und das wollte ich auf keinen Fall. Dieser Kampf setzte sich jahrelang fort. Es ging immer hin und her.

Schließlich erkannte ich durch meine intensive Beschäftigung mit der Reich-und-Glücklich-Formel, dass meine Einstellung zum Geld problematisch war. Diese entsprach nicht der Realität. Und so erkannte ich auch die Lösung für das Problem.

Man muss lediglich einen hieb- und stichfesten Gegenbeweis finden, um falsche Überzeugungen bezüglich des Geldes zu korrigieren.

So fragte ich mich zum Beispiel: »Fällt mir jemand ein, der reich ist und sein Geld auf eine Weise verdient, die andere Menschen nicht ausbeutet?« Sofort konnte ich die Frage mit Ja beantworten. Mir fielen zwei Autoren ein, die das Leben von Millionen Menschen durch ihre Bücher und Vorträge positiv beeinflusst haben, Dr. Wayne Dyer und Marianne Williamson nämlich.

Gerade weil sie sehr integer sind und es ihnen sehr wichtig ist, anderen zu helfen, haben sie Millionen von Büchern verkauft und dadurch Millionen verdient. Meine frühere Überzeugung war so offensichtlich falsch, dass es lächerlich schien, daran festzuhalten.

Von nun an rief ich mir sofort die beiden in Erinnerung, sobald meine alte falsche Überzeugung wieder auftauchte. Ich korrigierte meine Haltung zum Geld, sodass sie mich fortan unterstützte und mir Energie verlieh.

Obwohl ich die Bücher der beiden Autoren schon viele Jahre vor meinem Schlüsselerlebnis kannte und es auch sonst genug Beweise dafür gab, dass meine Überzeugung falsch war, hatte ich daran festgehalten.

Reiche und Glückliche Menschen haben eine positive und förderliche Einstellung zum Geld. Drei wichtige Überzeugungen in Bezug auf Geld sind im Folgenden aufgeführt.

Wenn Sie Reich und Glücklich werden wollen, sollten Sie alle negativen Meinungen über Geld hinterfragen und eine positive Haltung dazu entwickeln.

1. **Geld ist weder gut noch schlecht. Es ist lediglich ein Tauschmittel.** (Falls Sie Zweifel daran haben, sollten Sie einmal zwei Geldstücke nach oben halten. Welches von beiden ist gut und welches ist schlecht? Sie werden schnell erkennen, dass die Frage sich so nicht beantworten lässt. Es handelt sich lediglich um zwei Metallstücke, die man gegen etwas anderes eintauschen kann.)

2. **Es ist möglich und auch in Ordnung, schnell viel Geld zu verdienen, wenn man etwas tut, das man großartig findet und gerne macht.** (Falls Sie ein Beispiel dafür brauchen, denken Sie nur einmal an die Gewinner des Friedensnobelpreises. Sie alle erhalten eineinhalb Millionen Dollar als Preisgeld. Einen Tag zuvor haben sie das Geld noch nicht und am nächsten Tag besitzen sie es dann. Und den Friedensnobelpreis bekommt man nicht für etwas, das nicht bewundernswert wäre.)

3. **Ich habe es verdient, finanziell belohnt zu werden.** (Geld ist, wie erwähnt, ein gängiges Tauschmittel. Jedes Mal, wenn Sie eine positive Wirkung auf etwas oder jemanden haben, kann es sein, dass Sie Geld dafür erhalten. So funktioniert die Welt nun mal. Sie sollten es gerne annehmen und es willkommen heißen.)

EIN EINZIGES GUTES BEISPIEL GENÜGT

Denken Sie einmal an eine Überzeugung, die Sie blockiert. Möglicherweise haben Sie nicht genug Selbstvertrauen, um sich für eine Führungsposition zu bewerben, oder Sie sind nicht groß genug, um Profi-Basketballer zu werden, oder nicht gebildet genug, um Kanzler zu werden.

Egal, worum es sich handelt, machen Sie Ihre Überzeugung sichtbar, indem Sie sie aufschreiben und einen genaueren Blick darauf werfen. Lesen Sie sich die Aussage mehrmals laut vor und machen Sie sich dann innerlich bereit, sich von der Überzeugung zu verabschieden. Sie hatte zwar die besten Absichten und wollte Sie schützen, aber Sie brauchen sie nun nicht mehr.

Genauso wie Sie falsche Vorstellungen über das Geld widerlegen können, so lassen sich ALLE Überzeugungen widerlegen, sofern Sie ein einziges Gegenbeispiel finden.

Gibt es irgendwelche Menschen, die trotz geringem Selbstvertrauen eine Führungsposition innehaben? Gibt es Profi-Basketballspieler, die so groß sind wie Sie oder sogar noch kleiner? Hat es je einen Kanzler gegeben, an dessen Bürowänden keine Hochschulzeugnisse prangten?

Solche Beispiele beweisen Ihnen, dass es durchaus möglich ist, Ihr Ziel zu erreichen. Das Problem sind nicht die Umstände, sondern Ihre eigene Wahrnehmung der Situation. Suchen Sie so lange nach Beispielen, die Ihre blockierende Überzeugung eindeutig widerlegen, bis Sie erkennen, dass es vielleicht nicht einfach, aber durchaus möglich ist, Ihr Ziel zu erreichen.

Um noch mal auf das Thema Geld zurückzukommen: Angenommen, Sie wollen eigentlich Geld für die Ausbildung zurücklegen, halten das aber für unmöglich. Haben Sie jemals zuvor auf etwas gespart? Sparen ist ein Akt der Selbstkontrolle, haben Sie das bei anderer Gelegenheit geschafft? Falls ja, wie ist Ihnen das gelungen? Könnten Sie die Strategie übertragen?

Wenn es Ihnen jemals zuvor gelungen ist, reicht das, um Ihre Überzeugung zu brechen, Sie könnten kein Geld sparen, und sie durch eine Überzeugung zu ersetzen, die Sie stärkt.

Verändern Sie mithilfe einer weiteren Reich-und-Glücklich-Technik Ihre Vorstellungen darüber, was möglich ist und was nicht: Verwenden Sie gezielt ein paar andere Worte.

Wir werden später noch genauer auf diese Technik eingehen. Für den Moment können Sie zunächst damit beginnen, das Wort »noch« so oft wie möglich zu verwenden, wenn Sie über das Reiche und Glückliche Leben sprechen, das Sie führen möchten.

Die Aussage »Ich bin nicht Reich und Glücklich« klingt vollkommen anders als der Satz »Ich bin *noch* nicht Reich und Glücklich«. Erstere klingt wie eine Tatsache. So bin ich! So ist es nun mal! Die zweite Aussage beschreibt einen vorübergehenden Zustand, der sich in der Zukunft verändern kann und wird.

Darüber hinaus können Sie durch eine Veränderung der Zeiten in einem Satz beeinflussen, wie Sie eine Situation betrachten. Sagen Sie zum Beispiel nicht länger »Es gelingt mir nicht, Geld zu sparen«, sondern »Bisher ist es mir nicht gelungen, Geld zu sparen«. So wird das Problem in die Vergangenheit verlagert und Sie bringen zum Ausdruck, dass Sie ab nun etwas verändern können.

Diese beiden einfachen Techniken werden sich positiv auf Ihr Energieniveau sowie Ihre Stimmung auswirken und Sie Ihrem Ziel, Reich und Glücklich zu werden, rasch näherbringen. Glauben Sie daran, dass Sie Ihr Leben ab nun so verändern können, wie Sie es sich wünschen, denn genau so ist es.

Hatten Sie schon mal einen Job, haben Sie ein Kind großgezogen, ein Examen abgelegt, hatten Sie einen Freund oder haben Sie schon mal ein Kompliment erhalten? Selbstverständlich. Sie hatten Erfolg, und lassen Sie sich von niemandem, schon gar nicht von sich selbst, einreden, das wäre anders. Das nämlich wäre gelogen. Sie hatten wirklich Erfolg, Sie haben das gut gemacht!

Erinnern Sie sich an alles, was Sie im Leben bereits erreicht haben, egal, wie klein ein Erfolg auch gewesen sein mag, und nutzen Sie Ihre Erfolge als Beleg für die Überzeugung, dass Sie auch Ihr Ziel, Reich und Glücklich zu sein, erreichen werden.

Manche Überzeugungen werden schwerer zu ändern sein als andere. Bleiben Sie geduldig. Halten Sie an dem fest, was Sie erreichen wollen, seien Sie beharrlich. Und denken Sie immer daran, dass Sie Ihre Überzeugungen ändern können.

Und nun lassen Sie uns zur nächsten Ebene übergehen.

ZUCKERPILLEN UND HYPNOSE

Ihre Realität hängt von Ihren Vorstellungen ab. Wenn Sie Ihre Überzeugungen kontrollieren, kann sich alles erfüllen, was Sie sich wünschen.

Bevor ein neues Medikament auf dem Markt zugelassen wird, muss es zahlreiche strenge Tests durchlaufen. Unter anderem werden in dieser Phase Doppelblindstudien durchgeführt, bei denen auch Placebos eingesetzt werden.

Bei diesen Studien erhält die eine Hälfte der Probanden das zu testende Medikament und die andere Hälfte bekommt – ohne es zu wissen – ein Placebo, also lediglich eine Zuckerpille. Auch die Personen, die den Probanden die Pillen verabreichen, wissen nicht, bei welchen Präparaten es sich um die Placebos handelt. Daher der Begriff »Doppelblind«-Studie.

Es gibt zahlreiche gut dokumentierte Fälle von Patienten, deren Zustand sich nach der Einnahme von Placebos verbessert hat.

Die am häufigsten zitierte Studie wurde im *Journal of the American Medical Association*, einer amerikanischen Fachzeitschrift, veröffentlicht. Sie zeigt, dass sich bei über 30 Prozent der Patienten, die Placebos erhalten hatten, der Zustand verbesserte. Diese Studie basiert auf Beobachtungen von Ärzten, die im Zweiten Weltkrieg verwundete Soldaten behandelt hatten.

Als die Medikamente knapp wurden, verabreichten die

Ärzte den Patienten Zuckerpillen oder Salzinjektionen, sagten ihnen jedoch, sie würden Aspirin beziehungsweise Morphium erhalten. In vielen Fällen brachte das den Soldaten Linderung.

In Fachkreisen wird zwar darüber diskutiert, ob es zum Placebo-Effekt kam, weil der Zustand sich tatsächlich verbesserte oder weil die Patienten lediglich glaubten, das sei so, aber das Ergebnis ist dasselbe. Der Glaube daran, dass das Mittel helfen würde, sorgte dafür, dass es tatsächlich wirkte.

Es gibt sogar Fälle, wo bei Patienten erfolgreich ein chirurgischer Placebo-Eingriff vorgenommen wurde.

Das berichtete das *New England Journal of Medicine* im Juli 2002; zugrunde liegt eine Studie mit 180 Patienten, die wegen Arthrose im Knie behandelt wurden.

Ein anderes Beispiel für die Macht der Überzeugungen lieferten Sozialpsychologen. In einem Experiment über die Wirksamkeit eines Energiedrinks wiesen sie nach, dass die Leute sich umso erfrischter fühlten, je teurer das Getränk war. Allein die Auskunft, dass der eine Drink einen und der andere zwei Dollar kostete, veränderte die Wahrnehmung. Wer glaubte, den wirkungsvolleren Drink zu bekommen, bei dem zeigte er auch mehr Wirkung.

Auch die Hypnose wird seit langer Zeit dazu eingesetzt, die Kontrolle über den Geist zu behalten. Seit die positiven medizinischen Auswirkungen erstmals vor zweihundert Jahren dokumentiert wurden, haben Millionen von Menschen mittels Hypnose erfolgreich Schmerzen kontrolliert. Zahlreiche Patienten, die allergisch auf eine Narkose reagierten, wurden in Hypnose operiert. Man führte beispielsweise Kaiserschnitte oder Tumorentfernungen bei ihnen durch. Dabei war der Glaube der Patienten das einzige Instrument, das sie davor bewahrte, Schmerzen zu empfinden.

Schon 1957 begleitete Dr. William S. Kroger, damals eine der führenden Kapazitäten in der Anwendung von Hypnose, eine Patientin während einer einstündigen Schilddrüsenoperation. Sie erhielt keine zusätzliche Narkose. Nach der Operation meinte sie: »Ich habe keinen Schmerz gefühlt. Ich habe nur einen gewissen Druck und ein Ziehen verspürt.«

In den letzten 50 Jahren wurde in westlichen Krankenhäusern Hunderte Male bewiesen, dass ohne Narkose chirurgische Eingriffe bei Patienten durchgeführt werden können, ohne dass diese Schmerzen empfinden – sofern sie gelernt haben, ihren Geist und ihre Überzeugungen zu kontrollieren.

Die Patienten müssen allerdings daran glauben, dass es möglich ist. Wenn sie das nicht tun, setzen ihre Zweifel ihre eigene Fähigkeit außer Kraft.

Und nun habe ich noch eine weitere spannende Neuigkeit für Sie:

Wir alle haben diese Fähigkeit!

Wir driften mehrmals täglich in einen hypnoseähnlichen Trancezustand ab. Vielleicht haben Sie Folgendes schon einmal erlebt: Sie fahren eine Weile mit dem Auto und stellen dann plötzlich fest, dass Sie sich nicht konkret an die letzte Viertelstunde erinnern können. Sie waren so tief in Gedanken versunken, dass das Steuern des Fahrzeugs fast wie auf einer anderen Ebene stattgefunden hat. Dieser Zustand ist mit einem hypnotischen Trancezustand vergleichbar.

Sie haben zwar das Gefühl, nicht aufgepasst zu haben, doch in Wirklichkeit hat Ihr Bewusstsein sich auf etwas anderes konzentriert, während Ihr Unbewusstes nach wie vor die

Straße wahrnahm. Wäre Ihnen jemand vor das Auto gelaufen oder hätte jemand gehupt, hätten Sie innerhalb einer Millisekunde wieder auf Ihr Bewusstsein umgeschaltet.

Das heißt, Sie haben – genauso wie die Patienten, die ohne Narkose operiert wurden – eine Ihnen innewohnende Fähigkeit, sich in einen Trancezustand zu versetzen und Ihren Geist zu kontrollieren. Denken Sie einmal über die weitreichenden Konsequenzen dieser Erkenntnis nach.

Wenn Sie lernen, Ihre Vorstellungen zu kontrollieren, und sie dann in Einklang mit Ihren Träumen von einem Reichen und Glücklichen Leben bringen, sind Ihre Möglichkeiten unbegrenzt.

Die folgenden acht Überzeugungen helfen Ihnen wesentlich bei Ihrem Vorhaben, Reich und Glücklich zu werden. Lesen Sie sich die Sätze jeden Tag nach dem Aufwachen laut vor. Und machen Sie das erneut vor dem Schlafengehen. Wann auch immer Sie beginnen, an sich selbst zu zweifeln, sollten Sie sich die Überzeugungen ebenfalls laut vorlesen.

Alles ist möglich.

Ich bin es wert, Reich und Glücklich zu sein.

Ich bin dazu in der Lage, Reich und Glücklich zu sein.

Ich habe es verdient, Reich und Glücklich zu sein.

Wenn ich ein Reiches und Glückliches Leben führe, hilft das der Welt.

Die einzige Person, die mich daran hindern kann, bin ich selbst.

Ich kann jetzt sofort Reich und Glücklich sein.

Reich und Glücklich zu sein ist mein naturgegebener Zustand.

WELCHE SIND IHRE DREI LIEBLINGSFILME?

Zu Beginn dieses Buches habe ich Ihnen gesagt, dass es unmöglich ist, Reich und Glücklich zu sein – zu tun, was immer Sie möchten, wann immer Sie es möchten –, wenn Sie nicht wissen, was es für Sie bedeutet. Mithilfe der Übung zur Ermittlung Ihrer Werte haben Sie Ihren inneren Kompass entdeckt (s. S. 37). Die letzten Kapitel über die Kraft der eigenen Überzeugungen haben Ihnen geholfen, Ihre Haltung zu verändern. Sie wissen nun, dass alles möglich ist. Nun wollen wir herausfinden, wie Ihr »Was immer« aussieht.

In der folgenden Übersicht sind die wesentlichen Aktivitäten aufgeführt, mit denen sich die meisten Menschen in einer typischen Woche in ihrem Leben beschäftigen.

	Mo	Di	Mi	Do	Fr	Sa	So
5:00 Uhr	Schlafen						
6:00 Uhr							
7:00 Uhr	Duschen, Anziehen, Frühstücken					Schlafen	
8:00 Uhr	In die Arbeit fahren						
9:00 Uhr	Arbeiten						
10:00 Uhr							
11:00 Uhr							
12:00 Uhr	Zu Mittag essen						
13:00 Uhr							
14:00 Uhr	Arbeiten						
15:00 Uhr							
16:00 Uhr							

Welche sind Ihre drei Lieblingsfilme |

	Mo	Di	Mi	Do	Fr	Sa	So
17:00 Uhr			Arbeiten				
18:00 Uhr							
19:00 Uhr			Sport treiben				
20:00 Uhr			Zu Abend essen				
21:00 Uhr			Fernsehen				
22:00 Uhr						Mit Freunden	
23:00 Uhr						weggehen	
24:00 Uhr							
1:00 Uhr			Schlafen				
2:00 Uhr							
3:00 Uhr						Schlafen	
4:00 Uhr							

Ähnelt diese Übersicht Ihrem eigenen Wochenkalender? Lassen Sie es uns gemeinsam herausfinden. Nehmen Sie sich einen Moment Zeit, um in den folgenden Kalender die wesentlichen Dinge einzutragen, mit denen Sie in einer typischen Woche Ihre Zeit verbringen. Sie können natürlich, falls das so passt, die Einträge aus dem Musterkalender übernehmen.

	Mo	Di	Mi	Do	Fr	Sa	So
5:00 Uhr							
6:00 Uhr	Schlafen						
7:00 Uhr	aufstehen /	Nichlas			Schlafen		
8:00 Uhr	zur Arbeit	Pers. nen					
9:00 Uhr							
10:00 Uhr							
11:00 Uhr			A				
12:00 Uhr							
13:00 Uhr							
14:00 Uhr	Arbeit						
15:00 Uhr							
16:00 Uhr			A				
17:00 Uhr							
18:00 Uhr	ein kaufe						
19:00 Uhr	essen						
20:00 Uhr	Haushalt						
21:00 Uhr	v. weg						
22:00 Uhr							
23:00 Uhr							
24:00 Uhr							
1:00 Uhr							
2:00 Uhr							
3:00 Uhr							
4:00 Uhr							

Und nun werden wir herausfinden, warum Sie *noch* nicht Reich und Glücklich sind.

Tragen Sie Ihre acht wichtigsten Werte und Anti-Werte aus den Übungen zur Werteermittlung (s. S. 63) in die folgende Liste ein.

Werte	Anti-Werte

Markieren Sie nun die Zeiten in der Woche, an denen Ihre Aktivitäten genau den Werten beziehungsweise Anti-Werten entsprechen.

Im Gegensatz zu den meisten Leuten haben Reiche und Glückliche Menschen einen Kalender voll solcher Markierungen. Das heißt, sie tun, was immer sie möchten, wann immer sie es möchten.

Nun ist es auch für Sie an der Zeit, diesen Zustand zu erreichen.

Eins der wirksamsten Instrumente dafür ist eine Übung, die ich bereits in meinem Buch *The Big Five for Life* aufgezeigt habe.

Stellen Sie sich Ihre Werte als Flüsse vor. Nicht irgendwelche Flüsse, sondern als denkbar schöne, als traumhafte Flüsse. Als Flüsse, auf denen Sie in Ihrem Leben gerne Zeit verbringen möchten.

An diesen Flüssen liegen – in perfekter Harmonie – einige Häfen, die Sie gerne besuchen möchten (Dinge, die Sie tun, sehen und erleben möchten). Diese Häfen sind Ihre Big Five for Life®.

Und dabei handelt es sich nicht um irgendwelche Häfen.

Es sind die fünf Dinge, die Sie am liebsten tun, sehen oder erleben möchten, bevor Sie sterben. Die Bedeutung der Big Five for Life® ist so groß, dass sie Ihnen das Gefühl geben, ein Reiches und Glückliches Leben gelebt zu haben, sobald Sie sie verwirklicht haben. Dann haben Sie ein erfolgreiches Leben geführt, wobei die einzige Definition von Erfolg, die hier eine Rolle spielt, Ihre eigene ist.

Wäre Ihr Leben zu diesem Zeitpunkt zu Ende, wäre es für Sie in Ordnung. Nicht dass Sie sich dies wünschen oder es so kommen muss, aber wenn es der Fall wäre, hätten Sie das Gefühl, *Ihr* Reiches und Glückliches Leben wahrlich gelebt zu haben.

Ich möchte Ihnen ein Beispiel geben. Nehmen wir an, es gehört zu Ihren Werten, Abenteuer zu erleben. Sie befinden sich also auf dem »Abenteuerfluss«. Welche konkreten spannenden Dinge würden Sie gerne in Ihrem Leben tun, sehen oder erleben? Vielleicht möchten Sie die sieben höchsten Gipfel der Welt erklimmen, ein Jahr lang in den USA studieren, eine Million Euro für einen wohltätigen Zweck sammeln, ein gutes Vorbild für Ihre Kinder sein …

Menschen, die ein Reiches und Glückliches Leben führen, verbringen die meiste Zeit mit Kreuzfahrten auf ihren Werteflüssen und docken an den großartigsten Big-Five-for-Life®-Häfen an.

Sie sehen keinen Sinn darin, ihre Zeit, Energie oder ihr Geld für andere Dinge zu verwenden. Es wäre reine Verschwendung für sie, Dinge zu tun, zu sehen und zu erleben, die sie *nicht* tun, sehen und erleben möchten. Und wenn sie einen Hafen ausgiebig genug besucht haben, wählen sie einen anderen aus, um dort Zeit zu verbringen.

Ähnlich wie bei der Ermittlung Ihrer Werte weiß Ihr Un-

bewusstes bereits ziemlich gut, welche Ihre Big Five for Life®
sind. Sie müssen lediglich noch in Ihr Bewusstsein gelangen.

Die folgende Übung hat bereits Tausenden von Menschen
aus über 50 Ländern auf der ganzen Welt geholfen, ihre Big
Five for Life® zu erkennen. Man kann sie zwar auch alleine
durchführen, aber am besten funktioniert sie mit einem
Übungspartner.

Sie können sich die Anleitung durchlesen oder sich ein
Video auf meiner Website unter www.howtoberichandhappy.
com/videotutorials ansehen, in dem ich die Übung auf Englisch erläutere.

1. Schreiben Sie Ihre drei absoluten Lieblingsfilme auf.
   Denken Sie nicht allzu lange darüber nach, sondern
   schreiben Sie auf, was Ihnen spontan einfällt.

2. Fragen Sie sich bei jedem Film »Was gefällt mir an diesem
   Film so gut?« und notieren Sie alles, was Ihnen dazu in
   den Sinn kommt. Es könnten zum Beispiel die Figuren
   in dem Film sein oder das Genre. Vielleicht haben Sie
   ihn auch mit einem guten Freund gesehen. Vielleicht hat
   der Film Sie inspiriert, zum Lachen gebracht oder Ihnen
   Angst eingejagt. Möglicherweise hat er Ihnen ein Leben
   gezeigt, das Sie gerne führen würden, oder Sie konnten
   Ihrem Leben für eine Weile entfliehen … Es gibt unendlich
   viele Gründe, warum uns ein Film gefällt.

3. **LESEN SIE NICHT WEITER, BEVOR SIE SCHRITT
   1 UND 2 DURCHGEFÜHRT HABEN.** Ganz im Ernst,
   lesen Sie dies, ohne die beiden Schritte abgeschlossen
   zu haben? Falls das so ist, sollten Sie das nachholen! Ver-

trauen Sie mir, Sie werden auf diese Weise viel bessere
Ergebnisse erzielen.

4. Wenn Sie die beiden Schritte durchgeführt haben, sollten
   Sie Ihrem Übungspartner erklären, warum es Ihre Lieblingsfilme sind. Sie können Ihre Notizen durchgehen und
   gegebenenfalls weitere Details aufschreiben. Ihr Übungspartner hat zwei Aufgaben. Zum einen sollte er gut zuhören und auf besondere Hinweise in Ihren Erläuterun-
   gen achten. Und zum anderen sollte er weiterführende
   Fragen stellen. Er sollte sich Notizen machen und jedes
   Mal, wenn sich ein Thema oder ein Wort wiederholt, einen gesonderten Vermerk dazu machen. Hört Ihr Übungspartner zum Beispiel das Wort »Abenteuer«, sollte er dies
   festhalten. Wiederholt sich dieser Begriff bei Ihren Er-
   läuterungen, kann der Partner ihn auf seinem Notizblatt
   gesondert markieren. Erwähnen Sie das Wort ein weiteres
   Mal, markiert Ihr Übungspartner den Begriff erneut.

In seiner Funktion als Fragender kann der Partner nach-
haken, etwa so: »Wie hast du dich dabei gefühlt? Was
gefällt dir so gut daran? Wo hast du diesen Film gesehen?«
Allerdings darf er das Wort »Ich« nicht verwenden. Das
Ziel der Übung besteht darin, *Ihnen* zu helfen, einen Zugang zu *Ihrem* Unbewussten zu erhalten. Wenn Sie sagen,
wie gut Ihnen der Film XY gefällt, und Ihr Partner Sie mit
den Worten unterbricht »Ich liebe diesen Film, ich habe
ihn mit meinen Freunden gesehen und wir ...«, werden
Sie aus dem Strom Ihres unbewussten Geistes herausgerissen.

5. Wenn Sie Ihrem Übungspartner ausführlich erklärt haben, warum Ihnen die Filme so gut gefallen, und dieser Ihnen alle weiterführenden Fragen gestellt hat, die ihm in den Sinn gekommen sind, sollte er Ihnen ein Feedback geben, welche Erkenntnisse er aus Ihren Ausführungen gewonnen hat. Gibt es wiederkehrende Themen? Welche Begriffe haben sich wiederholt? Spielen alle Filme in einem ähnlichen Setting, in einer ähnlichen Zeit oder demselben Land? Handelt es sich bei allen um das gleiche Genre? Auf solche Hinweise sollten Sie achten, denn sie geben Aufschluss über Ihre Big Five for Life®.

6. Denken Sie über die Hinweise nach und schreiben Sie Ihre Erkenntnisse auf. Manchmal führen die Hinweise aus Ihrem Unbewussten direkt zu einem Ihrer Big Five for Life®, beispielsweise »Tauchen am Great Barrier Reef«. Manchmal handelt es sich auch um Hinweise, die lediglich eine Richtung vorgeben wie »Etwas Wagemutiges unter Wasser tun«. Beide Varianten bringen Sie weiter. Falls Sie lediglich einen Richtungshinweis erhalten, fragen Sie sich einfach, was Sie tun können, um diese Richtung einzuschlagen.

Die folgende Übung hilft Ihnen ebenfalls, die Dinge herauszufinden, die Sie in Ihrem Reichen und Glücklichen Leben tun, sehen oder erleben möchten.

Stellen Sie sich vor, Sie treffen sich mit einer Ihrer besten Freundinnen zum Mittagessen. Diese Freundin ist gerade von einer einjährigen Reise zurückgekehrt. Während sie fort war, haben Sie das erste Jahr Ihres erfüllten Reichen und Glücklichen Lebens verlebt.

Sie gehen schon frühzeitig ins Restaurant und sehen die Fotos durch, die Sie in Ihrer Digitalkamera gespeichert haben. Sie haben alle Bilder während des vergangenen Jahres aufgenommen und können es kaum erwarten, sie Ihrer Freundin zu zeigen. Während Sie die Bilder nacheinander aufrufen, müssen Sie unweigerlich lächeln. Es war ein so großartiges Jahr, das beste Ihres bisherigen Lebens. Vor diesem Jahr ahnten Sie nicht, dass das Leben so fantastisch sein kann.

Betrachten Sie die Fotos nun genau. Was sehen Sie? Wer ist darauf zu sehen? Wo wurden sie aufgenommen? Wenn Sie selbst abgelichtet sind, was machen Sie?

Schließen Sie Ihre Augen und lassen Sie die Bilder kommen. Sie haben ein ganzes Jahr lang ein Reiches und Glückliches Leben geführt. Sie haben getan, was Sie wollten, wann immer Sie es wollten. Wo waren Sie? Was haben Sie gemacht? Mit wem waren Sie zusammen? Lassen Sie die Bilder die nächsten fünf Minuten vor Ihrem inneren geistigen Auge vorbeiziehen, bis Sie alle gesehen haben.

Prima. Schreiben Sie auf, was Sie auf den Fotos gesehen haben. Halten Sie vor allem die Bilder detailliert fest, die am intensivsten waren. Sie wissen nun, was auf Ihrer Big-Five-for-Life®-Liste steht, und kennen Ihr »Was immer« für Ihr Reiches und Glückliches Leben.

Sollten Sie irgendwann noch einmal Probleme haben, Ihr »Was immer« zu erkennen, machen Sie diese Übung erneut und lassen Sie die Antworten wieder von Ihrem Unbewussten ins Bewusstsein gelangen.

Nun, da Sie eine gute visuelle Vorstellung von Ihrem »Was immer« haben, sollten Sie Ihren neuen Reich-und-Glücklich-Kalender ausfüllen. Das ist die neue Realität, in der Sie leben werden.

Mein Reich-und-Glücklich-Kalender

	Mo	Di	Mi	Do	Fr	Sa	So
5:00 Uhr							
6:00 Uhr							
7:00 Uhr							
8:00 Uhr							
9:00 Uhr							
10:00 Uhr							
11:00 Uhr							
12:00 Uhr							
13:00 Uhr							
14:00 Uhr							
15:00 Uhr							
16:00 Uhr							
17:00 Uhr							
18:00 Uhr							
19:00 Uhr							
20:00 Uhr							
21:00 Uhr							
22:00 Uhr							
23:00 Uhr							
24:00 Uhr							
1:00 Uhr							
2:00 Uhr							
3:00 Uhr							
4:00 Uhr							

WENIGER TUN UND MEHR BEKOMMEN

Menschen, die gerne Reich und Glücklich wären, diesen Zustand aber noch nicht erreicht haben, nehmen häufig an, sie müssten mehr tun. Doch sie irren sich.

Reiche und Glückliche Leute wissen, dass es nicht darum geht, mehr zu tun, sondern darum, die eigene Zeit und Energie in die wenigen wirklich wichtigen Dinge zu investieren.

Da manche Menschen so mit ihrem »Tun« beschäftigt sind, erscheint es ihnen unmöglich, täglich eine Stunde Zeit für das Reich-und-Glücklich-Sein zu finden. Sie haben keine Stunde übrig. Ihr Leben ist absolut gefüllt. Und das ist natürlich Teil des Problems.

Ich bin verblüfft, wie oft mir Leute erzählen, dass sie lernen wollen, wie man Reich und Glücklich wird, »sobald ich mehr Zeit habe«.

So als würde »mehr Zeit« eines Morgens in einer Schachtel verpackt vor ihrer Tür stehen: »Liebling, schau, Amazon hat mir gerade Zeit zugestellt. Jetzt kann ich endlich machen, was ich will!«

Und solange die Schachtel nicht kommt, wenden sie Zeit und Energie für Sachen auf, die sie nicht voranbringen. Und selbst wenn sich Chancen eröffnen, sind sie emotional oder auch von ihrer Energie her nicht in der Lage, sie wahrzunehmen.

Blättern Sie zu Ihrem Kalender aus dem vorigen Kapitel zurück.

Welches sind die drei zeitintensivsten Dinge, die Ihren Tag regelrecht dominieren? Arbeiten, Schlafen und was noch? Sind Sie in den Stunden und Minuten, die Sie damit verbringen, Reich und Glücklich?

Reiche und Glückliche Menschen haben eine wichtige Erkenntnis verinnerlicht: Viel wertvolle Zeit lässt sich bei der Arbeit gewinnen. Das heißt, sie verdienen ihr Geld damit zu tun, was sie möchten, wann immer sie es möchten.

Lebt man nicht auf diese Weise, verliert man ungeheuer viel Zeit mit Dingen, die einen nicht Reich und Glücklich machen. Das ist an sich bereits problematisch, aber es zieht noch größere Probleme nach sich.

Je mehr Zeit man mit einer Arbeit verbringt, die nicht dem entspricht, was man gerne tun möchte, desto ausgelaugter fühlt man sich, wenn man schließlich nach Hause kommt. Es dauert Stunden, bis man von der Couch hochkommt, und manchmal schafft man es gar nicht. Man sitzt einfach da und tut nichts, nur um sich etwas von den Strapazen des Tages zu erholen.

In diesem Szenario verliert man nicht nur die Zeit während der Arbeit, sondern auch die Zeit nach der Arbeit. Dann geht man schlafen, fällt aber in einen unruhigen Schlaf, der keine Erholung bringt. Man wälzt sich hin und her, weil man weiß, dass man bereits in ein paar Stunden wieder eine Arbeit tun muss, die nicht Reich und Glücklich macht. Die Arbeit ist stressig und emotional auszehrend und das heißt, man wird auch am nächsten Tag wieder ermattet auf die Couch sinken.

Ist dann endlich Wochenende, ist man entweder zu k.o. von der Arbeitswoche, um etwas zu unternehmen, oder man will irgendetwas tun, um die Arbeit zu vergessen. Also trinkt man übermäßig viel Alkohol, um das Befinden zu ändern.

Allerdings raubt dieses Verhalten einem erneut Energie, bevor man sich montags wieder in die Arbeit kämpfen muss. Ist das nicht ein bizarrer Teufelskreis?

Reiche und Glückliche Menschen haben einen Ausweg aus diesem Teufelskreis gefunden. Sie achten darauf, eine Arbeit zu tun, die ihnen Reiche und Glückliche Minuten beschert.

Da sie einen Sinn in ihrer Arbeit sehen, sind sie bei Weitem produktiver als die meisten anderen Menschen in ihrem Job. Sie schaffen doppelt so viel und das heißt, es gelingt ihnen, *weniger zu tun und mehr zu bekommen.*

Wenn Sie bei Ihrer Arbeit nicht mit Reichen und Glücklichen Minuten belohnt werden, sollten Sie etwas verändern. Bedenken Sie: Wenn sich dabei nichts verändert, wird sich auch sonst nichts ändern. Machen Sie so weiter wie bisher, werden Sie das bekommen, was Sie bisher immer bekommen haben.

Aber die gute Nachricht lautet: Es ist sehr einfach, etwas zu verändern. Im folgenden Kapitel über die Reich-und-Glücklich-Matrix werden Sie viele hilfreiche Informationen dazu finden.

FREUDE ODER LEID?

Im menschlichen Verhalten gibt es zwei primäre Antriebe. Der erste ist das Streben nach Freude. Der zweite ist die Beseitigung und Vermeidung von Leid.

Erinnern Sie sich an die Übung, bei der Sie sich die Fotos Ihres ersten Reichen und Glücklichen Jahres vorgestellt haben. Was war darauf zu sehen? Welches Gefühl löst es bei Ihnen aus, sich daran zu erinnern?

Nehmen Sie sich einen Moment Zeit dafür, diesen überhöhten Zustand erneut zu erleben. Spüren Sie, wie positive Energie durch Sie hindurchströmt, wenn Sie sich an die Fotos erinnern. Das ist Freude. Wenn Sie die Reich-und-Glücklich-Formel einsetzen, werden diese Bilder und dieses Vergnügen Ihre Realität werden.

Lassen Sie uns nun über das Leid sprechen.

Denken Sie noch einmal an die Fotos in Ihrer Kamera. Wie wäre es, wenn Sie jedes neue Bild gleich wieder löschen müssten?

Wie wäre es, wenn Sie einen Reichen und Glücklichen Moment nach dem anderen tilgen müssten? Jedes Mal, wenn Sie ein Foto löschen würden, bliebe Ihnen diese Erfahrung für immer verwehrt. Sie könnten diese Dinge nie mehr tun, die Orte nie mehr besuchen, nie mehr Zeit mit diesen Menschen verbringen und Erlebnisse mit ihnen teilen. Mit jedem gelöschten Foto würde Ihnen Ihr Reiches und Glückliches Leben genommen werden. Nicht nur in dem Moment, sondern für immer. Die Gefühle, die der Löschprozess mit sich bringen würde – der Kummer, das Gefühl des Verlusts, die Traurigkeit in Ihrem Herzen: Das ist Leid.

Sollten Sie sich dafür entscheiden, die Reich-und-Glücklich-Formel nicht anzuwenden und das Reiche und Glückliche Leben, das Sie sich wünschen, nicht zu verwirklichen, wird dieses Leid Ihre Realität werden.

In der Kunst gibt es den Begriff der Muse. Eine Muse kann eine Person, ein Objekt oder sogar ein Lied sein. Sie ist eine Quelle der Inspiration, die Künstler dazu anregt, ihr volles Potenzial auszuschöpfen. Die Muse motiviert sie, tätig zu werden.

Einigen Reichen und Glücklichen Menschen dient die Vorstellung, ihre Big Five for Life® zu verwirklichen und das Leben zu führen, das sie verdienen, als Muse. Sie werden durch das Streben nach Freude motiviert.

Anderen dient die Vorstellung als Muse, ihre Big Five for Life® nicht zu verwirklichen und das Reiche und Glückliche Leben, das sie verdienen, nicht zu führen. Sie werden durch das Vermeiden und die Beseitigung von Leid motiviert.

Sie sollten herausfinden, welche der beiden Varianten Ihre Muse ist, und sie dann gezielt nutzen.

Ich möchte Ihnen eine Geschichte erzählen, die zeigt, wie sehr ein junger Mann sich von der eigenen Motivation inspirieren ließ. Sie hat sich bereits vor circa 70 Jahren zugetragen und der Name der Hauptperson ist leider nicht überliefert, daher wollen wir sie im Folgenden Teddy nennen.

Der Trainer der American-Football-Mannschaft der Georgetown Universität Lou Little stand kopfschüttelnd an der Seitenlinie, als er seiner Mannschaft zusah. An diesem Montagmorgen bekamen einige seiner Spieler überhaupt nichts auf die Reihe. Mit seiner Trillerpfeife rief er die Mannschaft in der Mitte des

Felds zusammen und eröffnete seinen Leuten, was er von dem Training hielt.

Nachdem er ihnen einiges über Einsatzfreude und Willen gepredigt hatte, drehte er sich um und zeigte auf einen jungen Mann, der etwas abseits stand. »Seht euch Teddy an«, sagte der Trainer. »Er ist seit vier Jahren in der Mannschaft und obwohl er noch nie bei einem Spiel aufgestellt wurde, ist er der Erste, der zum Training erscheint, und der Letzte, der geht. Außerdem trainiert er zusätzlich in seiner Freizeit und beschwert sich nie darüber, dass er bei den Spielen auf der Ersatzbank sitzt. Diese Einstellung würde ich mir auch von euch wünschen.«

In Teddys Abschlussjahr war die Mannschaft so erfolgreich wie noch nie zuvor in der Geschichte der Universität. Nun stand das letzte Spiel kurz bevor, bei dem es um die Meisterschaft ging. Daher waren alle extrem aufgeregt.

Am Montag vor dem entscheidenden Spiel erfuhr der Trainer, dass Teddys Vater gestorben war. Er selbst hatte die Aufgabe, Teddy zu benachrichtigen.

Als die Spieler nach dem Training vom Feld gingen, sprach der Trainer Teddy an und erzählte ihm, dass sein Vater gestorben war und die Beerdigung am Samstag stattfand. Teddy erwiderte, dass er dorthin fahren müsse, und entschuldigte sich zur Überraschung des Trainers dafür, dass er bei dem wichtigen Spiel nicht dabei sein konnte. Lou Little hatte natürlich vollauf Verständnis dafür und sagte Teddy, er solle es ihn wissen lassen, wenn er irgendetwas für ihn tun könne.

Am Morgen des großen Spiels saß der Trainer in seinem Büro, um die letzten Vorbereitungen zu treffen, als die Tür schwungvoll aufgestoßen wurde und Teddy hereinkam.

»Teddy, was machst du denn hier? Ich dachte, heute sei die Beerdigung«, sagte Lou Little.

»Das stimmt, aber ich hatte das Gefühl, herkommen zu müssen. In den letzten vier Jahren war die Mannschaft meine Familie und ich weiß, dass mein Vater gewollt hätte, dass ich hier bin.«

»Wenn du dir wirklich sicher bist, bin ich einverstanden. Es ist natürlich toll, wenn du dabei bist.«

»Darf ich Sie um etwas bitten, Trainer?«, fragte Teddy.

»Natürlich.«

»Ich würde heute gerne spielen.«

»Tja, ich habe zwar gesagt, dass du es mich wissen lassen sollst, wenn ich irgendetwas für dich tun kann, aber ich bin mir nicht sicher, ob das eine gute Idee ist. Es ist schließlich das wichtigste Spiel in der Geschichte der Universität«, erwiderte der Trainer.

»Wenn Sie mich heute aufstellen, verspreche ich, dass Sie mich sofort wieder rausnehmen können, wenn ich irgendeinen Fehler mache.«

Der Trainer zögerte, aber es war etwas in Teddys Blick, das ihm sagte, dass dieser junge Mann ihn nicht enttäuschen würde.

»Na gut, ich werde dich aufstellen, aber beim ersten Fehler bist du draußen, o. k.?«

»Alles klar, Trainer«, antwortete Teddy, dann drehte er sich eilig um, verschwand aus dem Büro und ließ einen ziemlich verwirrt dreinblickenden Trainer zurück.

Teddy enttäuschte Lou Little nicht. An diesem Tag wuchs der ehemalige Ersatzspieler über sich hinaus und trug maßgeblich zum Sieg seiner Mannschaft bei. Er spielte so gut, dass er zum besten Spieler gewählt wurde und man noch Jahrzehnte später über dieses Spiel sprach.

Nach dem Spiel rannte der Trainer auf das Feld und umarmte Teddy.

»Teddy, das war großartig. Ich hatte keine Ahnung, dass du eine solche Leistung bringen kannst. Wie hast du das nur geschafft?«

Teddy sah den Trainer mit Tränen in den Augen an. »Haben Sie meinen Vater je kennengelernt?«, fragte er ihn.

»Nein, leider nicht«, antwortete Lou Little. »Ich habe euch lediglich ein paar Mal Arm in Arm am Spielfeld entlanggehen sehen. Jetzt bedaure ich, dass ich nicht zu euch rübergekommen bin, um Hallo zu sagen.«

»Wissen Sie, mein Vater war blind«, sagte Teddy, »und heute konnte er mich zum ersten Mal spielen sehen.«

Teddy ist ein großartiges Beispiel dafür, was wir erreichen können, wenn wir wissen, was wir wollen, und bereit sind, uns dafür einzusetzen.

SCHREIBEN SIE IHRE ZIELE AUF

Was haben Sie sich bei der Fotoübung notiert? Versuchen Sie bereits, irgendetwas davon zu verwirklichen, oder sagen Sie sich, dass ein solches Leben unmöglich ist? Lohnt es sich, einen gewissen Einsatz dafür zu bringen? Ich hoffe, Sie haben das Gefühl, dass es sich lohnt, denn es gehört zur Reich-und-Glücklich-Formel dazu, etwas Einsatz zu bringen.

Ich werde Ihnen nun anhand einiger meiner Fotos den Prozess erläutern, den Reiche und Glückliche Menschen nutzen, um ihre Big Five for Life® zu verwirklichen:

Es ist mein Ziel, über eine Million Menschen dazu zu inspirieren, ihre aktuelle Situation zu verändern und ein Reiches und Glückliches Leben zu führen.

Um dieses Ziel zu erreichen, werde ich eine Million Menschen innerhalb von 5 Jahren dazu inspirieren, dieses Buch zu lesen und damit zu beginnen, die hier vorgestellten Ideen umzusetzen. Dieses Buch wird auf den Bestsellerlisten stehen und ich werde als Gast im Fernsehen auftreten und die Reich-und-Glücklich-Ideen Millionen von Zuschauern erläutern.

Wissen Sie, wie viele Neuerscheinungen sich eine Million Mal verkaufen? Es sind nicht viele! Und im Bereich Ratgeber/Lebenshilfe sind es noch viel weniger. Ich glaube, es sind nicht mehr als 20 Bücher, die sich so häufig verkauft haben.

Es ist also ein ziemlich ehrgeiziges Ziel.

Doch wie die zahlreichen Fallbeispiele in diesem Buch zeigen, ist kein Ziel zu hoch gesteckt, wenn man die Reich-und-Glücklich-Formel einsetzt.

Der Reich-und-Glücklich-Prozess enthält eine Reihe von Schritten. Man muss sie nicht in der angegebenen Reihenfolge durchführen, aber man sollte alle Schritte absolvieren, um die eigenen Chancen möglichst zu optimieren.

1. Halten Sie Ihre Ziele schriftlich fest

Reiche und Glückliche Menschen schreiben sich ihre Ziele auf.

Sie fragen sich vielleicht, warum das so wichtig sein soll, wenn Sie bereits wissen, um welche es sich handelt. Dafür gibt es eine Reihe von Gründen. Beim Schreiben nutzt man eine besondere Hirnregion, eine andere als beim bloßen Hören, und so wird die Information quasi verdoppelt. Und dabei zugleich die Möglichkeit, sie zu einem späteren Zeitpunkt wieder abzurufen.

Manche Menschen erinnern sich besser an Gehörtes, andere an gleichzeitig Gehörtes und Gesehenes. Deshalb funktionieren Mind Maps für visuelle Typen so gut, und deshalb sollte man auditiven Kindern zusätzlich Hörbücher zum Lernen zur Verfügung stellen.

Wenn Sie Ihr Ziel aufschreiben, haben Sie es im wahrsten Sinne des Wortes vor Augen und signalisieren auch Ihrem unbewussten Geist, der ständig mit zahlreichen Dingen beschäftigt ist, wie wichtig es Ihnen ist. So können Sie sich gezielter darauf ausrichten und gewissermaßen eine Brücke zur Umsetzung Ihres Ziels bauen. Sobald Sie es schriftlich festhalten, klingeln Sie sozusagen bei Ihrem unbewussten Geist an und machen ihn darauf aufmerksam, dass sich zwischen Ihrer momentanen Situation und dem erwünschten Zustand eine Kluft befindet. Ihr bewusster Geist weiß nicht, wie sich diese Kluft überwinden lässt, denn sonst würde sie nicht existieren und Sie würden bereits ein anderes Leben führen.

Wenn die Glocke ertönt, beginnt der unbewusste Geist sofort damit, Verbindungen herzustellen, um eine Brücke zu bauen. Diese können sich auf unterschiedlichste Weise manifestieren. Vielleicht haben Sie plötzlich eine tolle Idee oder Sie ziehen unvermittelt ein Buch aus dem Regal und beginnen darin zu lesen oder aber Sie erleben eine der wirksamsten Manifestationen, indem Sie Ihren perfekten »Wers« begegnen.

Wers sind das Gegenmittel für das, was ich als die »Wie-geht-das-Krankheit« bezeichne.

Die Wie-geht-das-Krankheit befällt Menschen, sobald sie die Kluft zwischen ihrer momentanen Situation und ihrem Ziel erkannt haben. Sie betrachten die Kluft und fragen sich: »Wie komme ich auf die andere Seite?«

Unser unbewusster Geist kann uns helfen, die »Wie«-Details herauszufinden, aber da das Unbewusste nicht über das geschriebene oder gesprochene Wort mit uns kommunizieren kann, ist dieser Prozess für die meisten Menschen langsam, leidvoll und so ermüdend, dass viele aufgeben. Oder auch erst gar nicht realisieren, dass ihr Unbewusstes ihnen Informationen schickt.

Das Unbewusste weiß das. Und so unglaublich es auch klingen mag, es bringt die perfekten Wers in unser Leben – Leute, Internetseiten, Bücher, Fernsehsendungen oder Wers in einer anderen Form –, die mittels geschriebener oder gesprochener Worte mit uns kommunizieren können.

Reiche und Glückliche Leute aus allen Lebensbereichen und mit den unterschiedlichsten Zielen haben das erlebt. Als ich mich dazu entschlossen hatte, in die USA zu ziehen, war es zum Beispiel beeindruckend, wie vielen Menschen ich plötzlich begegnete, die mich unterstützten.

Diese Leute waren bereits die ganze Zeit da gewesen, aber nun hielt mein Unbewusstes nach ihnen Ausschau. Erinnern Sie sich an den Abschnitt, in dem wir über den Cocktailparty-Effekt gesprochen haben? Es ist ein ähnliches Phänomen. Wir beauftragen unseren unbewussten Geist damit, nach Wers Ausschau zu halten, die uns helfen können.

Je mehr Erfahrung wir darin haben, mit unserem unbewussten Geist zu kommunizieren, desto besser verstehen wir die Signale, die er uns schickt.

Es gibt zahlreiche Beispiele, die das belegen. Dr. Frederick Banting entdeckte das Insulin mittels eines Bildes, das er im Traum sah, und rettete so Millionen von Diabetikern das Leben. Elias Howes Erfindung der Doppelsteppstich-Nähmaschine basierte zum großen Teil auf einem Foto von Eingeborenen, die alle Speere mit einem Loch in der Spitze in der Hand hielten. Howe hatte zuvor vergeblich andere Varianten ausprobiert, bei denen sich das Öhr in der Mitte oder am oberen Ende der Nadel befand. Und dann ist da noch die Geschichte von Friedrich A. Kekulé.

Kekulé versuchte die Struktur des Benzolmoleküls zu erforschen. Eines Tages verlor er sich in Tagträumen und sah vor seinem geistigen Auge tanzende Atome, die alle möglichen Muster bildeten. Einige dieser Atome formierten sich in schlangenförmigen Reihen. Dann biss sich eine der Schlangen in den eigenen Schwanz und begann im Kreis zu tanzen und sich zu winden.

Dieser »Geistesblitz« führte Kekulé zufolge zu seiner Entdeckung des geschlossenen Rings aus sechs Kohlenstoffatomen mit alternierenden Einfach- und Doppelbindungen und Wasserstoffatomen, die jeweils über eine Einfachbindung mit den Kohlenstoffatomen verbunden sind. Diese Entdeckung revolutionierte den Bereich der organischen Chemie und hatte unter anderem großen Einfluss auf die Medizin, organische Düngemittel und flüssige Kraftstoffe.

Auch Ihnen steht eine solche Kraft zur Verfügung. Es ist die Kraft, die Reiche und Glückliche Menschen nutzen. Der Schlüssel besteht darin, sie einzusetzen.

2. Formulieren Sie eine Aussage

Wenn Sie Ihr Ziel aufschreiben, sollte es die drei »P-Kriterien« erfüllen – Persönlich, im Präsens & Positiv.

Persönlich heißt, es sollte sich um Ihr eigenes Ziel handeln. Sie können es sich also nicht zum Ziel setzen, dass Ihre beste Freundin bei einer Lotterie gewinnt und Ihnen etwas von ihrem Gewinn abgibt. Außerdem muss es sich bei dem Ziel um etwas handeln, das SIE sich wirklich wünschen. Sie sollten sich nie etwas zum Ziel setzen, weil jemand anderer es sich für Sie wünscht. Ihr Unbewusstes wird diese Unstimmigkeit wahrnehmen und die Erfahrung wird Ihnen leidvoll und zäh erscheinen.

> *Den Schlüssel zum Erfolg kenne ich nicht.*
> *Der Schlüssel zum Scheitern aber ist der Versuch, es allen recht zu machen.*
> Bill Cosby

Ich habe viele Klienten, die ihren Job hassen. Es ist unglaublich, wie viele sich für eine Tätigkeit entschieden haben, weil ihre Eltern es so wollten. Manchmal ist die Situation aber noch schlimmer. Denn manche haben sich für ein bestimmtes Berufsfeld entschieden, weil sie DACHTEN, ihre Eltern würden sich das wünschen, nur um Jahre später herauszufinden, dass es ihren Eltern egal war, was sie taten, solange sie glücklich waren. Lernen Sie aus diesen Beispielen und setzen Sie sich eigene persönliche Ziele.

Das zweite P steht für Präsens. Sie sollten Ihr Ziel so formulieren, als hätten Sie es bereits erreicht. Meine Aussage würde also folgendermaßen lauten: »Ich bin ein Bestsellerautor, dessen Buch eine Million Leser gefunden hat, und ich habe im Fernsehen von der Reich-und-Glücklich-Formel erzählt.«

Das letzte P – Positiv – bedeutet, dass es sich bei Ihrem Ziel um etwas handelt, das Sie erreichen möchten, und nicht um etwas, das Sie vermeiden wollen. »Ich möchte nicht an der Armutsgrenze leben« ist eine unwirksame Aussage. »Ich bin Reich und Glücklich« ist dagegen ein effektives Statement.

Wie bereits erläutert, ist das Unbewusste bereit, eine Brücke über die Kluft zu bauen. Falls Sie also sagen »Ich habe mein Idealgewicht und einen Körper, für den Zeus/Apollo töten würde«, aber in Wirklichkeit so aussehen wie die dicke Bedienung aus dem Fast-Food-Restaurant um die Ecke, denkt Ihr Unbewusstes: »Tja, es gibt wirklich viel zu tun. Ich muss schnell eine Botschaft senden, dass der 13. Schokokuss wieder zurückgelegt werden sollte.«

Falls die Kluft zwischen Ihrem aktuellen Zustand und der erwünschten Situation sehr groß ist, kommen Sie sich vielleicht ziemlich lächerlich vor, wenn Sie Ihre Aussage formulieren. Tun Sie es aber trotzdem! Die meisten Dinge, die man macht, fühlen sich anfangs etwas komisch an. Aber beim dritten, vierten oder zehnten Mal verschwindet dieses komische Gefühl.

Rufen Sie sich das Zitat von Richard Branson ins Gedächtnis. Zur Erinnerung ist es hier noch einmal:

»Es gibt eine ganze Reihe von Dingen, bei denen sogar ich selbst dachte, möglicherweise einen Schritt zu weit gegangen zu sein. Aber wenn man bereit ist, sich zum Narren zu machen und Leute zum Lächeln zu bringen – solange man es mit Humor nimmt –, kommt man ganz gut damit durch.«

Zudem ist es hilfreich, Ihre Aussage mit den Worten »oder besser/oder mehr/oder öfter« zu ergänzen. Zum Beispiel:»Ich bin ein Bestsellerautor, dessen Buch eine Million Leser oder sogar noch mehr gefunden hat, und ich habe im Fernsehen von der Reich-und-Glücklich-Formel erzählt.«

Sobald Sie Ihre Ziele festgelegt und die Aussagen dazu formuliert haben, sollten Sie allen Leuten, die Sie kennen, davon erzählen. Denn so lassen sich Ihre Fortschritte beim Bau der Brücke über die Kluft rasch beschleunigen. Stellen Sie Ihre Aussagen ins Internet, damit andere sie dort lesen können. Hängen Sie sie an allen Orten auf, an denen Sie sich täglich länger als 15 Minuten aufhalten, und gestalten Sie Reich-und-Glücklich-Karten, ähnlich Visitenkarten, nur mit Ihren Big Five for Life® darauf.

Lassen Sie sich nicht von spöttischen Bemerkungen anderer Leute demotivieren. Seien Sie vielmehr darauf gefasst, dass selbst Freunde und Ihre Familie sich negativ über Ihr

Vorhaben äußern könnten. Nutzen Sie die Kommentare als weiteren Ansporn, die Kluft zwischen Ihrer momentanen Situation und dem Reichen und Glücklichen Zustand zu überbrücken, den Sie verdient haben.

Sollten Sie in Ihrem tiefsten Inneren allerdings wissen, dass es Sie demotiviert, wenn andere sich über Sie lustig machen, ist es in Ordnung, Ihre Ziele anfangs für sich zu behalten. Sprechen Sie nur mit Menschen darüber, die Sie unterstützen werden. Wenn Sie Zuversicht gewonnen haben und sich nicht mehr von Ihrem Ziel abbringen lassen, können Sie auch andere in Ihre Pläne einweihen.

Lesen Sie sich Ihre Reich-und-Glücklich-Ziele mehrmals täglich durch – zum Beispiel wenn Sie am Telefon in einer Warteschleife hängen, wenn Sie darauf warten, dass Ihr Computer hochfährt, oder wenn Sie an einer roten Ampel stehen … Je öfter Sie sich Ihre Ziele vor Augen führen, desto realer werden sie und desto mehr richtet sich Ihr unbewusster Geist darauf aus, Brücken zu bauen, um sie zu verwirklichen.

Widmen Sie sich Ihren Zielen besonders mithilfe der folgenden Übungen morgens nach dem Aufwachen und abends vor dem Schlafengehen:

Setzen Sie sich an einem ruhigen Ort bequem hin und atmen Sie ein paar Mal tief durch. Ihre Ausatmung sollte eineinhalb Mal so lang sein wie Ihre Einatmung. Nehmen Sie sich Zeit, um sich richtig zu entspannen, und stellen Sie sich dann vor, Sie würden bereits ein Reiches und Glückliches Leben führen. Ähnlich wie bei der Fotoübung lassen Sie nun vor Ihrem inneren geistigen Auge ein Bild nach dem anderen vorbeiziehen. Auf den Bildern ist zu sehen, wie Sie tun, was immer Sie möchten, wann immer Sie es möchten.

Erleben Sie die Geräusche, die Emotionen und die körperlichen Empfindungen, die sich durch diese Bilder vermitteln. Wenn Sie an einem Strand sind, spüren Sie den Sand unter Ihren Füßen. Nehmen Sie die salzige Luft wahr und spüren Sie, wie entspannt Ihr Körper ist. Lassen Sie die Empfindungen immer realer werden. Erkennen Sie, dass Sie diese Erfahrungen durchleben und diese Gefühle wahrnehmen können, wenn Sie es wirklich möchten.

Beobachten Sie sich eine Weile und, falls möglich, versetzen Sie sich so sehr in das Bild hinein, dass Sie die Szenerie mit Ihren eigenen Augen sehen. Erkennen Sie, wie fantastisch das Leben ist. Sie können die Bilder auch größer und heller machen, falls sie dadurch noch ansprechender werden.

Sobald Sie sich wirklich in diese Übung vertieft haben, stellen Sie sich einen Luftballon vor, auf dem das Wort »Hindernis« geschrieben steht. Visualisieren Sie nun, wie Sie ihn mühelos zum Zerplatzen bringen. Sie sehen dabei zuversichtlich und zufrieden aus und genießen offenbar Ihr Reiches und Glückliches Leben, in dem Sie mühelos alle Hindernisse überwinden.

Bleiben Sie, so lange Sie wollen, in diesem Zustand. Wenn Sie die Übung beenden möchten, atmen Sie einfach drei Mal schön tief durch. Dann stehen Sie auf und schütteln Ihre Arme etwas aus.

Diese Visualisierungsübung unterstützt Ihr Unbewusstes sehr wirksam dabei, eine Brücke zu bauen. Außerdem ist es ein hervorragender Weg, die Zukunft, die vor Ihnen liegt, fest in Ihrem Geist zu verankern.

3. Was auch immer: Tun Sie einfach irgendetwas!

Der innere Antrieb ist ein zentrales Element für das Reich-und-Glücklich-Sein. Nehmen Sie sich vor, JEDEN Tag etwas zu tun, das Sie weiterbringt, selbst wenn es nur für fünf Minuten ist. Wenn Sie jeden Tag dieselbe Zeit dafür freihalten können, ist das noch besser, denn diese Kontinuität wird allmählich zu einem festen Ritual, das Sie beibehalten werden. Selbst fünf Minuten pro Tag summieren sich über das Jahr, das sollte man nicht unterschätzen.

Wenn Sie nicht sicher sind, was Sie machen sollen, tun Sie einfach irgendetwas. Lassen Sie die Reich-und-Glücklich-Fotos in Ihrer geistigen Kamera noch einmal durchlaufen und fragen Sie sich dabei: »Was könnte ich jetzt tun, um weiterzukommen?« Achten Sie auf Signale Ihres unbewussten Geistes. Es könnte sich um ein Bild, ein Gefühl, einen Duft oder den Anruf eines perfekten Wers handeln.

Und falls Sie durch das Vermeiden von Leid motiviert werden, sollten Sie sich während Ihrer geistigen Diashow fragen: »Will ich mir diese Gefühle und Erfahrungen wirklich vorenthalten?«

4. Die Kunst, kleine Einheiten zu schaffen

Sollten Ihre Reich-und-Glücklich-Ziele zu groß sein und Sie überfordern, ist es hilfreich, sie immer weiter in so kleine Einheiten zu unterteilen, bis der erste Teil bewältigbar für Sie ist. Die Vorstellung, einen Marathon über 42 Kilometer zu laufen, kann an der Startlinie sehr entmutigend sein. Einen Schritt nach dem anderen zu machen ist dagegen umsetzbar.

Wenn der Startschuss fällt, sollten Sie daher nicht an die gesamte Marathonstrecke denken, sondern immer nur an den nächsten Schritt. Auf diesen Schritt folgt der nächste und so geht es immer weiter ... bis Sie schließlich die 42 Kilometer bewältigt haben.

Egal, wie Ihr Ziel aussieht, sobald Sie es sich gesteckt haben, können Sie immer nur die nächste unmittelbar anstehende Aufgabe in Angriff nehmen. Und genau darauf sollten Sie sich fokussieren.

Stellen Sie sich regelmäßig das große Bild vor und konzentrieren Sie sich dann auf die kleinen Einheiten, in die Sie es unterteilt haben.

5. Genießen und dokumentieren Sie den Prozess genauso wie das Endergebnis

Die Freude darüber, eine Million Bücher verkauft zu haben, sollte nicht erst einsetzen, wenn der einmillionste Kunde zur Kasse geht.

Dieser Vorgang wird nur ein paar Minuten dauern und dann wieder vorbei sein. Es ist eine kurze Fotografiermöglichkeit nach einem jahrelangen Prozess. Beim Reich-und-Glücklich-Ansatz geht es darum, die Erfahrungen zu genießen, die letztlich zu diesem Vorgang an der Kasse führen. Jeder Schritt auf dem Weg ist eine Errungenschaft, aber nur, wenn Sie das Ganze so betrachten. Wenn Sie es als Plackerei ansehen, die man auf sich nehmen muss, bis endlich der einmillionste Käufer bezahlt hat, dann wird es auch eine.

Wenn ein Schauspieler eine Auszeichnung für sein Lebenswerk bekommt, dann erinnert man sich voller Freude an das Lachen, die Abenteuer und Erfolge, die schließlich zu dieser Ehrung geführt haben. Das Gleiche gilt für Ihre Reich-und-Glücklich-Errungenschaften.

Falls Sie eine Liste mit all den kleinen Einheiten führen, die als Vorbereitung für das große Finale dienen, sollten Sie die einzelnen Schritte nicht löschen, sobald sie erledigt sind, sondern lediglich die Schriftfarbe, mit der Sie alles festhalten, von Schwarz in Grün verändern. Auf diese Weise haben Sie nicht nur Ihr großes Ziel vor Augen (in schwarzer Schrift), sondern auch all das, was Sie bisher schon erreicht haben (in grüner Schrift). Und das kann sehr motivierend sein.

SMARTER werden

Ein weiterer Teil der Formel, den Reiche und Glückliche Menschen nutzen, um ihr Ziel schneller zu erreichen, besteht darin, SMARTER zu handeln.

SMARTER ist ein Akronym für Spezifisch, Messbar, Aktionsorientiert, Realistisch, Termingebunden, Effektiv geplant und Reich belohnt. Dieses Prinzip lässt sich auf alle Reich-und-Glücklich-Ziele anwenden, die Sie sich setzen.

Sehen wir uns die einzelnen Elemente nun genauer an.

Spezifisch

Was genau wollen Sie erreichen? Wüsste ein zufällig vorbeikommender Fremder, der liest, was Sie als Ziel notiert haben, was Sie vorhaben? Wenn das nicht der Fall ist, dann ist es nicht spezifisch genug.

Mein Ziel lautet folgendermaßen: »Ich bin ein Bestseller-autor, dessen Buch in weniger als fünf Jahren eine Million Leser oder mehr gefunden hat, außerdem bin ich im Fernsehen aufgetreten, um die Reich-und-Glücklich-Formel weiterzugeben.«

Könnte irgendjemand dies lesen und verstehen, was ich vorhabe? Die Antwort lautet eindeutig JA! Das Ziel ist spezifisch und leicht verständlich.

Messbar
Können Sie Ihre Reich-und-Glücklich-Ziele messen und erkennen, wie weit Sie sich ihnen schon genähert haben? Falls nicht, sollten Sie nach einem Weg suchen, sie messbar zu machen, da Sie dann genau wissen, wie sehr Sie schon vorangekommen sind. Und das wird Sie zusätzlich motivieren.

Wenn wir 100 000 Exemplare des Buchs verkauft haben, wissen wir, dass wir 10 Prozent geschafft haben. Sind 500 000 verkauft, haben wir das Ziel bereits zur Hälfte erreicht.

Aktionsorientiert
Bequem im Sessel zu sitzen und darauf zu warten, dass der Postbote einen Scheck über eine Million Euro vorbeibringt, ist kein Ziel. Es ist eine Hoffnung oder ein Wunsch. Wir müssen etwas tun, um Ziele zu erreichen. Wir müssen uns darauf ausrichten und aktiv werden.

Bücher verkaufen sich nicht von selbst. Wenn ich nur tausend Exemplare verkaufen möchte, ganz zu schweigen von einer Million, muss ich etwas dafür tun, vor allem am Anfang. Das Gleiche gilt für Ihre Reich-und-Glücklich-Ziele.

Realistisch

Hier stoßen wir auf einen gewissen Widerspruch. Denn einige der größten Errungenschaften der Menschheit wurden anfangs für unrealistisch gehalten. Als Faustregel gilt: Stecken Sie sich hohe Ziele und verändern Sie diese gegebenenfalls, während Sie sich darauf zubewegen, aber übertreiben Sie am Anfang nicht zu sehr.

Eine Million Bücher zu verkaufen ist ein großer Erfolg. Das Ziel ist hier sehr hoch gesteckt. Jedem Menschen auf der Welt bis nächsten Dienstag ein Buch verkaufen zu wollen, wäre stark übertrieben.

Termingebunden

Ohne einen zeitlichen Rahmen (der auch Ihr Unbewusstes beschäftigt) erledigen wir viele Dinge nicht, weil es stets etwas Dringenderes zu tun gibt (was in Wirklichkeit aber häufig viel unwichtiger ist).

Wenn Sie das Ziel verfolgen, 20 Pfund abzunehmen, sich aber keinen Termin setzen, wird es nicht passieren, weil Sie sich selbst einen Freischein dafür ausgestellt haben, das Ziel »irgendwann« in Angriff zu nehmen. Setzen Sie sich eine Frist und halten Sie diese auch ein. Falls Sie die Frist überziehen, sollten Sie aus dieser Erfahrung lernen, Ihr Verhalten entsprechend verändern und sich einen neuen Termin setzen.

Wenn Sie sich selbst antreiben, eine Frist einzuhalten, werden Sie feststellen, dass Sie in weniger Zeit mehr tun können, als Sie dachten.

Bei meinem Buch kann ich selbst den Termin der Veröffentlichung mit festlegen. Ich weiß also genau, wann ich die nötigen Maßnahmen einleiten muss, um mein Ziel innerhalb der nächsten fünf Jahre zu erreichen.

Effektiv geplant
Sie sollten bei jedem Reich-und-Glücklich-Ziel zahlreiche
äußere Faktoren in Betracht ziehen. Wie wird sich die Verfolgung des Ziels auf Ihr restliches Leben, etwa auf Ihre Gesundheit, geistige Verfassung, Ihre Familie, Ihre finanzielle
Situation … auswirken? Werden Ihre Aktivitäten negative
Konsequenzen zur Folge haben?

Denken Sie gut darüber nach. Nicht, damit Sie Ausreden
finden, Ihr Ziel doch nicht in Angriff zu nehmen, sondern damit Sie es besser planen können. Es wird immer Situationen
geben, die Sie nicht vorhersehen können. Aber wenn Sie sich
auf möglichst viele Dinge vorbereiten, ist die Wahrscheinlichkeit, erfolgreich zu sein, viel größer.

In meinem Fall könnte ein Problem möglicherweise darin
bestehen, dass ich viel von zu Hause fort sein werde, während
ich mein Buch promote. Da ich mir dessen bewusst bin, habe
ich bereits im Vorfeld überlegt, wie ich das Buch promoten
kann, ohne so viel unterwegs zu sein. Außerdem habe ich
nach Möglichkeiten gesucht, einen positiven Ausgleich für
die Zeiten zu schaffen, in denen ich von zu Hause fort bin.

Reich belohnt
Versuchen Sie, über den offensichtlichen Nutzen hinauszusehen, der mit dem Erreichen Ihrer Reich-und-Glücklich-Ziele einhergeht. Was bringt es Ihnen wirklich? Das ist die
wahre Belohnung, die Quelle des Erfolgs, die Sie sich immer wieder in Erinnerung rufen müssen, um motiviert zu
bleiben.

Sie möchten vielleicht eine Million Euro verdienen, aber
was gewinnen Sie dadurch wirklich? Isoliert betrachtet,
bringt das Geld gar nichts, was also bekommen Sie dadurch

WIRKLICH? Bohren Sie hier bei sich selbst nach, bis Sie es ganz genau wissen.

Das ist die Kernfrage für mich selbst. Warum tue ich das alles? Ist es wegen des Geldes, wegen der Anerkennung, den Möglichkeiten, die ich dadurch haben werde? Nun, all diese Dinge sind angenehme Begleiterscheinungen, aber was mich wirklich motiviert, ist die Vision, dass über eine Million Menschen ihre gegenwärtige Situation verändern und ein Reiches und Glückliches Leben führen werden.

Ich sehe, wie sie lachen, sich gegenseitig helfen und wie sie Erfüllung finden. Und nicht länger solche Empfindungen durchleben, wie ich sie einst am Rande des Highways hatte, bevor ich begann, nach der Reich-und-Glücklich-Formel zu suchen. Diese Belohnung motiviert mich immer wieder, und wenn Sie Ihre eigene Belohnung kennen, wird diese auch Sie nachhaltig motivieren.

MAXIMIEREN SIE IHRE
REICH-UND-GLÜCKLICH-BILANZ

Statistisch gesehen dauert ein Leben im Durchschnitt an die achtundzwanzigtausendfünfhundert Tage. Das entspricht sechshundertvierundachtzigtausend Stunden oder etwas über einundvierzig Millionen Minuten.

Reiche und Glückliche Menschen sind sich der folgenden Tatsache bewusst: Je mehr Reiche und Glückliche Minuten man hat, desto mehr Reiche und Glückliche Stunden hat man. Je mehr Reiche und Glückliche Stunden man hat, desto mehr Reiche und Glückliche Tage hat man. Aus Tagen werden Wochen, dann Monate und Jahre **und schließlich ergeben sie ein Reiches und Glückliches Leben.**

Für Ihren Reich-und-Glücklich-Status stehen Ihnen zwei Hauptressourcen zur Verfügung. Die erste ist Zeit und die zweite ist Geld. Zeit ist eine begrenzte Variable. Sie werden nicht für immer in dieser physischen Form weiterleben. Wie erwähnt, haben Sie im Durchschnitt circa 28 500 Tage zur Verfügung. Natürlich können Sie auch zu den Menschen gehören, die länger Zeit haben, aber möglicherweise bekommen Sie auch etwas weniger Zeit.

Auch Geld ist in gewisser Weise eine begrenzte Variable. In jedem beliebigen Moment kommt eine bestimmte Summe herein und eine bestimmte Summe besitzen Sie bereits. Befinden Sie sich noch am Anfang Ihres Reich-und-Glücklich-Abenteuers, tauschen Sie wahrscheinlich die eine Ressource – Zeit – gegen die andere – Geld – ein. Dieses geben Sie dann für Erfahrungen aus, die Ihnen Reiche und Glückliche Minuten bescheren.

Während Sie aber mit Ihren Reich-und-Glücklich-Abenteuern immer mehr vorankommen, werden Sie erkennen, dass Geld in Wirklichkeit keine begrenzte Variable ist. Es steht in jeder Summe zur Verfügung und Sie können es Ihr ganzes Leben lang verdienen, ausgeben, verdienen, ausgeben, verdienen und wieder ausgeben. Außerdem können Sie es verdienen, während Sie Reiche und Glückliche Minuten verbuchen. Sich mit dieser Vorstellung wohlzufühlen sowie angesichts der Leichtigkeit und Geschwindigkeit, mit der sich Geld verdienen lässt, ist eins der zentralen Elemente der Reich-und-Glücklich-Formel.

Wie lassen sich die beiden Variablen aber nun so verändern, dass Sie einen großen Teil Ihrer Minuten Reich und Glücklich sind? Oder mit anderen Worten: Wie verbringen Sie möglichst viele Minuten Ihres Lebens damit, das zu tun, was Sie möchten, wann immer Sie es wollen? Es ist ganz leicht. Sie müssen dafür lediglich die RGB – die Reich-und-Glücklich-Bilanz – sowie die Reich-und-Glücklich-Matrix verstehen und für sich nutzen.

Zeit, die man auf etwas aufgewendet hat, ist weg. Sie lässt sich nicht wieder reinholen. Reiche und glückliche Leute wissen das und verhalten sich entsprechend, sie tun, was immer sie wollen. Wenn Geld dazu erforderlich ist, suchen Sie die optimale RGB.

Zu Beginn Ihrer Reich-und-Glücklich-Reise werden die Entscheidungen, die Sie im Hinblick auf diese Bilanz treffen, bewusste sein. Nach einer Weile, wenn Ihnen das alles in Fleisch und Blut übergegangen ist, werden sie automatisch fallen, reflexartig wie ein Augenblinzeln.

Man kann bewusst blinzeln, ansonsten aber weiß das Unbewusste, wann es fällig ist, und löst es einfach aus.

Sehen wir uns zunächst ein Beispiel für die Reich-und-Glücklich-Bilanz (RGB) an:

Angenommen, Sie gehen gerne ins Kino und entscheiden sich eines Abends, sich einen Film anzusehen. Die Kinokarte kostet 10 Euro und der Film dauert 2 Stunden. Egal, ob Sie nun 20 Millionen Euro oder 20 Cent auf der Bank haben, sobald Sie an der Kinokasse 10 Euro bezahlen, haben Sie Zutritt zum selben Kino, dürfen auf dem gleichen Sitz Platz nehmen und die gleiche Kinoerfahrung machen.

Unabhängig davon, wie vermögend Sie sind, erhalten Sie 120 Reiche und Glückliche Minuten und Ihre Reich-und-Glücklich-Bilanz für die nächsten 2 Stunden sieht so aus:

$$\frac{\text{Gesamtzeit}}{\text{Gesamtkosten}} = \frac{120 \text{ Minuten}}{10,00 \text{ Euro}} = 12 \text{ Reiche und Glückliche Minuten/Euro}$$

Die RGB Ihres Filmerlebnisses beträgt 12. Das heißt, für jeden Euro, den Sie ausgeben, bekommen Sie 12 Reiche und Glückliche Minuten. Ist 12 ein guter Wert? Das hängt ganz von Ihnen selbst ab. Könnten Sie eine höhere RGB erreichen, also für die gleichen 10 Euro mehr als 120 Minuten bekommen, in denen Sie das tun, was immer Sie möchten?

Reiche und Glückliche Menschen sind Meister darin, eine hohe RGB zu erzielen. Sie geben ihr Geld gerne und gleichzeitig auf eine kluge Weise aus und erleben daher viele Reiche und Glückliche Minuten.

Sehen wir uns ein weiteres Beispiel an. Es zeigt, wie man viele Reiche und Glückliche Minuten mit einer fantastischen RGB erleben kann.

Stellen Sie sich eine der besten Luxushotelketten der Welt vor, das Ritz-Carlton. Diese Hotelkette belegt bei internationalen Bewertungen stets die vorderen Plätze (beispielsweise bekam sie den »AAA Five Diamond Award«) und erfüllt somit den Goldstandard in Sachen Gastfreundlichkeit. Eine Nacht in einem solchen Hotel kann zwischen knapp 300 Dollar für ein normales Zimmer und 2300 Dollar für die Präsidentensuite kosten, wobei es nach oben hin keine Grenze gibt, je nachdem, welche Extras man noch dazubucht.

In der Präsidentensuite steht ein fantastisches Bett. Es ist so bequem, dass man meint, auf einer Wolke zu liegen. Würde es Ihnen gefallen, in diesem Bett zu schlafen? Würden Sie eine solche 2300-Dollar-Präsidentensuite-Luxushotel-Schlaferfahrung gerne jede Nacht machen?

Könnte das zu Ihren persönlichen Reich-und-Glücklich-Erlebnissen gehören? Falls dem so ist, habe ich gute Neuigkeiten für Sie. Diese Erfahrung können Sie mit einer ausgezeichneten RGB bekommen. Und zwar folgendermaßen:

Aufgrund der zahlreichen Anfragen ihrer Gäste gab die Hotelkette einen Katalog heraus, in dem man das Luxus-Hotelbett bestellen kann. Auch die Laken, die Bettdecke und die Kopfkissenbezüge kann man ordern.

Die Matratze und der Sprungrahmen kosten zusammen 1899 Dollar (Preise zum Zeitpunkt der Niederschrift). Die Laken aus ägyptischer Baumwolle mit einer Fadenzahl von 400 kosten samt Kopfkissenbezügen pro Set circa 600 Dollar. Die Daunenbettdecke kostet circa 270 Dollar. Der Versand von Matratze und Sprungrahmen ist innerhalb der USA kostenlos. Die anderen Artikel werden gegen einen Aufpreis von 20 Dollar versendet.

Auf die Matratze erhält man eine zehnjährige Garantie,

und um eine stimmige Rechnung aufzustellen, nehmen wir nun an, man würde vier Lakensets bestellen, die insgesamt ebenfalls zehn Jahre halten würden.

Wenn wir nun die RGB berechnen und für die zehn Jahre jeweils acht Stunden Schlaf pro Nacht an 365 Tagen pro Jahr zugrunde legen, erhalten wir eine gigantische RGB von 381.

$$\frac{\text{Gesamtzeit}}{\text{Gesamtkosten}} = \frac{1\ 752\ 000\ \text{Minuten}}{\$\ 4589{,}00} = 381\ \text{Reiche und Glückliche Minuten/Dollar}$$

Für jeden Dollar erhält man also 381 Reiche und Glückliche Minuten. Vielleicht denken Sie nun: »Ja, die RGB ist hoch, aber man schläft doch nur. Warum sollte man dafür so viel Geld ausgeben?«

Lesen Sie weiter.

Erstens schläft man im Bett nicht die ganze Zeit. All die Minuten zwischen dem Aufwachen und dem Zeitpunkt, an dem man tatsächlich aufsteht, sowie zwischen dem Zubettgehen und dem Moment, in dem man tatsächlich einschläft, sind wache Minuten, die man traumhaft auf den ägyptischen Baumwolllaken mit einer 400-Faden-Qualität und unter der unglaublich kuscheligen Daunenbettdecke verbringt.

Sie können mir glauben – das sind wahrlich Reiche und Glückliche Minuten!

Und zweitens wirkt sich das alles sehr wohltuend auf den Schlaf aus. Reiche und Glückliche Menschen wissen das. Sie schlafen *richtig* gut. Sie haben erkannt, dass das ein Teil der Formel ist.

Schlafexperten zufolge benötigen Erwachsene pro Nacht sieben bis acht Stunden Schlaf. Schläft man weniger, kann sich das negativ auf die geistige Leistung und das Immunsystem auswirken. Darüber hinaus erhöht sich das Risiko, Diabetes sowie andere Erkrankungen zu bekommen.

Laut Carl Hunt, einem führenden Schlafforscher vom National Center on Sleep Disorders Research, einem Zentrum für Schlafstörungen in den USA, ist »Schlaf genauso wichtig für unsere allgemeine Gesundheit wie Sport und eine gesunde Ernährung«.

Ein solcher »Luxushotel-Schlaf« schenkt uns also nicht nur jede Nacht acht Reiche und Glückliche Stunden, diese Stunden wirken sich zudem überaus positiv auf die restlichen 16 Stunden des Tages aus.

Falls Sie immer noch nicht überzeugt sind – wie wäre es, wenn man diese Schlaferfahrung für eine RGB von 716 bekommen könnte? Genau das würden Reiche und Glückliche Menschen anstreben.

Reiche und Glückliche Menschen geben Geld nicht um des Geldausgebens willen aus.

Solch ein Verhalten ist in der Regel typisch für nicht Reiche, nicht Glückliche Leute. Letztlich geht es stets um eine entscheidende Frage. Wenn wir etwas kaufen, für wen kaufen wir es wirklich? Reiche und Glückliche Menschen kaufen etwas für sich selbst und haben nicht das Bedürfnis, andere damit zu beeindrucken. Nicht Reiche, nicht Glückliche Leute kaufen häufig nur deshalb bestimmte Dinge, um damit Eindruck bei anderen zu schinden.

Da Reiche und Glückliche Menschen das Prinzip der RGB verstehen, versuchen sie, ihr Geld möglichst optimal auszugeben. Sie kaufen, was sie möchten, aber sie bezahlen nicht mehr dafür als nötig, selbst wenn sie es sich leisten könnten.

Das heißt nicht, dass sie keine Ralph-Lauren-Produkte

besitzen, nicht an exotische Orte reisen oder in schönen Gegenden wohnen würden. Aber wenn sie etwas kaufen, wollen sie ihren Kollegen damit nicht beweisen, dass sie »es geschafft haben«. Und sie haben es auch nicht nötig, sich etwas zu kaufen, nur weil ein Kollege im Büro nebenan sich etwas geleistet hat und sie nun meinen, sie müssten mithalten. Nein, sie kaufen sich lediglich etwas, weil sie es sich wünschen, nicht aus einem der zahllosen anderen Gründe, die nichts mit ihrer persönlichen Reich-und-Glücklich-Definition zu tun haben.

Und egal, ob sie eine Matratze, ein Auto oder ein Unternehmen kaufen, sie versuchen stets, alles zum günstigsten Preis zu bekommen.

Im Fall der Luxushotel-Schlaferfahrung würden Reiche und Glückliche Leute in der Regel versuchen, eine höhere RGB zu erhalten, indem sie die Artikel statt aus dem Hotelkatalog woanders beziehen – es sei denn, sie möchten die Produkte aus einem bestimmten Grund wirklich ausschließlich über diesen Versand bestellen. Die gleiche wunderbare Schlaferfahrung kann man mit der doppelten RGB bekommen.

Im Internet kann man die gleichen ägyptischen Baumwolllaken mit einer 400-Faden-Qualität für 224 Dollar statt für 600 Dollar erwerben. Und die gleiche Daunenbettdecke ist für 129 Dollar statt für 270 Dollar erhältlich. Bei vier Lakensets und einer Bettdecke belaufen sich die Ausgaben auf 1045 Dollar statt auf 2690 Dollar.

Die gleiche Luxushotel-Matratze kann man im Internet für 1399 Dollar statt für 1899 Dollar bekommen. Wenn man alles zusammenrechnet, gibt man bei einer Internetbestellung im Vergleich zur Katalogbestellung bei der Hotelkette nur halb so viel aus und verdoppelt damit seine RGB. Somit bleiben zweitausendeinhundertfünfundvierzig Dollar übrig, die man für andere Reich-und-Glücklich-Erfahrungen einsetzen kann.

$$\frac{\text{Gesamtzeit}}{\text{Gesamtkosten}} = \frac{1\,752\,000 \text{ Minuten}}{\$ 2444,00} = \frac{716 \text{ Reiche und Glück-}}{\text{liche Minuten/Dollar}}$$

Und zu all dem erhält man die Garantie, in den nächsten zehn Jahren ein Drittel seiner Zeit Reich und Glücklich zu sein. Das ist eine ziemlich gute Bilanz bei einer Investition von 2444 Dollar.

Wofür Sie Ihr Geld ausgeben und ob diese Dinge eine gute RGB erzeugen, hängt natürlich ausschließlich von Ihrer eigenen Reich-und-Glücklich-Definition ab – davon, was immer Sie tun möchten.

Die Luxushotel-Schlaferfahrung ist für Sie vielleicht nicht interessant. Das ist völlig in Ordnung. Beim Reich-und-Glücklich-Sein geht es allein darum, was Sie möchten. Das Prinzip der RGB gehört allerdings zu den zentralen Elementen der Formel, die Ihnen dabei hilft, Ihre Wünsche zu verwirklichen.

Reiche und Glückliche Menschen ziehen allerdings nicht jedes Mal einen Taschenrechner heraus, wenn sie Geld ausgeben. Ihnen ist lediglich bewusst, dass Geld ein Instrument ist, das ihnen Reiche und Glückliche Minuten bescheren kann. Falls sie keine unbegrenzten finanziellen Mittel zur Verfügung haben, versuchen sie daher, eine möglichst hohe Reich-und-Glücklich-Bilanz für jeden ausgegebenen Euro zu erzielen.

Es gibt drei Kategorien, wie man die RGB für sich nutzen

kann. Manche Reiche und Glückliche Menschen kaufen sich, was sie möchten, aber sie bezahlen dafür nicht mehr als nötig und steigern auf diese Weise die RGB. Andere prüfen im Geiste kurz, ob das, was sie kaufen möchten, ihnen hilft, einen ihrer Big Five for Life® zu sehen, zu tun oder zu erleben, ob es ihnen also unmittelbar dabei hilft, ein Reiches und Glückliches Leben zu führen. Falls dem so ist, erwerben sie es, und falls nicht, lassen sie es bleiben.

Die dritte Gruppe ergänzt die oben aufgeführte Gleichung für eine optimale RGB um eine weitere Variable – um einen Multiplikator nämlich. Bei Ausgaben für Dinge, die sie zwar tun möchten, die aber nicht besonders bedeutend für sie sind, multiplizieren sie das Ergebnis mit dem Faktor 1.

In unserem Beispiel sähe die Gleichung daher so aus:

$$\frac{\text{Gesamt-zeit}}{\text{Gesamt-kosten}} = \frac{120 \text{ Minuten}}{10,00 \text{ Euro}} = 12 \times 1 = \begin{array}{l} 12 \text{ Reiche und} \\ \text{Glückliche} \\ \text{Minuten/Euro} \end{array}$$

Für Ausgaben, die eine größere Bedeutung haben, sie der Erfüllung eines ihrer Big Five for Life® also ein gutes Stück näherbringen, setzen sie als Multiplikator den Faktor 2 ein. In unserem Kinobeispiel würde die betreffende Person den Film zusammen mit Freunden ansehen (Faktor 1), und sie würde einen Film über Afrika auswählen, da nach Afrika zu reisen einer ihrer Big Five for Life® ist.

Da dieses Erlebnis eine bleibende Erinnerung wäre, über die die Person auch später noch mit anderen sprechen würde, werden die Reichen und Glücklichen Minuten hier verdoppelt.

Daher sieht die Formel in diesem Fall folgendermaßen aus:

$$\frac{\text{Gesamt-}\\\text{zeit}}{\text{Gesamt-}\\\text{kosten}} = \frac{120\ \text{Minuten}}{10{,}00\ \text{Euro}} = 12 \times 2 = \text{24 Reiche und Glückliche Minuten/Euro}$$

Ausgaben, die unmittelbar zur Erfüllung eines der Big Five for Life® führen, werden mit dem Faktor 10 multipliziert, denn über solche Erlebnisse wird man noch sehr lange mit anderen sprechen. Und all diese Gespräche und Gedanken ergeben weitere Reiche und Glückliche Minuten.

Den Faktor 10 würde man beispielsweise verwenden, wenn man tatsächlich eine dreiwöchige Afrikareise machen würde. Die Gleichung sähe dann so aus:

$$\frac{\text{Gesamt-}\\\text{zeit}}{\text{Gesamt-}\\\text{kosten}} = \frac{30\,240\ \text{Minuten}}{7000\ \text{Euro}} = 4{,}32 \times 10 = \text{43 Reiche und Glückliche Minuten/Euro}$$

Wie Sie die RGB nutzen, bleibt Ihnen überlassen. Wählen Sie am besten die Methode aus, die Ihnen am meisten entspricht und Ihnen ein stimmiges Gefühl vermittelt.

Anfangs rechnen Sie im Geiste vielleicht noch so manche Gleichung genauer durch. Doch schon bald werden Sie Ihre RGB-Entscheidungen automatisch fällen, da Ihr Unbewusstes Sie dabei unterstützen wird. Dieser Zustand lässt sich zusätzlich durch die Reich-und-Glücklich-Matrix fördern, die wir uns nun genauer ansehen werden.

DIE REICH-UND-GLÜCKLICH-MATRIX

Die Reich-und-Glücklich-Bilanz veranschaulicht Ihre Möglichkeiten, Ihr Geld so auszugeben, dass die Reich-und-Glücklich-Minuten, die Sie dafür bekommen, optimiert werden.

Die Reich-und-Glücklich-Matrix zeigt Ihnen die Möglichkeit auf, Ihre *Zeit* zu nutzen, und zwar nicht nur, um möglichst viele Reiche und Glückliche Minuten zu erleben, sondern auch, um Geld zu verdienen, was Ihnen wiederum dabei hilft zu tun, was Sie wollen, wann immer Sie es möchten.

DIE REICH-UND-GLÜCKLICH-MATRIX

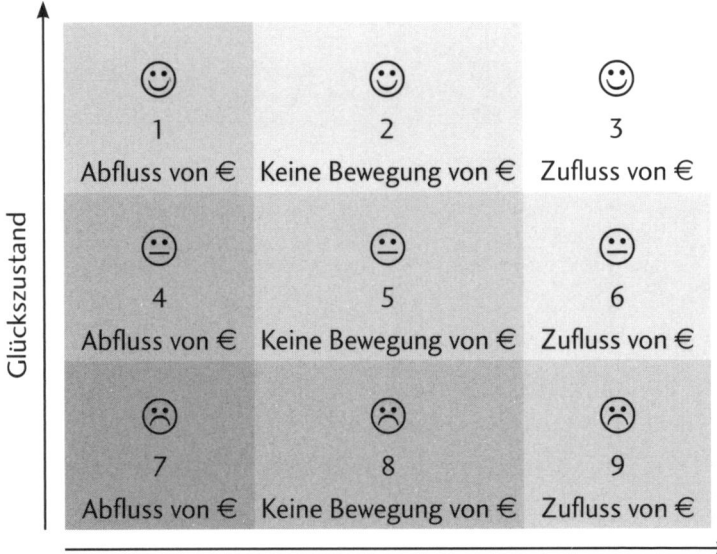

Die horizontale Achse der Matrix zeigt die Geldbewegungen an. In den Zonen 1, 4 und 7 fließt Geld ab (Sie geben etwas aus). In den Zonen 2, 5 und 8 bewegt sich kein Geld. Sie geben weder etwas aus noch verdienen Sie etwas. Und in den Zonen 3, 6 und 9 kommt es zu einem Zufluss von Geld (Sie verdienen etwas).

Die vertikale Achse zeigt den Glückszustand an. Menschen in den Zonen 7, 8 und 9 sind das Gegenteil von Reich und Glücklich. Sie tun ständig Dinge, die sie nicht tun wollen.

In der mittleren Reihe, den Zonen 4, 5 und 6, sind die Menschen durchschnittlich zufrieden. Sie tun nicht, was sie wollen, aber die Dinge, die sie tun, machen sie nicht unglücklich.

Wer sich ganz oben, in den Zonen 1, 2 und 3, befindet, ist Reich und Glücklich. Das ist das Ziel. Wenn Sie in diesen Zonen agieren, tun Sie, was immer Sie wollen, wann immer Sie möchten.

Reiche und Glückliche Menschen sind deshalb Reich und Glücklich, weil sie gelernt haben, in der oberen Reihe der Matrix zu agieren.

DIE REICH-UND-GLÜCKLICH-MATRIX

In Zone 1 geben die Menschen Geld aus, um zu tun, was immer sie möchten, und verleben daher Reiche und Glückliche Minuten. Hier kommt auch die Reich-und-Glücklich-Bilanz ins Spiel, vor allem, wenn die zur Verfügung stehenden finanziellen Mittel begrenzt sind. Je mehr man seine RGB optimiert, desto mehr Reiche und Glückliche Minuten wird man erleben.

In Zone 2 befinden sich die Menschen in einem Reichen und Glücklichen Zustand, geben aber weder Geld aus noch verdienen sie welches. Beispiele hierfür sind: Ein Buch lesen, Sport treiben oder solche Ereignisse verfolgen, einen Spaziergang machen, Zeit mit Freunden verbringen. Reiche und Glückliche Menschen agieren häufig in diesem Sektor.

Die Zone 3 der Matrix steht für das Reich-und-

**Glücklich-Sein, während gleichzeitig Geld herein-
kommt. Das ist die optimale Position.**

Agieren wir in dieser Zone, tun wir nicht nur, was wir wollen, und verbringen daher Reiche und Glückliche Minuten, sondern wir bekommen sogar Geld dafür.

Dieses Geld ermöglicht es uns nun, in Zone 1 zu agieren und Dinge zu tun, die wir ebenfalls tun möchten, mit denen wir aber kein Geld verdienen.

Es gibt unzählige Möglichkeiten, in Zone 3 zu agieren. So kann man etwa um die Welt segeln, ein Unternehmen gründen, den Amazonas auf seiner gesamten Länge entlangschwimmen, Bücher schreiben, Musik komponieren, Kinder unterrichten, Brunnen in Ländern bohren, in denen große Dürre herrscht, für andere arbeiten, bloggen …

Dies ist nur ein winziger Teil der zahllosen Möglichkeiten. Es gibt unzählige Erfolgsgeschichten von Menschen, die erkannt haben, was sie tun möchten, und die einen Weg gefunden haben, damit Geld zu verdienen.

In einem späteren Kapitel werden wir sehen, dass jeder Mensch – einschließlich Sie selbst – seine persönlichen Anlagen dazu nutzen kann, um in Zone 3 zu agieren.

Lesen Sie hier das Beispiel einer jungen Frau, die genau das getan hat.

Als Janice Anfang 20 war, machte sie eine Lehre als Köchin. Nachdem sie ihre Lehre erfolgreich abgeschlossen hatte, entschied sie, dass sie unbedingt mit einem Segelboot in der Karibik unterwegs sein wollte. Das war ihr Traum vom Reich-und-Glücklich-Sein. Sie hatte allerdings kein Geld, um eine solche Reise zu finanzieren. Aber sie ließ sich nicht unterkriegen. Es gelang ihr, die Wie-geht-das-Krankheit zu vermeiden, die ich bereits erläutert habe (s. S. 136). Stattdessen widmete sie all ihre

Energie der Suche nach einem Wer. Sie erzählte allen Leuten, die sie kannte, von ihrem Traum, so auch ihren Kollegen und Vorgesetzten aus ihrer Lehrzeit.

Bereits nach ein paar Tagen bekam sie einen Anruf von ihrem ehemaligen Chef. Er erzählte ihr von einem Yachtbesitzer, der in ein paar Wochen mit seiner Frau zum Segeln in die Karibik aufbrechen wollte und eine Köchin suchte. Janice bewarb sich um den Job. Ein Teil der Bewerbung bestand darin, ein paar Gerichte zu kochen, und Janices Kochkünste waren so überzeugend, dass die Besitzer der Yacht sie sofort engagierten. Ihre Aufgabe an Bord bestand in erster Linie darin, bei Bedarf drei Mahlzeiten pro Tag zuzubereiten. Wenn das Boot im Hafen lag, was relativ oft vorkam, gingen die Besitzer häufig zum Essen an Land und Janice hatte frei.

Für das Servieren des Essens und den Abwasch war eine andere Angestellte zuständig. Und sie musste auch die Zutaten für die Gerichte nicht selbst einkaufen, es sei denn, ihr war danach. Denn auch dafür gab es jemanden an Bord.

Janice hatte ihre eigene Kabine auf der Yacht und wenn sie nicht mit Kochen beschäftigt war, hatte sie frei. Darüber hinaus bekam sie ein sehr gutes Gehalt.

Janice tat nicht nur, was sie wollte – sie war mit einem Segelboot in der Karibik unterwegs –, und erlebte auf diese Weise Reiche und Glückliche Minuten, sie verdiente auch noch Geld damit. Sie bewegte sich also mitten in Zone 3.

Janice erzählte mir, dass sie 18 Monate als Köchin auf der Yacht blieb. Als ich sie fragte, warum sie danach kündigte, erwiderte sie: »Ich hatte genug davon, in der Karibik herumzusegeln.« Genug davon, in der Karibik herumzusegeln – hätten Sie vielleicht auch gerne dieses Reich-und-Glücklich-Problem?

Sehen wir uns nun die anderen Bereiche der Matrix an.

DIE REICH-UND-GLÜCKLICH-MATRIX

Menschen, die in der mittleren Reihe, also in den Zonen 4, 5 und 6, agieren, repräsentieren den Durchschnitt. Sie tun nicht wirklich, was sie wollen, aber die Dinge, die sie tun, machen sie auch nicht unglücklich.

Sie führen, wie Henry David Thoreau es einmal formuliert hat, »ein Leben in stiller Verzweiflung«.

Die meisten Menschen verbringen ihre freie Zeit in den Zonen 4 und 5. Manchmal geben sie Geld aus, aber nicht auf eine Weise, die sie Reich und Glücklich machen würde. Und nur selten denken sie dabei an die Reich-und-Glücklich-Bilanz.

Bei anderen Gelegenheiten geben sie kein Geld aus, tun

aber auch nicht das, was sie wirklich wollen, erleben also keine Reichen und Glücklichen Minuten. Gedankenlos fernzusehen und nur darauf zu warten, am nächsten Tag wieder an einen durchschnittlichen Arbeitsplatz zu gehen, ist ein ausgezeichnetes Beispiel für ein Leben in Zone 5.

Sandra ist ein gutes Beispiel dafür, wie man ein Leben in den Zonen 4, 5 und 6 gegen ein Reiches und Glückliches Leben eintauschen kann. Als ich ihr zum ersten Mal begegnete, arbeitete sie in einer Bank am Kundenschalter. Damals war sie 27 Jahre alt und hatte seit vier Jahren diese Stelle.

Die meisten Menschen hätten ihre Arbeit als »guten Job« bezeichnet. Die anderen Kollegen waren freundlich, das Gehalt war ganz in Ordnung und Sandra war bereits so lange an diesem Arbeitsplatz, dass sie alle Abläufe gut kannte und nicht mehr viel darüber nachdenken musste.

Sie fuhr ein durchschnittliches Auto, wohnte in einem netten Apartment und führte ein gutes, aber relativ langweiliges Leben. Ihre Kollegen waren in einem Alter zwischen 40 und Ende 50. Wenn sie nichts änderte – das erkannte Sandra plötzlich –, würde sie eines Tages aufwachen, nur um festzustellen, dass sie mit 40 immer noch in der Bank arbeitete.

Das war keineswegs eine schreckliche Perspektive, aber so sah mit Sicherheit auch nicht Sandras Reiche und Glückliche Zukunft aus. Also begann sie, die Formel anzuwenden. Schon bald begegnete sie allen möglichen Wers, die ein ganz anderes Leben führten, sehr viel und sehr lange auf Reisen waren. Sie erkannte, dass sie genauso wie all diese anderen Leute in der Lage war, ihre Träume umzusetzen.

Wenn sie aufbrechen und auf Reisen gehen würde, würde sie sehr viele Reiche und Glückliche Minuten erleben. Das wurde ihr klar. Denn die Welt zu bereisen, war ein großer Teil ihres

»Was immer«. Also sparte sie eine Weile, kündigte dann ihren Job und begab sich auf Weltreise.

Als ich das letzte Mal mit ihr sprach, war sie voller Begeisterung und Tatendrang. Sie hatte keinen konkreten Termin für die Rückreise geplant und wenngleich ihre Ersparnisse noch eine ganze Weile reichten, überlegte sie bereits, auf welche Weise sie Reiche und Glückliche Minuten in Zone 3 erleben konnte. Sie dachte zum Beispiel daran, Englisch an den Orten zu unterrichten, die sie bereiste, oder auch irgendwelche anderen Jobs zu machen.

Allein aufgrund der Tatsache, dass sie im Ausland war und einen neuen Teil der Welt kennenlernte, wurde ihr zufolge beinahe jeder Job für sie zu einer Tätigkeit in Zone 3.

DIE REICH-UND-GLÜCKLICH-MATRIX

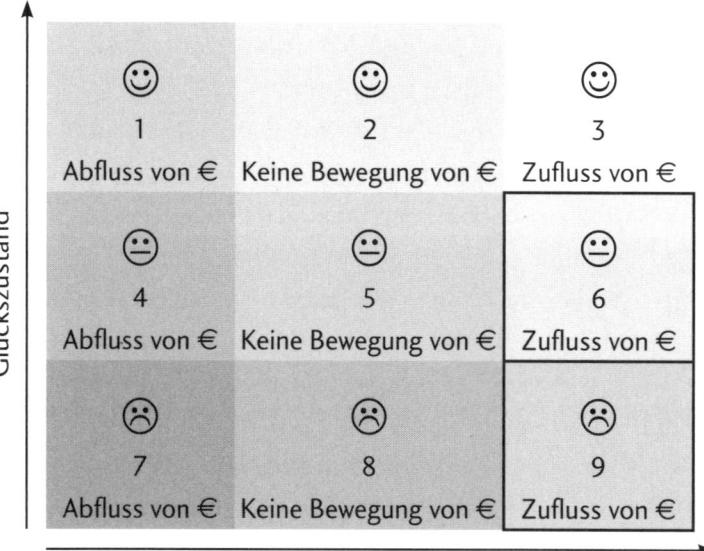

Die meisten Menschen verbringen ihre 28 500 Tage in den Zonen 6 und 9. Diejenigen in Zone 6 haben Jobs, die sie zwar nicht unglücklich machen, aber ihren Werten und den Dingen, die sie wirklich tun wollen, nicht entsprechen. Die Menschen erleben in dieser Zone also keine Reichen und Glücklichen Minuten.

In Zone 9 tun die Menschen Dinge, die ihnen so wenig entsprechen, dass sie regelrecht unglücklich werden und so natürlich keine Reichen und Glücklichen Minuten für sich verbuchen können.

Im Durchschnitt verbringen die Menschen montags bis freitags 70 Prozent ihres Lebens im Wachzustand entweder in der Arbeit, auf dem Weg zur oder von der Arbeit oder damit, an die Arbeit zu denken. Unter der Woche erleben Menschen in den Zonen 6 und 9 – und das ist die Mehrheit der Leute – also *mindestens 70 Prozent* ihrer wachen Minuten nicht in einem Reichen und Glücklichen Zustand.

Und was noch schlimmer ist: Die Menschen in diesen Zonen geben ihr Geld häufig für Dinge aus, die eine sehr niedrige RGB haben. Sie suchen nach schnellen Lösungen und bekommen genau diese. Letztlich erleben sie trotz all ihrer Mühe nur verschwindend wenige Reiche und Glückliche Minuten.

Sehen wir uns das Beispiel eines Menschen an, der tief in Zone 9 feststeckte.

Robert war Chefarzt in einem bekannten Krankenhaus, ich lernte ihn bei einer Veranstaltung kennen, bei der ich als Redner eingeladen war. Aufgrund seiner leitenden Position musste er häufig sehr lange arbeiten. 16 Stunden pro Tag waren nichts Ungewöhnliches.

Nach viereinhalb Jahren hatte Robert zwar eine beträchtliche Summe Geld verdient, aber er hatte extrem wenige Reiche und Glückliche Minuten verlebt. Seine Arbeit war stressig und er hatte gerade genug Zeit, um von einem Patienten zum anderen beziehungsweise von einer Krisensituation zur nächsten zu hetzen. Außerdem musste er viele Berichte schreiben und zahlreiche administrative Aufgaben erledigen.

Es hatte einmal eine Zeit gegeben, in der er sehr gerne als Arzt gearbeitet hatte. Doch sein derzeitiger Job ließ ihm keine Zeit für die Dinge, die er mit Begeisterung machte.

Nach der Arbeit oder an seinen freien Tagen war Robert so müde, dass er nur noch herumhing oder gleich ins Bett ging. Häufig war er aufgrund der stressigen Arbeit aber so aufgedreht, dass er nur mit Schlaftabletten einschlafen konnte. Sein gutes Gehalt gab er für Dinge aus, die nur eine niedrige RGB hatten oder ihm persönlich aufgrund seines Lebensstils nur eine niedrige RGB bescherten.

Dazu gehörte ein 600-Quadratmeter-Haus in einem Nobelviertel, das er nur mit seiner Frau, zwei neuen Luxusautos sowie einer Reihe von technischen Geräten und Designermöbeln bewohnte.

Roberts Arbeitsleben fand in Zone 9 statt. Er sah keinen Ausweg und wurde immer unzufriedener, da er feststellen musste, dass sein Leben förmlich an ihm vorbeizog. Als ich ihm begegnete, war er am Rande eines Nervenzusammenbruchs. Er war ein sehr gebildeter Mann und verdiente überaus gut, aber sein Leben verbrachte er in den Zonen 7, 8 und vor allem 9.

Heute ist Robert ein anderer Mensch. Er hat die Reich-und-Glücklich-Formel angewendet und wurde auf diese Weise selbst ein Reicher und Glücklicher Mensch.

Er kündigte seinen Chefarztposten im Krankenhaus und

nahm eine viel niedriger dotierte Stelle an. Sein Gehalt redu-
zierte sich um 75 Prozent, doch nun hatte er Zeit, sein Leben
so umzugestalten, dass er sich in den Zonen 1, 2 und 3 bewegen
konnte. Jetzt hatte er die Möglichkeit, Reiche und Glückliche
Minuten zu erleben.

Obwohl er weitaus weniger verdiente als zuvor, hatte Robert
das Gefühl, ein neues Leben geschenkt bekommen zu haben. Er
sprühte vor Energie und Lebensfreude. Robert war Reich und
Glücklich.

Roberts Geschichte zeigt wunderbar, wie man von einem Dasein, das vorwiegend in Zone 9 stattfindet, zu einem Reichen
und Glücklichen Leben in den Zonen 1, 2 und 3 übergehen
kann. Und sie belegt einmal mehr, dass man keineswegs automatisch Reich und Glücklich ist, nur weil man sehr wohl-
habend ist.

Falls Sie sich überwiegend in Zone 9 bewegen, aber keineswegs so vermögend sind wie Robert, oder falls Sie nicht
einmal genug Geld haben, um Ihre Rechnungen zu bezahlen,
sollten Sie nicht denken, die Geschichte sei für Sie nicht
relevant. Die gleichen Prinzipien gelten auch für Sie. Wenn
Sie Ihr Verhalten nicht ändern, werden Sie in Zone 9 hängen-
bleiben. Aber die gleiche Reich-und-Glücklich-Formel wird
es auch Ihnen ermöglichen, die Zone 9 zu verlassen und Ihr
Leben in die gewünschte Richtung zu lenken.

Man kommt von jedem Ausgangspunkt in die Zonen 1 bis
3, das zeigt exemplarisch meine eigene Geschichte, die ich zu
Beginn erzählt habe. So wie ich damals hangelten sich viele,
die heute ein Reiches und Glückliches Leben führen, von
einer Gehaltsüberweisung zur nächsten oder kamen gar nicht
mit ihrem Gehalt aus.

Sollten Sie in einer ähnlichen Lage sein: Sie können es schaffen!

DIE REICH-UND-GLÜCKLICH-MATRIX

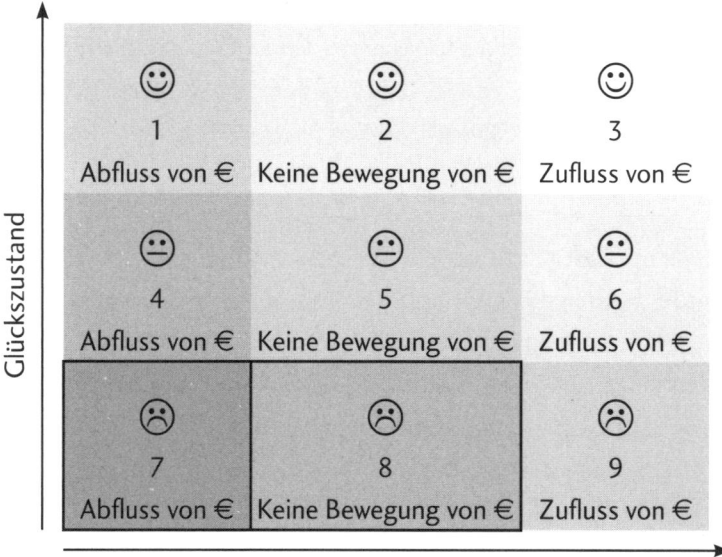

Viele Menschen bewegen sich in den Zonen 7 und 8. Das hat schreckliche Konsequenzen. In Zone 8 verbringen sie ihre Zeit lustlos mit Aktivitäten, die sie eigentlich unglücklich machen und ihnen keinen finanziellen Gewinn bringen. In Zone 7 ist es noch schlimmer. Hier geben sie ihr Geld für Dinge aus, die sie Reich und Glücklich machen sollten, es aber in Wirklichkeit keineswegs tun.

Hier ein Beispiel eines Menschen, der in den Zonen 7, 8 und 9 lebt.

Als Carl 26 Jahre alt war, wohnte er in einem herunter-gekommenen Apartment und arbeitete als Nachtportier in ei-

nem Verbrauchermarkt. Nach der Schule hatte er versucht zu studieren, er kam aber nicht recht voran und so brach er sein Studium mit 20 Jahren ab. Seitdem schlug er sich in Zone 9 mit diversen Jobs durch.

Er war unzufrieden mit seinem Leben und schämte sich für seinen Job und seine Wohngegend. Daher zog er sich immer mehr aus seinem Freundeskreis zurück und verbrachte viel Zeit alleine. Sein Einkommen gab er vorwiegend für drei Dinge aus: für die Miete, Alkohol und sein Auto.

Carls Auto war ein Zone-7-Kauf gewesen. Als er zwei Jahre zuvor zufällig ein paar ehemalige Schulfreunde getroffen und mitbekommen hatte, in welchem Wohlstand sie lebten, hatte er sich spontan einen teuren Sportwagen zugelegt. Er wollte andere damit beeindrucken und sich selbst dadurch aufbauen – doch weder das eine noch das andere gelang ihm.

Die Ratenzahlungen sowie die Versicherungsbeiträge für das Auto waren sehr hoch und verschlangen zusammen mit den Ausgaben für das Benzin fast Carls gesamtes Geld, das er monatlich – abgesehen von den Ausgaben für die Miete – zur Verfügung hatte. Daher nutzte er das Auto kaum, außer um damit zur Arbeit und wieder nach Hause zu fahren.

In seiner Freizeit ging Carl fast nie aus, weil er es sich nicht leisten konnte und sein Lebensstil ihm peinlich war. Daher hing er meistens zu Hause herum, sah sich irgendwelche nichtssagenden Sendungen im Fernsehen an, stritt sich mit Verwandten und trank Bier, das er sich von dem wenigen Geld, das er noch übrig hatte, kaufte.

Carl hatte einen Job, der ihm keinen Spaß machte (Zone 9), gab sein Geld für den Unterhalt eines Autos aus, das er nicht wirklich wollte, sowie für Alkohol, der seine Unzufriedenheit verdrängen sollte (Zone 7), und hing planlos vor dem Fernseher herum, was ihn nur noch mehr deprimierte (Zone 8). Somit war er alles andere als Reich und Glücklich.

Es wäre schön, wenn ich Ihnen erzählen könnte, dass Carl aus dieser Zone herausgekommen ist. Leider war das nicht der Fall, als ich ihn das letzte Mal traf. Obwohl er von der Reich-und-Glücklich-Formel weiß, hat er sie nicht zur Anwendung gebracht. Solange er aber nicht aktiv wird, wird sich seine Situation nicht verändern.

Jemand, der aktiv werden und sein Leben in Reiche und Glückliche Zonen verlagern möchte, kann dies in drei Schritten tun.

Im ersten Schritt geht es darum, den sehnlichen Wunsch zu entwickeln, die derzeitige Zone (in Carls Fall die 9) zu verlassen und Erfahrungen in Zone 3 zu machen. Dazu muss man einige Elemente der Reich-und-Glücklich-Formel anwenden, die in den vorigen Kapiteln erläutert wurden. So sollte man zum Beispiel herausfinden, wie das eigene »Was immer« aussieht (s. S. 28) und wie man sich selbst motivieren kann, um aktiv zu werden.

Je stärker jemand in den Zonen 6 und 9 festhängt, desto mehr ist ihm in der Regel sein »Was immer« ins Unbewusste entglitten. Es ist wichtig, es sich wieder bewusst zu machen und nach Wegen zu suchen, bei der Verwirklichung der eigenen Wünsche Geld zu verdienen. Manchmal genügt es, einen guten Wer zu finden oder das eigene Potenzial zu nutzen. Damit werden wir uns im nächsten Kapitel eingehender beschäftigen.

Im zweiten Schritt gilt es, die eigenen Ängste zu überwinden, etwa die Angst, zu alt für das Vorhaben zu sein, oder die Angst vor Misserfolg.

Wie wir in den vorigen Kapiteln gesehen haben, müssen

wir dazu unsere Überzeugungen verändern, denn nur so können wir uns selbst unterstützen (s. S. 72 ff.). Weitere Tipps dazu finden Sie im Kapitel »Was würde James Bond tun?« (s. S. 211). Zu den Techniken gehört auch, das Bild, das man von sich selbst hat, neu zu erschaffen und womöglich eine ganz neue Person zu werden.

Im dritten Schritt müssen wir lernen »auszusteigen«, das heißt bestimmte Dinge aufzugeben. Wie sich das umsetzen lässt, werden Sie ebenfalls in einem der nächsten Kapitel erfahren (s. S. 281). Wir sollten uns von den Gewohnheiten verabschieden, die uns davon abhalten, Reich und Glücklich zu werden. Darüber hinaus sollten wir uns von Dingen – wie etwa Jobs – in der Zone 9 lösen und sie durch Chancen in Zone 3 ersetzen.

Für jemanden, der in einer ähnlichen Situation ist wie Carl, könnte bereits der erste Blick auf die Reich-und-Glücklich-Matrix eine Veränderung in Gang setzen und in Folge die Zahl der Reichen und Glücklichen Minuten steigern.

Wo verbringen Sie Ihr Leben im Moment? Welche Zonen dominieren? Möchten auch Sie wie Janice 18 Monate und länger in Zone 3 verbringen und Geld für die Reiche und Glückliche Zeit bekommen? Wenn Sie bereit sind, Ihren Lebensschwerpunkt in die Zone 3 zu verlagern, ist das wunderbar! Sie befinden sich bereits auf dem besten Weg dorthin. Lesen Sie weiter.

Wenn Sie offen sind – davon habe ich in der Einleitung gesprochen –, wird es bei der Lektüre dieses Buches Momente geben, in denen Ihnen die Formel geradezu entgegenspringt. Vielleicht war das bei der Reich-und-Glücklich-Matrix der Fall und Ihr inneres Steuerungssystem hat das registriert.

Im nächsten Kapitel wird das Reich-und-Glücklich-Sein für Sie bereits zum Greifen nah sein.

ES GIBT KEIN »ABER«, SONDERN NUR EIN ENORMES PERSÖNLICHES POTENZIAL

Ich weiß nicht, wie oft jemand mir schon erzählt hat, wie sein Reiches und Glückliches Leben aussehen würde, nur um *sofort* darauf zu sagen »aber ich weiß, dass es nie dazu kommen wird« oder »aber es ist einfach nicht möglich« oder »aber ich weiß nicht, wie ich es umsetzen soll«.

Gggrrhh! Hören Sie mir bitte gut zu. Es gibt kein *Aber!* Sehen Sie in den Spiegel und sagen Sie laut zu sich selbst: »Es gibt kein *Aber.*«

Ständig läuft das folgende Szenario ab: Jedes Mal, wenn Sie etwas sagen und dann das Wort *aber* hinzufügen, negieren Sie das soeben Gesagte. Zum Beispiel: »Ich weiß, dass jemand eine Arbeit schaffen kann, die ihn begeistert, *aber* ich glaube, ich könnte das nicht.« Oder: »Ich würde sehr gerne eine Weltreise machen, *aber* ich habe nicht genug Geld.«

Durch das *Aber* verneinen Sie, was Sie soeben behauptet haben. Damit fordern Sie Ihren Geist dazu auf, die vorige Aussage zurückzunehmen, da sie Ihrer Meinung nach nicht zutrifft.

Lassen Sie mich eins noch einmal absolut klarstellen: ES GIBT KEIN ABER!

Entfernen Sie dieses Wort vollkommen aus Ihrem Wortschatz. Reiche und Glückliche Menschen wissen, dass es kein Aber gibt. Diese Erkenntnis ist ein wichtiger Bestandteil der Reich-und-Glücklich-Formel.

Und noch etwas: Auch wenn es für Sie kein Aber

gibt und selbst wenn Ihnen das nicht bewusst sein sollte, verfügen Sie über ein wirklich großes Potenzial.

Jeder Mensch hat bestimmte Begabungen. Manche haben ein angeborenes Talent für gewisse Dinge, andere entwickeln ihre Fähigkeiten aufgrund von Hindernissen, denen sie sich gegenübersehen. Wieder andere nutzen ihr Potenzial auf ganz andere Weise.

Reiche und Glückliche Menschen zeichnen sich dadurch aus, dass sie ihre Fähigkeiten einsetzen, um zu bekommen, was sie sich wünschen – sie schöpfen ihr großes Potenzial aus.

ALLE Dinge können ein enormes Potenzial bieten, je nachdem, was man daraus macht – das gilt für die Lebensgeschichte eines Menschen, Herausforderungen, körperliche Eigenschaften, Probleme am Arbeitsplatz, Beziehungskonflikte und sogar eine persönliche Tragödie. Schließlich entstehen die inspirierendsten Filme, Bücher und Reden, wenn jemand ein scheinbar unbezwingbares Hindernis überwunden hat.

Ich möchte Ihnen nun das Beispiel eines Menschen schildern, der sein größtes Potenzial effektiv genutzt hat. Im zweiten Teil dieses Kapitels finden Sie eine Liste mit verschiedenen Kategorien; sie kann Ihnen dabei helfen, Ihr eigenes Potenzial zu erkennen.

Sollten Sie jetzt denken: »Aber ich habe kein großes Potenzial«, dann erinnern Sie sich bitte daran, dass es kein *Aber* gibt. Selbstverständlich schlummert großes Potenzial in Ihnen – Sie haben es nur noch nicht realisiert.

Im Alter von 20 Jahren war Jared Fogle in einer solch schlechten gesundheitlichen Verfassung, dass sein Vater, ein Arzt, glaubte, er werde wohl nicht älter als 35 Jahre. Jared wog 430 Pfund.

Eines Tages sah er eine Werbung der Sandwichkette Subway. Also probierte er ein Sandwich von Subway und da es ihm schmeckte, entwickelte er seine eigene Subway-Diät. Sie bestand aus einem 15 Zentimeter langen Putensandwich zum Mittagessen und einem 30 Zentimeter langen vegetarischen Sandwich zum Abendessen. Außerdem begann Jared, Sport zu treiben und mehr spazieren zu gehen.

Nach nur drei Monaten mit der Subway-Diät hatte Jared bereits 100 Pfund abgenommen. Er machte weiter und steigerte sein Pensum beim Spazierengehen. Außerdem stieg er alle Treppen zu Fuß hinauf, anstatt den Aufzug zu benutzen. Als er seine Diät offiziell beendete, hatte Jared über die Hälfte seines ursprünglichen Körpergewichts verloren und wog nun noch 190 Pfund.

Dann traf Jared zufällig seinen ehemaligen Mitbewohner Ryan Coleman, der für eine Studentenzeitung schrieb und so beeindruckt von Jareds Erfolg war, dass er einen Artikel darüber verfasste. Die Zufälle setzten sich fort, als ein Reporter der Zeitschrift ›Men's Health‹ auf den Artikel aufmerksam wurde und Jareds Geschichte in eine Reportage über »Verrückte Diäten, die funktionieren« aufnahm.

Diesen Artikel las wiederum Bob Ocwieja, ein Franchisenehmer von Subway. Jareds Erfolgsgeschichte hatte seiner Meinung nach das Potenzial für eine Werbekampagne. Also schlug er die Idee Richard Coad, dem Kreativdirektor der Chicagoer Werbeagentur von Subway, vor. In späteren Interviews erzählte Coad: »Am Anfang haben wir darüber gelacht, aber wir haben die Idee trotzdem weiterverfolgt.«

Zusammen mit dem Leiter der Werbeagentur, Barry Krause, schickte er einen Praktikanten los, der Jared finden sollte. Nachdem dieser einige Subwayfilialen in Bloomington, India-

na, abgegrast hatte, stieß er auf diejenige, die Jared regelmäßig aufsuchte, und machte ihn schließlich ausfindig.

Nach mehreren Anläufen mit der Marketing- und Rechtsabteilung von Subway schien die Idee zu versanden, weshalb Krause sich zusammen mit seinen Geschäftspartnern entschied, selbst eine regionale Werbekampagne zu finanzieren, die auf Jareds Geschichte basierte.

Als die erste Werbung am 1. Januar 2000 ausgestrahlt wurde, kam sie so gut an, dass Krause von zahlreichen amerikanischen Fernsehredaktionen kontaktiert wurde, unter anderem von USA Today, ABC News, Fox News und Oprah Winfrey. Nach dem regionalen Erfolg wurde die Werbung nun auch landesweit ausgestrahlt. Auch hier hatte sie einen riesigen Erfolg. Der Umsatz von Subway stieg im Jahr 2000 im Vergleich zum Vorjahr um 18 Prozent, und im Jahr 2001 erhöhte er sich abermals um 16 Prozent.

Aus Jared, dem jungen Mann, der Sandwiches aß, um sein Gewicht zu reduzieren und sein Leben zu verlängern, wurde einer der beliebtesten Gäste im Fernsehen. Darüber hinaus hielt er zahlreiche Vorträge bei Subway.

Seit der ersten Anzeigenkampagne mit Jared hat sich der Umsatz von Subway um ein Mehrfaches gesteigert. Er beträgt mittlerweile 15 Milliarden US-Dollar. Als das Unternehmen die Anzeigenkampagne im Jahr 2005 aussetzte, gingen die Umsätze um zehn Prozent zurück, sodass man sich schnell wieder »entschloss«, den Jared-Faktor zu nutzen und die Anzeigenkampagne fortzusetzen.

Jared hat mittlerweile über 50 Werbefilme gedreht, darunter einen zum zehnjährigen Jubiläum seines Gewichtsverlusts, er hat ein Buch über seine Geschichte geschrieben, und er war in den größten Talkshows zu Gast.

Jareds großes persönliches Kapital war sein extremes Überge-
wicht, das über kurz oder lang zu seinem Tod geführt hätte.
Mittlerweile ist er ein anerkannter Vortragsredner, der etliche
Jahre an Reichen und Glücklichen Minuten in Zone 3 ange-
sammelt sowie Millionen damit verdient hat, über Dinge zu
sprechen, von denen er zutiefst überzeugt ist. Und all das,
weil er sein großes Potenzial wirksam genutzt hat.

Jedes Hindernis, das Sie überwinden, macht Sie umso
interessanter, wenn Sie es als großes Potenzial betrachten.

Lisa arbeitet als Model. Außerdem spielt sie die Popsänge-
rin und Choreografin Paula Abdul in einer satirischen Come-
dyserie im Fernsehen. Ihr wurde diese Rolle angeboten, da sie
Paula Abdul ein bisschen ähnlich sieht. Und als die Castingshow *American Idol*, bei der Paula Abdul in der Jury saß, in den
USA so großen Erfolg hatte, wurde das Lisas großes Kapital.

So sammelt Lisa Reiche und Glückliche Minuten in Zone
3 mit etwas an, das ihr großen Spaß macht. Außerdem verdient sie dabei sehr gut, was ihr ebenfalls Freude bereitet.

Vor Kurzem lernte ich ein anderes Model kennen. Dieser
Mann ähnelt keiner prominenten Person. Es handelt sich
vielmehr um einen durchschnittlich aussehenden asiatischen
Mann Mitte dreißig. Er wird häufig von Werbeagenturen ge-
bucht, wenn bei Werbeaufnahmen eine Gruppe von Menschen zu sehen ist. Da die Produkte in der Regel eine breite
Bevölkerungsschicht ansprechen sollen, sind bei Gruppen-
aufnahmen mindestens ein Asiate, eine Frau, ein Afroamerikaner, ein Lateinamerikaner und ein Weißer dabei.

Und warum wird häufig ausgerechnet dieser Asiate ge-
bucht? Nicht etwa, weil er besonders gut aussieht oder weil er
so gute Beziehungen hat – sondern weil nicht so viele Leute
zur Verfügung stehen! Er ist einer der wenigen Asiaten, die

bei den Modelagenturen geführt werden, daher bekommt meistens er die Aufträge.

Sein großes Kapital ist seine ethnische Zugehörigkeit (worauf er ja keinen Einfluss hatte) sowie die Tatsache, dass er sich bei einer Modelagentur registrieren ließ, was jeder hätte tun können. Außerdem erscheint er zu den entsprechenden Terminen pünktlich und lässt sich fotografieren oder filmen.

Auch Robin Leach ist ein gutes Beispiel für ein Leben in Zone 3. Als Moderator einer amerikanischen Fernsehserie über das Leben reicher und berühmter Menschen sah man Robin jede Woche in einer außergewöhnlichen Villa oder auf einer Luxusyacht – von dort aus berichtete er, wie es ist, reich und berühmt zu sein. Und sein großes Kapital war seine Stimme.

Robin stammt ursprünglich aus London, daher stach sein englischer Akzent im amerikanischen Fernsehen besonders hervor. Darüber hinaus sagte er zu Beginn und zum Abschluss seiner Sendung stets den einprägsamen Satz: »Und ich bin Robin Leach.«

Obwohl die Sendung bereits seit über zehn Jahren nicht mehr läuft, ist Robin als Sprecher immer noch gefragt. Da die Menschen seine Stimme automatisch mit »reich und berühmt« assoziieren, wird er von Werbeagenturen, die auf diesen Markt abzielen, gerne engagiert.

Haben Sie eine bestimmte Fähigkeit, glauben aber, viele andere Menschen hätten sie ebenfalls? Denken Sie nicht, sie sei deshalb nicht wertvoll.

Ich habe einmal eine Vorführung eines großartigen Hypnotiseurs gesehen. Eineinhalb Stunden lang begeisterte er ein Publikum von über tausend Leuten mit seiner Fähigkeit, den menschlichen Geist zu kontrollieren.

Am Schluss seiner Präsentation arbeitete er mit einer Freiwilligen, und sie glaubte schließlich, ihr Körper sei so hart wie Stahl. Dann positionierte er sie so zwischen zwei Stühlen, dass ihr Körper wie ein Brett darauf lag, und stellte sich auf sie. Das Publikum tobte vor Begeisterung. Nun forderte er die Zuschauer auf, sich vorzustellen, wie es wäre, wenn sie eine solche Macht über ihren eigenen Geist hätten.

Als er einen zweitägigen Kurs für 1500 Dollar anbot, meldeten sich über 800 Zuschauer sofort dafür an. Offensichtlich hat dieser Mann eine große Fähigkeit, die er gerne präsentiert. Das macht ihm großen Spaß und er wird finanziell reich dafür belohnt. Zone 3, Zone 3, Zone 3!

In diesem konkreten Fall nutzte er sein großes Potenzial, um in weniger als zwei Stunden 1,2 Millionen Dollar zu verdienen.

Aber: Die Hälfte des Geldes ging an eine andere Person, die ebenfalls über eine Fähigkeit verfügt. Schließlich musste jemand den Event organisieren. Er musste geplant und beworben werden und jemand musste sich um alle Details kümmern. Dafür bekam diese Person *50 Prozent* der Einnahmen. Keine schlechte Bilanz, wenn man bedenkt, dass viele Menschen über ähnliche Fähigkeiten verfügen, für die sie in der Regel aber nicht so reich entlohnt werden.

Ich möchte Ihnen noch ein weiteres beeindruckendes Beispiel schildern.

Kyle MacDonald gelang es, für eine rote Büroklammer, die oben auf seinem Computer lag, ein Haus zu bekommen. Ja, Sie haben richtig gelesen. Der damals 26-jährige Blogger aus Montreal in Kanada setzte es sich zum Ziel, eine rote Büroklammer gegen ein Haus einzutauschen. Und tatsächlich schaffte er es und wurde zum stolzen Besitzer eines

Drei-Zimmer-Hauses, das ihm die Stadt Kipling in der kanadischen Provinz Saskatchewan zur Verfügung stellte.

Warum tut eine Stadt so etwas? Nun, um ihre Beweggründe zu verstehen, müssen wir uns an den Anfang des Abenteuers zurückversetzen, das Kyle MacDonald erlebte. Es ist ein Abenteuer, in dem eine Reihe netter Menschen vorkommen sowie Radio- und Fernsehsendungen, ein Prominenter und eine Menge Zeit in Zone 2 und 3 für Kyle.

MacDonalds Aktivposten-Abenteuer begann, als er eine Anzeige bei einer Internet-Tauschbörse namens Craigslist aufgab. Zu dieser Zeit schlug er sich mit Gelegenheitsjobs durch und unterhielt außerdem einen Blog. In der Anzeige erklärte MacDonald, dass er seine rote Büroklammer gegen etwas Größeres und Besseres eintauschen wolle.

Sein erstes Tauschgeschäft brachte ihm einen fischförmigen Stift ein, den er sofort wieder bei Craigslist zum Tausch anbot.

Im Laufe der Zeit steigerte er sich bei seinen Tauschgeschäften immer weiter nach oben. So tauschte er den Kugelschreiber unter anderem gegen einen Campingkocher, einen Generator, ein Fass Bier und ein Budweiserschild, einen Motorschlitten, eine Reise in die kanadischen Rocky Mountains, einen Kleinlaster und einen Plattenvertrag. Nicht schlecht, wenn man bedenkt, dass er mit einer roten Büroklammer angefangen hatte. Aber er hatte sein Ziel, ein Haus zu bekommen, noch nicht erreicht.

Ein großer Teil seines Erfolgs ist darauf zurückzuführen, dass MacDonald versuchte, etwas Interessantes und Außergewöhnliches zu tun, und sich seine Aktion bestens für die Medien und das Internet eignete. Menschen aus aller Welt und vor allem aus den USA und Kanada begannen, seine Fortschritte zu verfolgen. MacDonald erschien im kanadischen und japanischen Fern-

sehen und in der Sendung ›Good Morning America‹ in den USA. Außerdem war er zu Gast in Dutzenden von Radiosendungen. Eine Sendung aus Los Angeles verhalf ihm schließlich zum Durchbruch.

Zufällig hörte der Schauspieler Corbin Bernsen, ein Star aus den Fernsehserien ›L. A. Law‹ und ›General Hospital‹, MacDonald im Radio und bot ihm daraufhin eine bezahlte Rolle in einem Kinofilm an, bei dem er Regie führte.

Zu diesem Zeitpunkt hatte MacDonald durch seine Tauschgeschäfte das Angebot erhalten, ein Jahr mietfrei in Phoenix zu wohnen. Das war zwar ein ziemlich großer Erfolg, aber wahrscheinlich nichts, was für Bernsen von großem Wert gewesen wäre.

Daher entschied MacDonald sich, Bernsens Angebot im Hinterkopf zu behalten, es aber nur anzunehmen, wenn er es gegen etwas eintauschen konnte, was Bernsen wirklich haben wollte oder brauchte.

In seinem Blog berichtete er nichts über Bernsens Angebot und tauschte unterdessen das Jahr mietfreien Wohnens gegen einen Nachmittag mit dem Rockstar Alice Cooper. Dann führte er ein Tauschgeschäft durch, das seine Blogleser verblüffte. Er tauschte den Nachmittag bei Alice Cooper gegen eine Schneekugel.

Es klingt verrückt, aber in Wirklichkeit war es genial. Die Schneekugel war nämlich ein besonders seltenes Exemplar, das die Rockband Kiss darstellte.

Und hier kommt Corbin Bernsen wieder ins Spiel, er sammelt nämlich Schneekugeln. Und offenbar fehlte ihm in seiner 6500 Schneekugeln umfassenden Sammlung diejenige mit Kiss. Also tauschte MacDonald die Kiss-Schneekugel gegen Bernsens Filmrolle und forderte die Fans seines Blogs überdies dazu auf, weitere Schneekugeln gegen Autogrammkarten von Bernsen zu tauschen.

Womit wir schließlich beim Haus wären. Offenbar bekam die Stadtverwaltung von Kipling im kanadischen Saskatchewan Wind von MacDonalds Tauschhandel. Die Stadt mit 1140 Einwohnern wollte den Tourismus sowie andere Geschäftszweige fördern und sah in MacDonald und seinem Tauschabenteuer ein gutes Instrument dafür.

Also kaufte die Stadt ein Haus in der Main Street in Kipling und bot es MacDonald im Tausch gegen die Filmrolle bei Bernsen an. Der Preis für das Haus wurde nicht offiziell bekannt, aber angeblich lag er unter dem ortsüblichen Niveau von circa 50 000 kanadischen Dollar.

Die Stadtverwaltung setzte sogar noch einen drauf, indem sie eine riesige rote Büroklammer an einer Raststätte neben dem Highway anbrachte und einen Wettbewerb veranstaltete, der an die bekannte Castingshow ›American Idol‹ angelehnt war. Bei diesem Wettbewerb konnten sich interessierte Teilnehmer um die Filmrolle bei Bernsen bewerben. Im Gegenzug leisteten sie eine Spende, die der Parkverwaltung der Stadt sowie einer regionalen Wohltätigkeitsorganisation zugutekam.

Für jemanden, dessen Aktivposten, dessen großes Potenzial eine rote Büroklammer war, ist das ein ziemlich beeindruckender Erfolg.

Die Beispiele Reicher und Glücklicher Menschen, die gelernt haben, ihr Aber beiseitezuschieben und ihr großes Potenzial zu nutzen, sind so vielfältig wie die Persönlichkeiten der Menschen auf der Welt.
Seien es die Geschichten, die Sie gerade gelesen haben, sei es das Beispiel des Mannes, der den Amazonas entlang-

schwamm, oder des Achtzigjährigen, der erst mit circa 60 Jahren seinen Motorradführerschein gemacht hatte und schließlich für einen wohltätigen Zweck mit dem Motorrad von Florida bis nach New York fuhr – es gibt unendlich viele Möglichkeiten, sein eigenes Potenzial zu nutzen, um ein Reiches und Glückliches Leben zu führen.

Allerdings müssen Sie dazu wissen, worin Ihr großes Potenzial liegt.

Die folgende Tabelle enthält eine Reihe von Kategorien und Beispielen, die Ihnen helfen können, Ihr eigenes Potenzial zu erkennen. Gehen Sie die Beispiele durch, und wenn Sie auf etwas stoßen, was Ihren Begabungen beziehungsweise Ihrem persönlichen Potenzial entspricht, markieren Sie es in der Tabelle oder machen Sie sich eine Notiz.

Am Ende des Kapitels werde ich Ihnen erklären, wie Sie Ihre neuen Erkenntnisse nutzen können.

Persönliche Herausforderungen/Niederlagen

Die Welt ist fasziniert davon, wenn Menschen sich etwas erkämpft haben. Jedes größere Hindernis, das Ihnen im Weg stand, jede Hürde, die Sie überwunden, jede Niederlage, die Sie erlebt, jede Schwierigkeit, die Sie gemeistert haben … all das macht Sie nur interessanter.

Waren Sie drogenabhängig, haben Sie häusliche Gewalt erlebt und sich aus dieser Situation befreit, haben Sie ein Vermögen verdient und wieder verloren, eine schwere Krankheit überwunden …? Die Talkmaster und ein Dutzend Verlage werden an Ihrer Geschichte interessiert sein.

Errungenschaften/Persönliches Engagement

Etwas Besonderes zu erreichen ist ein großer Pluspunkt. Haben Sie einen akademischen Grad verliehen bekommen oder haben Sie einen Wettbewerb gewonnen? Ist Ihnen als erstem Menschen etwas Bestimmtes gelungen oder haben Sie einen Rekord erzielt? Wenn etwas davon der Fall ist, wollen die Menschen es gerne erfahren. Sie wollen Sie kennenlernen. Der Schlüssel besteht in diesem Fall darin, dieses Publikum, das etwas über einen Menschen mit Ihren Fähigkeiten wissen möchte, und Sie zusammenzubringen.

Es kommt aber noch besser, denn Sie müssen nicht unbedingt etwas Großartiges erreicht haben, um einen großen Aktivposten für sich verbuchen zu können. Häufig genügt es bereits, interessante Dinge zu tun. Das ist für sich alleine genommen schon ein großes Plus.

Im Jahr 1998 gewann das jamaikanische Bobteam weder das Rennen noch konnte es seine Fahrt überhaupt beenden. Als der Bob zu Bruch ging, trug das Team ihn über die Ziellinie. Aber aufgrund ihres Engagements wurden die Jamaikaner berühmt. Man stelle sich vor – Bobfahrer aus einem Land mitten in der Karibik! Obwohl sie das Rennen nicht beenden konnten, war ihre Geschichte so interessant, dass ein Buch und ein Kinofilm über sie erschienen. Allein ihre Teilnahme machte sie schon zu Gewinnern.

Menschen möchten etwas über interessante Leute erfahren. Und um interessant zu sein, sollten Sie interessante Dinge tun.

Körperliche Merkmale und Fähigkeiten

Sagen andere Ihnen manchmal, dass Sie einem berühmten Menschen ähnlich sehen, sind Sie besonders attraktiv, haben Sie einzigartige Merkmale, haben Sie eine auffallende Körpergröße oder Hautfarbe oder klingt Ihre Stimme interessant?

In der Fernseh- und Printwerbung sucht man ständig nach unterschiedlichen Menschen. Auch viele Talkshows präsentieren alle möglichen »Typen«, vom extrem übergewichtigen Mann über den sonderbaren Büroangestellten bis zum ultraattraktiven Topmodel.

Man braucht junge und alte Leute sowie alle, die altersmäßig dazwischen liegen, da die Werbung – je nach Produkt – unterschiedliche Zielgruppen erreichen will.

Falls Sie eine besondere Stimme haben, könnten Sie in Zukunft eventuell als Synchronsprecher tätig werden.

Michael Buffer, der bekannte Ansager bei Boxkämpfen, prägte den Satz »Let's get ready to rumble« und setzte sich mit diesen fünf Worten sowie durch seine einzigartige Vortragsweise dieses Schlachtrufs von allen anderen Ansagern ab.

Mittlerweile hat er in zahlreichen Filmen und Werbespots mitgewirkt, sein Slogan wurde in Videospielen, Songs und sogar einem Disney-Zeichentrickfilm (*Hercules*) verwendet – und stets verdient Buffer etwas dabei, da er sich seinen Slogan markenrechtlich schützen ließ.

Persönliche Attribute

Sind Sie kreativ, sind Sie furchtlos, können Sie gut organisieren oder Probleme lösen, sind Sie ein kluger Kopf oder haben Sie eine besonders schnelle Auffassungsgabe? Worin liegen anderen Menschen zufolge Ihre Stärken?

Alles, was Sie besonders gut können, ist für manche anderen Menschen extrem mühsam. Wenn Sie gut organisieren können, werden chaotisch veranlagte Menschen Sie dafür bezahlen, dass Sie deren Leben besser organisieren. Wenn Sie sehr kreativ sind, werden Leute, die extrem organisiert sind, Sie für neue Produktideen oder Anzeigenkampagnen bezahlen.

Es gibt Menschen dort draußen, die wissen möchten, wie man das macht, was Sie tun, oder die Sie engagieren möchten, damit Sie das tun, was Sie am besten können.

Bei Immobiliendeals tun sich oft Investoren und findige Leute, die zwar selbst kein Geld, aber ein Gespür für geeignete Objekte haben, zusammen und teilen den Profit. Und das in einer Branche, von der viele glauben, ohne tonnenweise Geld zu haben, könne man nicht mithalten.

Sir Ranulph Fiennes wird im Guinness Buch der Rekorde als größter noch lebender Entdecker genannt. Er konnte Zehntausende Reich-und-Glücklich-Minuten verbuchen, da er sein Potenzial als furchtloser Abenteurer ausschöpfte. Als erster Mensch erreichte er sowohl den Nord- als auch den Südpol auf dem Landweg, er durchquerte die Antarktis zu Fuß, er bestieg mit 65 Jahren den Mount Everest und lief vier Monate nach einer doppelten Bypassoperation sieben Marathonläufe in sieben Tagen auf sieben Kontinenten. Seine Abenteuer haben ihn berühmt gemacht und er war in zahlreichen Fernsehsendungen zu sehen. Darüber hinaus sammelte er acht Millionen Dollar für wohltätige Zwecke.

PR

Sie werden Ihr ganzes Leben lang etwas davon haben, wenn ein Artikel über Sie in einer Zeitschrift erscheint oder Sie in einer Fernseh- oder Radiosendung auftreten. Es kommt nicht darauf an, *wann* Sie zitiert wurden, *wann* ein Artikel über Sie veröffentlicht oder Sie gar auf dem Titelbild des *Drachenfliegerjournals* zu sehen waren. Für den Rest Ihres Lebens werden Sie stets sagen können: »Wie im *Drachenfliegerjournal* berichtet wurde …«

Das Gleiche gilt für jede andere PR.

Jede PR hat eine große Bedeutung, wenn Sie Ihr Wissen oder Ihre Erfahrungen – zum Beispiel in Seminaren – an andere weitergeben, ein Buch darüber schreiben oder einen Internetauftritt aufbauen möchten.

Die meisten Menschen wissen nicht, dass man bestimmte Auftritte kaufen kann. Es ist möglich, bei verschiedenen Radiosendern Sendezeit zu kaufen und Moderator der eigenen Sendung zu werden. Außerdem kann man auch eine PR-Firma damit beauftragen, Artikel in verschiedenen Zeitschriften unterzubringen. Wenn Sie selbst keine Zeit haben, die Artikel zu schreiben, kann das PR-Unternehmen einen Ghostwriter organisieren, der ein Interview mit Ihnen führt und die Artikel dann für Sie verfasst!

Finanzen

Verfügen Sie über Ersparnisse, Aktien, außerbörsliches Eigenkapital, vermögenswirksame Leistungen oder eine Lebensversicherung? All dies ist für Sie wertvolles Kapital.

Es gibt sogenannte Umkehrhypotheken beziehungsweise Immobilienrenten. Bei diesem Finanzmodell wohnen Sie in Ihrem eigenen Haus und erhalten dafür monatlich Geld von einer Bank. Wenn Sie sterben, geht das Haus in den Besitz der Bank über. Eine Beratung mit einem qualifizierten Vermögensberater oder Bankexperten über diese oder andere Optionen kann Ihnen unter Umständen finanzielle Möglichkeiten eröffnen, von denen Sie bisher noch nichts wussten. Dieses Kapital können Sie bereits jetzt für Reich-und-Glücklich-Erfahrungen in der Zone 1 nutzen.

Information

Auf welchem Gebiet kennen Sie sich gut aus? Ob Sie wissen, wie Petunien in einem sandigen Boden gedeihen, wie man Sonnenkollektoren aus recyclebarem Material herstellt oder als lesbische Frau eine Schwangerschaft realisiert (all diese Beispiele gibt es!), jemand dort draußen möchte es erfahren.

Mit relativ geringem Aufwand können Sie mit Ihren Hobbys beziehungsweise mit den Dingen, über die Sie viel wissen, Geld verdienen.

Dank des Internets können Sie etwa in einem Blog darüber schreiben oder ein E-Book veröffentlichen und die Informationen entweder verkaufen oder sie kostenlos auf einer Website zur Verfügung stellen, auf der Sie über Google Anzeigen platzieren. Jedes Mal, wenn jemand Ihre Seite besucht und die Anzeige anklickt, werden Sie dafür bezahlt.

Im Jahr 2007 nutzte Leo Babauta die Informationen, die er bereits im Kopf hatte, und begann einen Blog mit dem Titel »Zen Habits« (Zen-Gewohnheiten). Innerhalb von zwei Jahren hatte er weit über hunderttausend Abonnenten und sein Blog gehörte weltweit zu den am meisten gelesenen Blogs zum Thema Persönlichkeitsentwicklung. Das *Time Magazine* kürte »Zen Habits« zu einem der Top 25 Blogs des Jahres 2009 und aufgrund seines Bekanntheitsgrades wurde Leo Babautas Buch *Weniger bringt mehr* in den USA bereits am Erstverkaufstag ein Bestseller beim Internetbuchhändler Amazon. Auf der Internetseite www.zenhabits.net erfahren Sie mehr über Leo und seine Arbeit (in englischer Sprache).

Sprechen Sie mit Ihrem Steuerberater, denn wenn Sie vorhaben, Geld mit Ihrem Hobby zu verdienen, können Sie Ihre Ausgaben in vielen Fällen steuerlich absetzen, selbst wenn Sie noch keine Einnahmen haben. Und das Geld, das Sie auf diese Weise sparen, haben Sie wiederum für Ihr Hobby und damit für weitere Reiche und Glückliche Minuten zur Verfügung.

Kontakte

Wen kennen Sie?

Unternehmen bezahlen viel Geld für Kontakte zu anderen Firmen, die ihre Produkte kaufen oder ihre Dienstleistungen in Anspruch nehmen könnten. Derjenige, der solche Kontakte vermittelt, erhält in der Regel mindestens fünf Prozent der Gewinne, die aufgrund seiner Vermittlungstätigkeit erzielt werden.

Wenn Sie eine Internetseite oder eine große Kontaktdatenbank haben, verfügen Sie über ein großes Kapital. Falls das Reisen zu Ihren Reich-und-Glücklich-Träumen gehört, könnten Sie mit einem Tourismusunternehmen vereinbaren, Reiseinformationen auf Ihre Internetseite zu stellen und im Gegenzug eine kostenlose Reise pro Jahr dafür zu erhalten.

Sie können Geld verdienen, indem Sie die Produkte eines Unternehmens den Menschen in Ihrer persönlichen Kontaktdatenbank empfehlen und dafür mit bis zu 50 Prozent am Gewinn beteiligt werden.

Die meisten Menschen empfehlen anderen ständig Produkte und Dienstleistungen, von denen sie selbst begeistert sind. Denken Sie einmal darüber nach. Erzählen Sie anderen Menschen etwa nichts davon, wenn Sie einen guten Film im Kino gesehen oder in einem sehr guten Restaurant gegessen haben? Nun, wenn Sie möchten, können Sie aus dieser Aktivität in Zone 2 eine Aktivität in Zone 3 machen und sich für das, was Sie ohnehin schon tun, entlohnen lassen.

Fähigkeiten und Fertigkeiten

Überlegen Sie, was Sie besser können als die meisten Menschen. Auch das ist ein hervorragender Weg, in Zone 3 der Reich-und-Glücklich-Matrix zu gelangen.

Während einer Dauerwerbesendung sah ich mal etwas über Scrapbooking[1], und zwar nutzte eine Frau ihre Fähigkeiten, um eine Schritt-für-Schritt-Anleitung zu erstellen.

Eine Freundin von mir ist Yogalehrerin. Sie bot einen Yogakurs im Austausch für einen dreimonatigen Aufenthalt in einem der Königspaläste in Saudi-Arabien an. Jeden Tag gab sie Mitgliedern der königlichen Familie Unterricht, dafür wurde sie bezahlt, zudem lebte sie wie ein Familienmitglied. Sie war nicht bekannt oder berühmt, als ihr diese Tätigkeit angeboten wurde, das Ganze hatte sich aufgrund einer zufälligen persönlichen Empfehlung ergeben.

Wenn Sie gut schreiben können, aber selbst keine besondere Geschichte zu erzählen haben, dann gibt es für sie eine gute Nachricht. Zahlreiche Bücher aus dem Nonfiction-Bereich, die von Prominenten, Firmenchefs und anderen Experten stammen, haben Ghostwriter verfasst und nicht die »Autoren« selbst.

1 Bei dieser Bastelei werden Fotos in sogenannte Scrapbooks geklebt, die Seiten werden einzeln gestaltet und Geschichten dazu erzählt (Anm. d. Übers.).

Materieller Besitz

Richtig genutzt, können materielle Besitztümer wie ein Haus, ein Auto, Schmuck, Sammlerstücke, ein Time-share-Apartment, ein Grundstück, Kunstwerke oder Flugmeilen Ihnen unglaublich dabei helfen, ein Reiches und Glückliches Leben zu führen.

Zu den teuersten Ausgaben beim Reisen gehört die Unterkunft. Diese Kosten können Sie vermeiden, wenn Sie eine der zahlreichen

Internetseiten nutzen, auf denen man Angebote zum Haustausch findet. Sie leben im Haus anderer Leute und diese wohnen in Ihrem Haus/Ihrer Wohnung. Rom, Hongkong, Paris, New York ... die Welt erwartet Sie.

Der Vatikan in Rom nimmt über eine Million Dollar pro Tag durch Eintrittsgelder für die Besichtigung von Kunstwerken ein, die in seinem Besitz sind.

Sie haben bereits gelesen, auf welche Weise eine rote Büroklammer gegen ein Haus getauscht wurde (s. S. 182). Sicherlich besitzen Sie etwas, das mindestens so wertvoll ist.

Mut und Selbstvertrauen

Das größte Potenzial mancher Menschen ist ihre Ausdauer.

Als Napoleon Hill für sein Buch *Denke nach und werde reich* recherchierte, stellte er fest, dass Hunderte der erfolgreichsten Menschen seiner Zeit etwas gemeinsam hatten: Sie hatten ihren größten Erfolg erzielt, nachdem sie massiv gescheitert waren und danach trotzdem weitergemacht hatten.

Jonathan Fields ist ein Beispiel unserer Zeit dafür. Der ehemalige Hedge-Fonds-Anwalt aus New York musste sich eines Tages unerwartet einer Notoperation im Krankenhaus unterziehen, da der berufliche Stress ihm so stark zugesetzt hatte. Was tut man, wenn man zwar ein fürstliches Gehalt verdient, aber in einer der teuersten Städte der Welt eine Familie ernähren muss und der berufliche Stress einen im wahrsten Sinne des Wortes umbringt?

Hat man viel Mut und Selbstvertrauen so wie Jonathan, tut man genau das, was man möchte. Man erlernt die Praxis des Yoga und eröffnet ein eigenes Yoga-Studio. Viele Leute sagten zu Jonathan, er sei verrückt, so etwas in New York zu versuchen. Sie waren überzeugt davon, dass er damit niemals erfolgreich sein würde.

Jonathan bewies nicht nur, dass sie Unrecht hatten, sondern ist mittlerweile auch ein gefeierter Blogger und Autor des brillanten Buchs *Career Renegade* (der Karriere-Abtrünnige). Und dabei sammelt er viele Reiche und Glückliche Minuten an. (Auf der Internetseite www.jonathanfields.com können Sie mehr über Jonathans Geschichte erfahren.)

Viel lächeln

Kein Witz, das alleine kann ein großes Plus sein. Joel Osteen ist ein Bestsellerautor, Evangelist und Prediger, der mit seinen Fernsehsendungen Millionen von Menschen erreicht. Sie werden weltweit in über 100 Ländern ausgestrahlt. Sein ehrliches Interesse und seine Leidenschaft für das, was er tut, sind ohne Zweifel maßgebend für seinen Erfolg, aber es war sein gewinnendes Lächeln, das ursprünglich zu seiner großen Beliebtheit bei seinen Anhängern führte.

Vor seiner ersten Predigt setzte er sein Lächeln ein, um seine Nervosität zu überwinden, doch im Laufe der Zeit wurde es zu seinem Markenzeichen.

Können Sie lächeln? Dann verfügen Sie über ein enormes Potenzial!

Persönliche Eigenschaften

Können Sie gut zuhören, haben Sie ein freundliches Wesen, gehören Sie zu den Menschen, die Dinge gut erklären können?

Als die amerikanische Börsenaufsicht SEC gegen den Großinvestor und Unternehmer Warren Buffett ermittelte, erklärte dieser überaus geduldig alle Transaktionen und Abläufe. Er überließ es also nicht den Ermittlern, selbst alles herauszufinden, sondern nahm sich die Zeit, ihnen alle Details zu erläutern. Mit Sicherheit hat sich das positiv auf die Untersuchungsergebnisse ausgewirkt.

Nationalität, Interessen, Beziehungen

Haben Sie einen ungewöhnlichen ethnischen Hintergrund? Wohnen Sie an einem besonderen Ort? Sind Sie Mitglied einer Gruppe oder eines Vereins?

Die meisten Menschen gönnen anderen Leuten ihren Erfolg, besonders wenn die anderen »wie sie« sind. Diese Ähnlichkeit kann beispielsweise auf einer gemeinsamen Herkunft oder Nationalität basieren (worauf man keinen Einfluss hat), auf dem gleichen Wohnort oder etwa einer ehrenamtlichen Tätigkeit im gleichen Verein (was sich sehr wohl steuern lässt).

Denken Sie einmal darüber nach. Wenn Sie aus der Türkei stammen, aus Lateinamerika oder Afrika, wenn Sie eine Frau sind, ein Buchhalter, ein Bewohner des Ruhrgebiets ... für all diese Kriterien oder Merkmale gibt es Pluspunkte.

Sprachkenntnisse

Sprechen Sie Deutsch? Falls Sie die Frage mit Ja beantworten, könnten Sie auf der ganzen Welt als Deutschlehrer arbeiten. Sie benötigen weder einen besonderen Abschluss noch ein Zeugnis oder Empfehlungsschreiben dafür. Sie müssen lediglich die Sprache beherrschen.

An vielen Orten kommt man für Ihre Lebenshaltungskosten auf und bezahlt Ihnen darüber hinaus ein Gehalt. Häufig ist der Lebensunterhalt so günstig, dass Sie nach sechs Monaten Arbeit mit dem Ersparten sechs Monate lang reisen können.

Weitere Pluspunkte

Die Liste der Dinge, die ein großes persönliches Potenzial für Sie darstellen können, ist endlos. Sie beginnt mit viel freier Zeit und reicht bis zu einem mitreißenden Humor. Nachdem Sie nun einige Beispiele kennen, sollten Sie weitere Eigenschaften oder Merkmale aufschreiben, die Sie positiv für sich verbuchen können.

Sobald Sie wissen, wie die Liste mit Ihrem persönlichen Potenzial aussieht, sollten Sie diese Informationen nutzen, um viele Reiche und Glückliche Minuten in Zone 3 zu erleben und außerdem etwas damit zu verdienen. Der erste Schritt besteht darin, sich Ihre Werte-Liste sowie Ihre Big Five for Life® noch einmal anzusehen. Schließlich bietet eine positive Eigenschaft oder Fähigkeit nur dann ein großes Reich-und-Glücklich-Potenzial, wenn sie Ihnen hilft zu tun, was immer Sie möchten, wann immer Sie es wollen.

Und nun ist es an der Zeit, Ihr »Aber« loszuwerden und die »Wie-geht-das-Krankheit« zu vermeiden (s. S. 136). Es handelt sich dabei um eine lähmende Krankheit, die Menschen daran hindert, Reich und Glücklich zu werden.

Ich komme an dieser Stelle noch einmal darauf zu sprechen, weil viele Leute anfällig dafür sind, wenn sie ihr großes Potenzial entdeckt haben und wissen, wo sie hinwollen. Doch dann begehen sie einen katastrophalen Fehler, indem sie fragen:

»Wie erreiche ich mein Ziel?«

In diesem Moment werden sie Opfer der Wie-geht-das-Krankheit und minimieren ihre Chancen, Reich und Glücklich zu werden, denn die Frage »Wie« frustriert die meisten Menschen. Sie führt zu einer endlosen Aneinanderreihung von Hindernissen, die überwunden werden müssen. Jedes wirkt wie ein Berg und nach den ersten ein oder zwei oder drei Bergen geben die meisten Menschen auf. Sie erliegen der Wie-geht-das-Krankheit.

Vermeiden Sie daher die Wie-geht-das-Krankheit und konzentrieren Sie sich auf Reiche und Glückliche Wers.

Erzählen Sie allen Menschen, die Sie kennen, von Ihren Werten, Ihren Big Five for Life® und Ihren Fähigkeiten. Fragen Sie die anderen, ob sie jemanden kennen, der eine Fähigkeit wie Ihre genutzt hat, um das Ziel zu erreichen, auf das Sie selbst gerne zusteuern möchten.

Recherchieren Sie selbst im Internet. Wahrscheinlich gibt es Dutzende, wenn nicht sogar Hunderte von Beispielen dafür.

Suchen Sie nach Menschen, die Ihr Ziel bereits verwirklicht haben, finden Sie heraus, was sie getan haben, und machen Sie es ihnen nach! Schritt für Schritt!

Auch wenn es Ihnen bislang nicht klar war, haben Sie vielleicht viele Aktivposten. Für sich allein genommen reichen sie womöglich nicht für ein Reiches und Glückliches Leben, aber zusammen erzielen sie deutlich größere Wirkkraft.

Denken Sie zum Beispiel an MacDonald und seine rote Büroklammer. Die Büroklammer allein hätte ihm kein Haus eingebracht. In Verbindung jedoch mit seinem Talent (schreiben) und einem Persönlichkeitszug (seiner Kontaktfreudigkeit) kam das Ganze ins Rollen.

Manchmal geht es bei der Macht der Kombination von Aktivposten gar nicht nur um die eigenen, sondern darum, eigene Begabungen mit denen eines anderen zu verbinden.

Martin Strel, ein Marathonschwimmer mit einem Guinness-Buch-Rekord, durchschwamm 2007 den Amazonas in voller Länge. Dazu schwamm er an 66 Tagen jeweils zehn Stunden. Das brachte ihn fast um.

Das ist ein großer Aktivposten.

Noch mehr wurde draus, als die Begabungen anderer Leute dazukamen. Da gab es beispielsweise den Autor, der die Erfahrung in dem Buch *The Man Who Swam The Amazonas* festhielt, den Filmemacher, der Aufnahmen zunächst auf YouTube stellte und später den preisgekrönten Film *Big River Man* daraus machte, den Fotografen, das medizinische Team, die Techniker, die Sponsoren … All diese Leute hatten große Aktivposten, und sie waren alle ganz unterschiedlicher Natur. Für sich allein betrachtet waren sie wertvoll. Zusammengenommen wurde ein weltweit wahrgenommenes Phänomen daraus, an dem sie alle ihren Anteil hatten.

HERZLICHEN GLÜCKWUNSCH, SIE SIND NICHT TOT

Will man einen anderen mentalen, emotionalen oder körperlichen Zustand erreichen, muss man etwas verändern. Das gilt auch, wenn man Reich und Glücklich sein will.

Falls Sie nicht Reich und Glücklich sind und in Ihrem Leben nichts verändern, wird das Reich-und-Glücklich-Sein ein Traum bleiben.

Auf der zellulären Ebene verändert sich unser Körper von Minute zu Minute. So regeneriert sich die gesamte Leber beispielsweise circa alle zwei Jahre. Ich weiß zwar nicht, was mein Körper mit all den bisherigen Lebern gemacht hat, aber Sie verstehen sicher, worauf ich hinauswill.

Wir verändern uns nicht nur körperlich, auch mental sind wir ständig im Fluss. Unsere Werte und Überzeugungen können sich aufgrund verschiedener Ereignisse und mit zunehmender persönlicher Reife verändern. Sie prägen unsere Identität, die sich im Laufe der Jahre ebenfalls weiterentwickelt.

Auch unsere Emotionen können sich von einem Moment zum nächsten verändern. Denken Sie einmal ein paar Sekunden lang an den schönsten Tag Ihres Lebens. Ich garantiere Ihnen, dass sich Ihre Stimmung augenblicklich verbessern wird. Erinnern Sie sich dagegen an die dunkelsten Zeiten in Ihrer Vergangenheit, wird das den gegenteiligen Effekt haben.

Auch unser Umfeld verändert sich. Freunde kommen und gehen, geliebte Menschen sterben, wir wechseln den Job und sogar den Beruf. Wir ziehen um, kaufen neue Kleidung, essen andere Gerichte, reisen in neue Länder und probieren eine ganze Reihe neuer Aktivitäten aus.

Wenn die Veränderung also eine der wenigen Konstanten in unserem Leben ist und es ständig dazu kommt, warum fällt es uns dann nur so schwer, sie willkommen zu heißen oder sie wenigstens zu akzeptieren?

Dafür gibt es mehrere Gründe und einer hat seinen Ursprung in der Evolution.

Grundsätzlich hat das Überleben für uns oberste Priorität. In erster Linie geht es uns nicht etwa darum, uns zu vermehren, uns spirituell weiterzuentwickeln, ein Filmstar zu werden oder ein großes Vermögen anzuhäufen. Es geht einfach darum zu überleben.

Daher beglückwünsche ich Sie dazu, dass Sie es bis hierher geschafft haben. Aus evolutionärer Sicht haben Sie das sehr erfolgreich hinbekommen, also dürfen Sie sich selbst dafür auf die Schulter klopfen, *dass Sie nicht tot sind*.

Ganz im Ernst, es ist ein großer Erfolg. Zum Sterben gibt es genügend Möglichkeiten auf dieser Erde und Sie sind jeder Einzelnen davon aus dem Weg gegangen. Ihr Geist weiß, welch große Leistung es war, und er gibt sich daher die Note eins für sein oberstes Ziel, Sie durch jeden Tag zu bringen, und zwar so, dass Sie nach wie vor in der Lage sind zu atmen.

Raten Sie daher mal, was er denkt?

»Ich habe uns schon so weit gebracht. Was ich tue, funktioniert also offensichtlich. Darum machen wir es morgen wieder genauso.«

Und wenn Sie versuchen, sich dem zu widersetzen und etwas anderes zu tun, vernehmen Sie klar und deutlich ein evolutionäres Nein! »Warum willst du etwas verändern?«, jammert Ihr Unbewusstes. »Schließlich atmen wir noch, oder etwa nicht? Wir bleiben im gewohnten Fahrwasser, das finde ich am besten.«

Sie beginnen sich daraufhin unwohl zu fühlen, denn Ihr Unbewusstes kommuniziert über Gefühle mit Ihnen. Der Drang, sicher in Ihrer gemütlichen Komfortzone zu bleiben, wird stärker.

Und daher rebelliert Ihr Unbewusstes, sobald eine Freundin Sie auffordert: »Lass uns mal zum Bungeejumping gehen.« Wahrscheinlich werden Sie ihr Angebot ablehnen, es sei denn, Sie sind ebenfalls auf der Suche nach einem aufregenden Kick. Sollten Sie aber zusagen, weil Sie kein Feigling sein möchten, wird Ihr Unbewusstes alle möglichen Mechanismen in Gang setzen, um Sie augenblicklich umzustimmen.

Hatten Sie schon einmal feuchte Hände, einen trockenen Hals, weiche Knie und das starke Bedürfnis, zur Toilette zu gehen, obwohl Sie erst vor 20 Minuten dort waren? Bestimmt, jeder hat das schon mal erlebt. Auf diese Weise signalisiert der Körper: »Das fühlt sich nicht richtig an. Meinst du wirklich, dass das eine gute Idee ist?«

Diese von uns so geliebte Kampf-oder-Flucht-Reaktion können wir sogar unter relativ harmlosen Bedingungen erzeugen, zum Beispiel vor einem Rendezvous, einem Bewerbungsgespräch oder einer Prüfung.

Aber zurück zum Bungeesprung. Was passiert, wenn Sie sich darauf einlassen und den Sprung überleben? Zunächst werden Sie sich wahrscheinlich großartig fühlen, weil Sie dem Tod ein Schnippchen geschlagen haben. Möglicherweise erleiden Sie danach einen kleinen Herzanfall, weil Ihr Körper zurückschlägt, aber nehmen wir einmal an, dass es nicht dazu kommt. In diesem Stadium haben Sie wahrscheinlich so viel Adrenalin im Blut, dass es für einen ganzen Monat reicht, und der nächste Sprung ist für Sie nun ein Kinderspiel.

Nehmen wir weiter an, Sie absolvieren unversehrt noch ein paar Sprünge und gehen mit dem Gefühl nach Hause, die ganze Welt gehöre Ihnen. Wie geht es nun weiter?

Jetzt geschieht etwas Grandioses. Sie haben Ihrem Körper eine Lektion erteilt, die er so schnell nicht wieder vergessen wird. Er weiß nun, dass Bungeejumping sicher ist. Wenn jemand Sie das nächste Mal dazu auffordert, werden Sie viel weniger Vorbehalte haben und besser mit Ihrer Angst umgehen können.

Sie haben Ihre Komfortzone ausgedehnt und Bungeejumping liegt nun nicht mehr außerhalb davon. Aber es kommt noch besser. Die wirklich gute Nachricht lautet, dass dies auch so bleibt und Sie nun eine größere, eine neue und verbesserte Komfortzone haben, innerhalb derer Sie sich bewegen können.

Natürlich gibt es auch Ausnahmen. Falls Sie am nächsten Tag die Zeitung aufschlagen und darin ein Foto Ihrer Freundin sehen, die abgestürzt ist, weil das Bungeeseil gerissen ist, wird Ihre Komfortzone sich wieder zusammenziehen, noch bevor Sie sagen können »Sie ist verunglückt«.

Aber generell ist es sehr positiv, Ihre Komfortzone zu verändern und auszudehnen, da dies Begrenzungen beseitigen kann, die Sie an Ihrem Reichen und Glücklichen Leben hindern.

Es ist nicht angenehm, angstvoll um eine Gehaltserhöhung zu bitten, vor Publikum zu sprechen oder sich auf eine neue Stelle zu bewerben. Doch jedes Mal, wenn Sie sich dazu überwinden, wird es etwas leichter. Vielleicht werden Sie sich nie auf diese Dinge freuen, aber darum geht es auch nicht. Sie sollten sich zumindest nicht davon einschränken lassen.

Zusätzlich zum evolutionären Aspekt gibt es eine weitere bedeutende Komponente, die Veränderungen für viele Menschen unangenehm erscheinen lässt. Ab und an muss man aufgrund von Veränderungen sowohl Überzeugungen als auch Entscheidungen überdenken, die wiederum man aufgrund dieser Überzeugungen gefällt hat. Manchmal ist dieser Prozess sehr schmerzlich, sodass man sich letztlich weigert, sich zu verändern, obwohl man es eigentlich gerne täte.

Stellen Sie sich vor, Sie wachsen in einer strengen Familie auf, in der Ihnen stets sehr genau gesagt wird, was Sie glauben und was Sie tun sollen. Wenn Ihre Geschwister sich darüber beklagen oder dagegen aufbegehren, sollen Sie es Ihren Eltern mitteilen, damit diese Ihre Geschwister zurechtweisen können.

Eines Tages reagiert Ihr Bruder besonders laut und genervt darauf, dass ihm ständig alles vorgeschrieben wird. Sie können es nicht glauben. Er weiß doch, dass er das nicht tun soll. Sie lieben Ihren Bruder zwar sehr, aber Ihr ganzes Leben lang ist Ihnen von Ihren Eltern gesagt worden, dass Sie ihnen so etwas melden müssen.

Das Verhalten Ihres Bruders führt bei Ihnen zu einem großen inneren Konflikt, doch als er nicht damit aufhört, heftig gegen Ihre Eltern zu wettern und sich zu beklagen, tun Sie, was Ihnen aufgetragen wurde, und berichten Ihren Eltern davon, da Sie von den Erziehungsmethoden in Ihrer Familie überzeugt sind und glauben, letztlich auch Ihrem Bruder damit etwas Gutes zu tun.

Ihre Eltern schicken Ihren Bruder daraufhin in ein strenges Internat.

Als junger Erwachsener kommen Sie dann in Kontakt mit anderen Erziehungsmethoden und beginnen, die strengen Maßnahmen Ihrer Eltern zu hinterfragen.

Stellen Sie sich vor, wie Sie emotional mit dieser Situation umgehen würden. Möglicherweise halten Sie die Erziehungsmethoden Ihrer Eltern nun für zu streng und diktatorisch. In diesem Fall werden Sie erkennen, dass Ihr damaliges Verhalten falsch war. Oder aber Sie halten an dem alten System fest, damit Sie sich nicht die Schuld dafür geben müssen, dass Ihr Bruder ins Internat gesteckt wurde.

Der positive Aspekt der Veränderung, die Möglichkeit, sich selbst ein Urteil zu bilden, geht mit den leidvollen Aspekten einher, diese Veränderung zu akzeptieren. Bei vielen Menschen siegt der Schmerz und sie halten so stark an ihren alten Überzeugungen fest, dass sie nie einen Reichen und Glücklichen Zustand erreichen werden.

Manchmal wird unser Streben nach Veränderung von den Leuten sabotiert, die uns am meisten lieben.

Während sich Ihr Reiches und Glückliches Leben immer klarer herauskristallisiert und Sie kurz davorstehen, es zu verwirklichen, oder es bereits leben, sollten Sie mit Unterstützung, aber auch mit Widerstand aus Ihrem persönlichen Umfeld rechnen. Es mag Ihnen etwas seltsam erscheinen, dass Sie auf Widerstand stoßen könnten, aber häufig ist es so.

Sobald Sie Ihre Reich-und-Glücklich-Träume umsetzen, sehen manche Menschen ihre Auffassung darüber, was in ihrem eigenen Leben möglich ist, durch Ihren Mut und Ihre Fähigkeit zur Veränderung infrage gestellt. Und manchmal fühlen sie sich dann so unwohl, dass sie versuchen, Ihre Bemühungen zu sabotieren.

Stellen Sie sich drei übergewichtige Freundinnen vor, die im selben Haus wohnen. Sie nehmen sich immer wieder vor, gemeinsam eine Diät zu machen, Sport zu treiben und abzunehmen, aber sie tun es nie. Eines Tages entschließt sich eine von ihnen, in ihrem Reichen und Glücklichen Leben ernsthaft etwas für ihre Gesundheit zu tun und körperlich fitter zu werden.

Sie beginnt also, sich gesünder zu ernähren und Sport zu treiben. Natürlich nimmt sie dabei auch ab, sie sieht schlanker aus und fühlt sich besser.

Es kann nun gut sein, dass die anderen beiden den Erfolg der Dritten unbewusst sabotieren. In diesem Fall werden sie ihr ungesunde Dinge zu essen anbieten und versuchen, sie wieder von ihrem Fitnessprogramm abzubringen, indem sie ihre Freundin in andere Aktivitäten einbinden. Oder sie ziehen sie »im Spaß« mit ihren sportlichen Aktivitäten oder ihrem gesundheitsbewussten Verhalten auf.

Warum tun sie das? Es scheint widersinnig zu sein, dass Freunde so etwas machen.

Doch während die eine Freundin zeigt, dass es möglich ist, abzunehmen und fitter zu werden, erkennen die anderen beiden, dass sie selbst die Kontrolle über ihr Dasein haben. Sie können nicht länger jemand anderen für ihren momentanen Zustand verantwortlich machen oder in dem Glauben weiterleben, es sei unmöglich, erfolgreich abzunehmen.

Sie sind gezwungen, der Tatsache ins Auge zu sehen, dass ihre gegenwärtige Situation, in der sie sich vielleicht schon seit vielen Jahren befinden und die möglicherweise zu vielen verpassten Gelegenheiten und schmerzlichen Erlebnissen geführt hat, anders sein könnte.

Das kann so leidvoll sein, dass sie, anstatt sich dem Thema zu stellen, lieber versuchen, die andere dazu zu bringen, wieder so wie früher zu werden.

Möglicherweise werden auch Sie ein ähnliches Szenario erleben, während Sie sich von Ihrem jetzigen Leben auf ein Reiches und Glückliches Leben zubewegen.

Ihr Erfolg wird Menschen in Ihrem Umfeld dazu veranlassen, über ihre eigenen Träume nachzudenken und sich der Tatsache bewusst zu werden, dass sie letztlich selbst verantwortlich dafür sind, ob sie bei der Verwirklichung ihrer Träume vorwärtskommen oder nicht.

Die gute Nachricht ist, dass Sie auch unerwartete *Unterstützung* erhalten werden. Einige Menschen, von denen Sie es nicht gedacht hätten, werden Sie unglaublich bestärken, da Ihr Erfolg sie inspirieren wird. Dank Ihnen werden sie ihr eigenes Leben und ihre Möglichkeiten, Reich und Glücklich zu sein, vollkommen anders betrachten. Sie werden ein »Wer« für diese Menschen sein, weil Sie ein Reiches und Glückliches Leben anstreben.

Während sich diese Szenarien entwickeln, sollten Sie Ihre Energie am besten dort investieren, wo Sie am meisten Unterstützung bekommen. Natürlich können Sie den Skeptikern dabei helfen, ihre eigenen Emotionen und Reaktionen besser zu verstehen, und sie vielleicht inspirieren. Doch wenn deren Ausstrahlung weiterhin so negativ bleibt, ist es besser für Sie, sich von ihnen zu lösen. Dies ist lediglich eine weitere Veränderung.

Seien Sie nicht allzu überrascht, wenn einige Ihrer Kritiker sich im Laufe der Zeit in Unterstützer verwandeln. Manchmal benötigen die Menschen eben eine gewisse Zeit, um sich an Veränderungen zu gewöhnen.

Vor Kurzem habe ich ein schönes Beispiel dazu gehört.

Eine junge Frau namens Mary entschloss sich, im Hinblick auf ihr Reiches und Glückliches Leben drei Wochen lang ehrenamtlich in Afrika tätig zu sein. Die Reise wurde von einer Universität gesponsert und von einem Professor koordiniert, der bereits häufig in Afrika gewesen war.

Es war ein großer Schritt für Mary. Sie war im Mittleren Westen der USA aufgewachsen und abgesehen von ein paar Pauschalreisen zu Ferienanlagen in Mexiko und der Karibik noch nie aus den USA hinausgekommen.

Ihre Eltern, Verwandten, Freunde und Kollegen waren entsetzt, als sie ihnen ihre Pläne mitteilte. Sie verstanden nicht, warum sie nach Afrika wollte, und ließen außerdem durchblicken, dass sie es ihr nicht zutrauten. Die Situation spitzte sich zu, als in dem afrikanischen Land Unruhen ausbrachen und viele ihre Teilnahme absagten.

Mary fuhr trotzdem. Kurz nachdem sie in Afrika angekommen war, wurde sie sehr krank. Sie lag zwei Tage lang im Bett und dachte die ganze Zeit, dass all die Menschen zu Hause vielleicht doch recht gehabt hatten. Vielleicht war sie für ein solches Vorhaben einfach nicht geeignet.

Nach zwei Tagen ging es Mary deutlich besser. Als sie mit den anderen ehrenamtlichen Helfern unterwegs war, fühlte sie sich unglaublich lebendig und spürte, wie sehr sie sich durch all die Erfahrungen persönlich weiterentwickelte. Nach drei Wochen verlängerte sie daher ihren Aufenthalt.

Als Mary wieder nach Hause kam und den Menschen, die ihr so wenig zugetraut hatten, von ihren Erlebnissen berichtete, war sie überrascht über deren Reaktionen. Einige, die ihr von der Reise abgeraten hatten, sagten ihr nun, sie hätten schon immer gewusst, dass sie es schaffen würde. Sie seien stolz auf sie.

Viele von ihnen – das konnte Mary beobachten – fragten

sich, welche ihrer eigenen Reich-und-Glücklich-Träume sie
wieder aufleben lassen sollten, nun, da Mary bewiesen hatte,
dass es möglich war, etwas Beeindruckendes zu tun.

Wenn Sie Ihr Reiches und Glückliches Leben verwirklichen, werden manche Menschen skeptisch darauf reagieren und Ihnen sagen, wie unmöglich Ihr Vorhaben ist. Eigentlich bringen sie damit aber lediglich zum Ausdruck, dass sie nicht wissen, wie es sich umsetzen lässt, beziehungsweise dass sie selbst Angst vor einem solchen Projekt hätten. Sie sind Opfer der Wie-geht-das-Krankheit oder gehen Herausforderungen grundsätzlich aus dem Weg. Für Sie ist es in diesen Fällen am besten, zunächst mal zu erkennen, was abläuft, und dann genau das zu tun, was Sie tun möchten. Dadurch werden Sie selbst zu einem wirksamen Gegenmittel für die Wie-geht-das-Krankheit und entwickeln sich zu einem beeindruckenden Wer.

Behalten Sie überdies stets folgendes Zitat im Gedächtnis. Es veranschaulicht auf wunderbare Weise, mit welcher Gesinnung Sie sich auf Ihr Reiches und Glückliches Leben einlassen.

Es ist nicht der Kritiker, der zählt, nicht derjenige,
der aufzeigt, wie ein starker Mann strauchelt oder
wo jemand etwas hätte besser machen können. Das
Verdienst gebührt dem Mann, der wirklich in der
Arena steht …
Theodore Roosevelt

WAS WÜRDE JAMES BOND TUN?

Bei der Verwirklichung Ihres Reichen und Glücklichen Lebens sind Sie selbst für die Probleme verantwortlich, halten aber auch den Schlüssel für die jeweiligen Lösungen in der Hand. Aber wer sind Sie?

Sie sind mehr als Ihr physischer Körper. Das zeigt allein schon die Tatsache, dass Sie sich der Stimme in Ihrem Kopf bewusst sind, die die Szenen Ihres Lebens kommentiert. Was bereits eine wichtige Reich-und-Glücklich-Erkenntnis ist.

Die Vorstellung, die wir von uns selbst haben, ist meistens eine Illusion. Sie wurde bereits entwickelt, bevor wir überhaupt geboren wurden, und entsteht jeden Tag aufs Neue, solange wir dies zulassen.

Möglicherweise schrieben die Menschen Ihnen als Kind bestimmte Eigenschaften zu, ohne dies je zu hinterfragen. Vielleicht hieß es, Sie seien »vergesslich«, »schüchtern« oder »schludrig«. Nun, da Sie erwachsen sind, sagen Sie anderen gegenüber vielleicht die gleichen Dinge. »Ich kann meinem Chef nicht sagen, dass ich an der neuen Stelle interessiert bin, weil ich einfach zu schüchtern bin« oder »Ich würde es ja gerne versuchen, aber ich bin nicht risikofreudig genug«.

Möglicherweise wurden Sie aufgrund der finanziellen Situation Ihrer Familie, Ihrer Herkunft, Ihrer Haarfarbe oder aus welchen Gründen auch immer nicht nur von Ihrem persönlichen Umfeld, sondern auch durch Kinofilme, das Fernsehen oder die Werbung mit einer ganzen Reihe von Klischeevorstellungen bombardiert.

Die gute Nachricht ist, dass Sie mit dieser Situation nicht alleine sind. Uns allen wurde irgendwann durch unser Umfeld vermittelt, wer oder was wir sind oder wer oder was wir werden sollten.

Aber es gehört zur Reich-und-Glücklich-Formel, selbst zu entscheiden, wer man sein und wie man sich verhalten wird.

Genau so ist es! Sie dürfen es selbst bestimmen. Sie können sich anschauen, was Sie ausmacht, beobachten, wie Sie sich in verschiedenen Situationen verhalten, und dann all das beibehalten, was Sie möchten, und alle anderen Verhaltensweisen verändern.

Lesen Sie dazu folgendes Beispiel.

Karl wuchs in einem sehr ungewöhnlichen familiären Umfeld auf. Als er noch klein war, ließen seine Eltern sich scheiden. Seine Mutter begann ein alternatives Leben zu führen und zog mit ihren Kindern durch das Land, ohne besonderen Wert auf Sicherheit und stets ausreichend gefüllte Teller zu legen. Als Karl ein Teenager war, tauchte eines Tages die Polizei bei ihnen zu Hause auf, weil seine Mutter die Miete nicht bezahlt hatte. Da sie nicht mehr für ihre Kinder sorgen konnte, schickte sie sie zu deren Vater, obwohl sie ihn kaum kannten. Karl blieb noch ein paar Jahre bei ihm, bis er auszog und sein eigenes Leben führte.

Das Aufwachsen in diesem nicht gerade fürsorglichen und sorgenfreien Umfeld wirkte sich auf alle Bereiche von Karls Leben aus. Obwohl er versuchte, es zu verbergen, lebte er innerlich in einem dauernden Zustand der Angst. Ständig machte er sich Sorgen, was als Nächstes passieren oder schieflaufen konnte. Aufgrund dieser Ängste war Karl unter anderem sehr gestresst, wenn er Entscheidungen fällen musste, und er fühlte sich in der

Gesellschaft anderer Menschen nicht wohl. Seine Furcht, etwas »Falsches« zu sagen oder zu tun, lähmte ihn.

Eines Tages hatte er schließlich ein Aha-Erlebnis. Anstatt den emotionalen und den damit einhergehenden körperlichen Zustand zu akzeptieren, den er immer erlebte, wenn er gestresst war und Angst empfand, entschied er sich bewusst für etwas anderes.

Als die Angst das nächste Mal in ihm aufstieg, stellte er sich eine einfache Reich-und-Glücklich-Frage: »Wie würde ich mich fühlen und was würde ich jetzt tun, wenn ich James Bond wäre?«

Er wusste die Antwort sofort. James Bond würde ruhig, gelassen und selbstsicher reagieren. Also tat er so, als wäre er James Bond. Diese Entscheidung sollte sein Leben verändern.

Karl entschloss sich, nicht länger der bisherigen Vorstellung von seinem Leben zu entsprechen. Er hatte sich von anderen davon überzeugen lassen, wie sein Leben aussah, doch nun wollte er selbst entscheiden, wie er sich verhielt.

James Bond ist für Sie vielleicht nicht die richtige Wahl. Es könnte auch Lara Croft, Spiderman, einer Ihrer ehemaligen Lehrer, ein besonderer Freund, Verwandter oder eine historische Figur sein … es gibt unzählige Möglichkeiten.

Es kann sich um lebende Menschen handeln, aber auch um jemanden aus der Vergangenheit oder um eine fiktive Figur. Es kommt nicht darauf an, wer die Person ist. Es geht lediglich um die Charaktermerkmale und persönlichen Eigenschaften, die auch Sie gerne hätten.

Sie selbst haben die Kontrolle darüber, wen Sie auswählen. Daher entspricht Ihr neues Verhalten Ihnen mehr als das bisherige, denn ab jetzt treffen Sie Ihre eigenen Entscheidungen.

Ich selbst habe diesen Teil der Reich-und-Glücklich-Formel entdeckt, kurz nachdem ich mich auf die Suche nach einem Reichen und Glücklichen Leben begeben hatte.

Ich war mit einem Kollegen auf Reisen und wir unterhielten uns über andere Leute, mit denen wir zusammenarbeiteten. Ich erwähnte, wie sehr ich eine bestimmte Person bewunderte, da sie ständig die Ruhe bewahrte und eine positive Einstellung hatte, egal, was auch passierte.

Ich sah meinen Kollegen an und sagte ihm, wie sehr ich mir wünschte, mehr wie diese Person zu sein. Mein Kollege wendete sich mir zu und sagte etwas, das mein Leben veränderte. Lächelnd erwiderte er: »Dann sei mehr wie sie!«

So seltsam das auch klingen mag, ich erkannte zum ersten Mal, dass ich die Wahl hatte.

Erinnern Sie sich an den Abschnitt, in dem es um unsere Überzeugungen ging (s. S. 72 f.)? Während Sie sich nun in einer bestimmten Situation dafür entscheiden, James Bond, Lara Croft oder eine andere Person zu sein, sollten Sie sich bewusst machen, dass wir unsere Überzeugungen nicht nur durch die Wahl der Figuren zum Ausdruck bringen, die wir sein wollen, sondern auch durch die Geschichten, die wir erzählen.

Wir alle erzählen Geschichten. Auf diese Weise kommunizieren wir miteinander. Wenn jemand mich zum Thema Coaching anruft, höre ich mir seine Geschichte an und erzähle ihm dann meine Geschichte. Es kann dabei um etwas ganz Banales gehen. Der andere möchte vielleicht einen Termin vereinbaren, um über Stress zu sprechen, und ich antworte ihm vielleicht, dass ich die nächsten zwei Wochen bereits ausgebucht bin. Das Gespräch kann sich aber auch um etwas Komplexeres drehen. Ein Klient könnte mir zum Beispiel detailliert darüber berichten, wie sehr er seinen Job, seine Arbeit und sein Leben hasst.

Wir erzählen die Geschichten nicht nur anderen Menschen, sondern auch uns selbst. Geschichten darüber, dass wir unglücklich, nicht liebenswert oder klug genug sind oder etwas Bestimmtes nicht verdient haben. Geschichten über unsere Misserfolge beim anderen oder beim gleichen Geschlecht oder Geschichten über unsere Opferrolle.

Allerdings sind unsere Geschichten nur wahr, wenn wir daran glauben und dementsprechend leben.

Stellen Sie sich vor, Steven Spielberg würde Ihre Lebensgeschichte verfilmen wollen. Nicht so, wie sie war, sondern so, wie Sie es ab sofort gerne hätten. Das ist *Ihre* Chance, das Drehbuch zu schreiben.

Was würden Sie notieren?

Würden Sie eine fesselnde Geschichte schreiben, die einem vor lauter Spannung den Atem raubt? Oder würden Sie den ganzen alten Kram kopieren und in Ihr neues Dokument einfügen, weil es einfacher wäre?

Die Antwort sollte sich danach richten, was Sie wirklich wollen, und nicht danach, was Sie Ihrer Meinung nach verdient haben oder wozu Sie in der Lage sind.

In seinem Buch *Der Heros in tausend Gestalten* beschreibt Joseph Campbell den sogenannten »Monomythos«, heute häufiger unter der Bezeichnung »Die Reise des Helden« bekannt.

Die Reise des Helden ist ein Abenteuer, ein Übergangsritus, der als Formel von vielen großen Autoren bereits vor Hunderten von Jahren verwendet wurde. Auch Hollywood setzt sie regelmäßig ein. Sie lieferte die Struktur für Dutzende von Blockbuster-Filmen wie *Jäger des verlorenen Schatzes*,

Die Glorreichen Sieben, Matrix, Independence Day, Krieg der Sterne, Harry Potter und zahlreiche Disney-Filme.

Wie wäre es, wenn Sie diese Formel in Ihrem Leben nutzen würden?

Wie wäre es, wenn Sie sich dazu entschließen würden, sich hinzusetzen, um Ihr Leben auf einem leeren Blatt Papier zu planen? Wenn Sie voll und ganz davon überzeugt wären, dass die Ereignisse von gestern nicht unbedingt einen Einfluss darauf haben, was morgen geschehen wird – außer Sie möchten es?

Denken Sie an die unzähligen Möglichkeiten.

Die *Reise des Helden* ist in drei Phasen unterteilt: Aufbruch, Initiation und Rückkehr. Jede Phase ist weiter untergliedert, sodass Sie bis zu 17 Teile entwickeln können, je nachdem, wie spannend Ihre Geschichte werden soll.

Die einzige Regel lautet, dass Sie stets ein Happy End schreiben sollten, das in diesem Falle ein Reiches und Glückliches sein wird.

Die Ausgangssituation: Der Held befindet sich in einer Lebenssituation, in der er sich nicht ganz wohl oder glücklich fühlt. Vielleicht hat er in seinem Leben auf »Autopilot« geschaltet, muss sich ständig abrackern, um Geld zu verdienen, oder er steckt beruflich in einer Sackgasse, noch dazu erfüllt der Job ihn nicht.

Sind Sie hundertprozentig mit Ihrem Leben zufrieden? Wissen Sie tief in Ihrem Inneren, dass Sie Veränderungen herbeiführen könnten, die Ihr Leben unglaublich verbessern würden? Sehnen Sie sich danach, Reich und Glücklich zu sein?

Der Ruf zum Abenteuer: Nun vernimmt der Held den Ruf, aktiv zu werden. Es geschieht etwas, wodurch er erkennt, dass er handeln muss.

Wie oft haben Sie bereits eine innere Stimme vernommen, die Ihnen sagte, dass es im Leben noch mehr gibt? Wie viele Rufe, aktiv zu werden, haben Sie in Ihrem Leben bereits ignoriert?

Die Weigerung, dem Ruf zu folgen: Der Held verweigert sich dem Ruf, da er befürchtet, die Aufgabe nicht bewältigen zu können.

Bisher haben Sie sich geweigert, dem Ruf nach Reichtum und Glück zu folgen. Deshalb lesen Sie dieses Buch. In der Regel halten uns Selbstzweifel und Furcht zurück.

Der Mentor: Der Held wird von einem weisen Mentor oder Lehrer überzeugt, dass er ein Held sein und die Aufgabe erfüllen kann. Der Mentor kann eine reale Person, eine Erscheinung oder eine fiktive Figur sein …

Vielleicht kennen Sie noch nicht alle Details Ihrer Reichen und Glücklichen Zukunft, aber die Samen der Möglichkeiten wurden bereits gesät. Es ist egal, wer oder was Sie zu dem Punkt bringt, an dem Ihr Abenteuer beginnt, solange Sie sich davon überzeugen lassen, dass Sie die Reiche und Glückliche Person sein können, die Sie gerne wären.

Die Schwelle überschreiten: Der Held ist unterwegs zu seinem Ziel.

Sie lesen dieses Buch, Sie machen die Übungen und Sie fangen an, daran zu glauben, dass Sie Reich und Glücklich sein können. Das ist großartig, denn Sie haben die Schwelle überschritten.

In der Höhle des Löwen: In dieser Phase kann es zu einem Tiefpunkt kommen. Der Held versucht sich in seiner neuen Welt zurechtzufinden. Wer sind seine Verbündeten, wer seine Gegner?

Diese Phase ist möglicherweise verwirrend für Sie, da Sie neue Ideen ausprobieren und neue Gedanken entwickeln. Außerdem versuchen Sie zu diesem Zeitpunkt zu erkennen, wer auf Ihrer Seite steht und wer gegen Sie ist. Einige Freunde und Familienmitglieder werden sich durch Ihre persönliche Veränderung bedroht fühlen, da sie daran erinnert werden, dass sie selbst nicht so sind, wie sie gerne wären. Andere werden sich wirklich Sorgen um Sie machen und Ihnen raten, den Status quo aufrechtzuerhalten, um Enttäuschungen zu vermeiden. Einige wenige aber werden Sie unterstützen und zu Ihren Vertrauten werden, während Sie Ihr Ziel weiterverfolgen.

Die Prüfung: Sie kennen diese Szene aus dem Kino. Es ist der Moment, in dem der Held beim Kampf getestet wird. Alles Mögliche ist hier vorstellbar, von einer Schießerei in einem Western über den Kampf gegen Aliens im Weltall bis zum Duell mit einem Drachen.

Auch Sie werden Prüfungen erleben. Aber keine Sorge, Sie werden mit an Sicherheit grenzender Wahrscheinlichkeit keine feuerspeienden Drachen bezwingen müssen, und falls es doch der Fall sein sollte, können Sie ein Vermögen verdienen, indem Sie ein Video bei YouTube hochladen. Womöglich müssen Sie mit Leuten fertigwerden, die Sie am Vorwärtskommen hindern wollen. Oder Sie müssen sich Ihrem persönlichen feuerspeienden Drachen stellen: zum Beispiel, wenn Sie eine Rede vor Publikum halten oder einen vollkommen fremden Menschen ansprechen wollen, der ein wichtiger Wer für Sie ist, oder wenn

Sie ein Exposé für das Buch, das Sie immer schon schreiben wollten, bei einem Verlag einreichen … Irgendetwas wird Ihre Entschlossenheit und Ihren Tatendrang auf die Probe stellen und SIE WERDEN TRIUMPHIEREN!

Die Belohnung: Hier bekommt der Held die Prinzessin, einen Sack voll Geld, den Heiligen Gral oder etwas Ähnliches.
Die Grale sind leider vergeben, ob heilig oder nicht, daher müssen Sie wohl mit einem Reichen und Glücklichen Leben vorliebnehmen.

Ich habe ein paar Phasen am Ende weggelassen, in denen der Held den Rückweg antritt und abermals einer Gefahr ins Auge sehen muss, die er ebenfalls erfolgreich bewältigt. Möglicherweise begegnen auch Ihnen noch weitere Herausforderungen auf Ihrem Weg. Wenn es so sein sollte, werden Sie diese, wie zuvor, erfolgreich meistern.

Falls Sie sich selbst und anderen im Moment eine Geschichte erzählen, die Ihnen nicht weiterhilft, sollten Sie diese verändern. Sie können den gesamten Ablauf der Heldenreise von Anfang an durchmachen, aber wozu? Sie haben die ersten Phasen bereits hinter sich, also können Sie gleich zum spannenden Teil übergehen.

Entwickeln Sie eine tolle Geschichte mit einem brillanten, traumhaften, fantastischen, großartigen Helden – und der Held sind Sie selbst. Ein Held, der das wunderbarste Reiche und Glückliche Leben führt.

Falls Ihnen ein Teil der Geschichte unrealistisch erscheint, sollten Sie Ihre Meinung darüber ändern. Entkräften Sie sie, lachen Sie darüber und zerschlagen Sie diese Meinung, denn die alte Überzeugung ist für Sie nicht mehr relevant.

Sie wissen nun, wie sehr es an Ihnen liegt, Ihr Leben zu schreiben, und Sie erkennen, dass Sie Reich und Glücklich sein können.

Wenn all das zu schön klingt, um wahr zu sein, sollten Sie die Geschichte von Hugh Hefner lesen, der als junger Mann lernte, *seine* eigene Geschichte zu schreiben.

Als kleiner Junge hatte Hugh Hefner einen überaus kreativen Geist. Stundenlang schrieb er Geschichten und gestaltete Comics, die unglaublich detailliert waren. Als Teenager hatte er bereits mehrere kleine Zeitungen herausgegeben, bei denen er gleichzeitig Autor und Redakteur war. Er schrieb sogar das Drehbuch für einen Horrorfilm, bei dem er selbst mitspielte und Regie führte.

Obwohl Hefner ein paar enge Freunde hatte, war er in Gesellschaft von anderen eher schüchtern und zurückhaltend. Der kontaktfreudige und abenteuerlustige Hefner war die Figur, die er in seiner Vorstellung und seinen Geschichten erfand. Als eine Klassenkameradin, für die er sich interessierte, mit einem anderen Jungen zu einer Veranstaltung ging, brach es ihm das Herz.

Hefner war am Boden zerstört und nahm sich daraufhin vor, seine kreativen Fähigkeiten zu nutzen und eine neue Geschichte darüber zu schreiben, wer und was Hugh Hefner, der reale Mensch, war. Der neue Hugh Hefner würde sich »Hef« nennen, sich geschmackvoll kleiden, ein guter Tänzer und sehr galant sein. Wie Hefner es selbst beschrieb, sollte sein neues Ich »ein schlanker Sinatra-ähnlicher Typ sein ... ein sehr origineller Kerl, mit einem ganz eigenen Stil«.

Hefner schrieb diese neue Geschichte seines Lebens nicht nur. Er glaubte daran, begann sie zu leben und der Rest der Welt hielt sie ebenfalls für wahr. Innerhalb von ein paar Monaten wurde er einer der beliebtesten Schüler an seiner Schule und wurde zum Klassensprecher gewählt.

Hefner erkannte, dass sein Leben wie ein Film war, und er spielte darin die Hauptrolle. Genauso wie bei all den anderen Geschichten und Comics, die er schrieb, konnte er als Autor und Illustrator seines Lebens entscheiden, was für eine Person er war, welche Abenteuer er erleben und mit welchen Menschen er sich umgeben wollte.

Neun Jahre nachdem er die Schule abgeschlossen hatte, begann er seine eigene Zeitschrift herauszugeben, die sich zum Playboy-Imperium entwickeln sollte, für das Hefner heute am bekanntesten ist.

ICH DENKE, ALSO BIN ICH

Im Kapitel über unsere Überzeugungen (s. S. 71) haben wir bereits gesehen, wie wichtig es ist, unsere Sprache zu verändern, da wir auf diese Weise unsere Gefühle in bestimmten Situationen verändern. Allein das Hinzufügen des Wortes »noch« oder ein Wechsel der Zeiten kann sehr wirksam sein. Wir werden uns nun eingehender mit der wahren Kraft der Sprache befassen.

Wie groß ist Ihrer Meinung nach der Einfluss Ihrer Alltagssprache auf Ihr Leben und Ihre Fähigkeit, Reich und Glücklich zu werden? Gemeint sind die Worte, die Sie benutzen, um mit anderen und – was noch bedeutender ist – mit sich selbst zu sprechen.

Wenn Sie die Wirkung auf einer Skala von 1 bis 100 bewerten müssten, welchen Wert würden Sie wählen? Die Zahl 1 bedeutet, die Sprache hat keinerlei Auswirkung, und 100 bedeutet, sie ist der einzige Faktor, der wirkungsvoll ist.

Denken Sie eine Weile darüber nach, bevor Sie weiterlesen. Viele Menschen haben sich diese Frage noch nie gestellt.

Lesen Sie nun die folgende hypothetische Schimpftirade einer Arbeitskollegin, die ihren ganzen Frust während einer Begegnung am Kaffeeautomaten bei Ihnen ablässt, und stellen Sie sich die Szene sehr bildhaft vor.

»Herrje, diese Woche wird total anstrengend. Morgen muss ich mit Judy zu Mittag essen, weil sie gerade eine sehr schwierige Zeit mit ihrem schrecklichen Ehemann durchmacht. Eigentlich

habe ich dafür überhaupt keine Zeit, weil ich an einem wichtigen Projekt sitze und selbst so stark eingespannt bin.

Am Mittwoch muss ich meine Mutter in der Mittagspause besuchen, obwohl ich eigentlich unbedingt die Jeans umtauschen müsste, die ich kürzlich gekauft habe. Sie sitzt einfach nicht richtig. Am Donnerstag bin ich um 18.30 Uhr beim Fitnesstraining und bis dahin muss ich zwei Pfund abgenommen haben, weil ich es meinem Trainer versprochen habe. Außerdem muss ich noch den Flug und das Hotel für unsere Reise nach London buchen.

An den Freitag möchte ich erst gar nicht denken. Das wird der absolute Alptraum. Ich muss mit unserem Hund zur Impfauffrischung zum Tierarzt, alle Fenster im Haus müssen geputzt werden, ein Stapel Bügelwäsche wartet auf mich, bei einer Friedensinitiative für den Nahen Osten muss ich vermitteln und außerdem muss ich um sieben Uhr das Haus verlassen, weil wir mit ein paar Bekannten, die ich nicht einmal mag, zum Essen verabredet sind. Sch..., ich werde zwei Flaschen Wein brauchen, um da irgendwie durchzukommen, das sage ich dir.«

Ich vermute, Sie haben keine glückliche Situation wahrgenommen, falls Sie sich ganz in diese Szene hineinversetzt haben. Die Sprecherin wirkte sicherlich unzufrieden auf Sie, denn es ist unmöglich, eine solche Sprache zu verwenden und dabei nicht unzufrieden zu klingen und auszusehen.

Aber nicht nur das. Ohne Ihre Gedanken lesen zu müssen, kann ich Ihnen sagen, dass die Sprecherin mit hängenden Schultern dastand und eine unglückliche, leidende Miene machte. Ähnlich einem Rentier, das gerade erfahren hat, dass Weihnachten abgesagt wurde und alles allein seine Schuld ist.

Interessanterweise wurden der Gesichtsausdruck und das

ganze Auftreten der Frau nur durch ihre Sprache bedingt. Es können nicht die Ereignisse gewesen sein, über die sie sprach, denn diese hatten sich ja noch nicht zugetragen.

Ihr Monolog enthält ein paar Elemente, die nicht hilfreich sind. Für den Moment wollen wir uns auf die Begriffe konzentrieren, die beim Neurolinguistischen Programmieren (NLP) als »Modaloperatoren der Notwendigkeit« bezeichnet werden.

Dabei handelt es sich um Wörter und Phrasen wie »müssen« oder »sollen«.

An und für sich sind solche Begriffe kein Problem. Wir brauchen sie sogar von Zeit zu Zeit. Sie werden allerdings problematisch, wenn wir sie an unpassender Stelle und vor allem ständig verwenden.

Das Problem entsteht, weil sie uns keine Wahl mehr lassen.

Wenn Sie sagen, dass Sie etwas tun »müssen«, dann haben Sie keine Wahl. Es ist so, als würde ein anderes Wesen die Situation kontrollieren, nicht Sie. Verwenden Sie solche Begriffe, um Dinge zu beschreiben, die *nicht* zwingend oder *nicht* unbedingt nötig sind und *nicht* getan werden müssen, setzen Sie sich unnötig unter Druck.

Sie haben das Gefühl, in eine Ecke gedrängt zu werden und keinen Ausweg zu haben. Das kann zwei Dinge zur Folge haben:

1. Sie tun, was Sie angeblich tun »müssen«, und fühlen sich schlecht dabei.

2. Sie tun nicht, was Sie angeblich tun »müssen«, und haben ebenfalls ein schlechtes Gefühl.

Lassen Sie mich das genauer erklären.

Nehmen wir an, Sie denken wirklich, dass Sie ins Fitness-studio gehen *sollten*, und sagen sich das auch ständig. Wenn Sie sich schließlich und endlich dazu zwingen, werden Sie eine negative Haltung haben. Vielleicht grummeln Sie auf der Fahrt ins Studio vor sich hin, wie sehr Sie Sport hassen, und denken an die negativen Aspekte des Trainings.

Das Ergebnis ist, dass Sie schlechte Laune haben und lieber irgendwo anders wären, nur nicht im Fitnessstudio.

Können Sie Ihr Training so genießen? Wohl kaum.

Die andere Variante dieses Szenarios ist, erst gar nicht ins Training zu gehen. Aller Wahrscheinlichkeit nach rächt sich das mit einem negativen inneren Dialog. Sie machen sich Vorwürfe, weil Sie Ihren Vorsatz nicht einhalten und sich selbst wieder einmal enttäuschen.

Wenn Sie sich ständig sagen, dass Sie abnehmen, mit dem Rauchen aufhören oder ins Fitnessstudio gehen sollten, und es nicht umsetzen, wird sich das negativ auf Ihr Selbstwert-gefühl auswirken.

Irgendwann vertrauen Sie sich selbst nicht mehr. Den-noch verwenden Sie nach wie vor die gleiche Sprache und verstehen nicht, warum Sie sich so schlecht fühlen und wa-rum Sie Ihre guten Vorsätze nie einhalten.

Sie können diese negativen Szenarien vermeiden, indem Sie Ihre Wortwahl verändern. Das hilft Ihnen, Situationen anders zu betrachten.

In der ersten Phase geht es darum zu erkennen, ob Sie solch eine einschränkende Sprache benutzen. Bitten Sie Ihre Familie und Freunde, Sie darauf aufmerksam zu machen, wenn Sie entsprechende Worte und Phrasen verwenden. Kin-der und Teenager sind bestens dafür geeignet, weil es ihnen

Spaß macht, Sie dabei zu ertappen, und außerdem lernen sie selbst etwas dabei.

Anfangs werden Sie vielleicht überrascht und etwas irritiert reagieren, wenn die anderen Sie ständig auf Ihre unüberlegte Ausdrucksweise hinweisen. Sehen Sie es jedoch als wertvolles Feedback.

Beginnen Sie auch damit, Ihre Sprache zu überprüfen, während Sie im Stillen mit sich selbst reden. Die meisten inneren Dialoge laufen unbewusst ab. Wir können sie verdrängen und damit wie das Geräusch einer Klimaanlage »überhören«.

Seien Sie achtsam, dann wird Ihnen bewusster, welche Worte Sie verwenden. Und nur dann sind Sie in der Lage, sie zu verändern. Es gibt zwei Möglichkeiten, um die Veränderung herbeizuführen.

Zum einen können Sie andere Worte verwenden. Anstatt zu sagen »Ich muss/sollte das tun«, sagen Sie »Ich werde das tun«. Diese einfache Feststellung hat keine negative oder positive Wirkung auf Ihren Körper oder Ihre Psyche. Die Schultern hängen nicht herab, die Miene bleibt entspannt, Sie akzeptieren einfach etwas, das geschehen wird.

Die zweite und viel bessere Option besteht darin, von Modaloperatoren der Notwendigkeit zu Modaloperatoren der Möglichkeit zu wechseln. Dazu gehören Begriffe wie »können«, »mögen«, »wollen« und »gerne«.

Verwenden wir solche Worte, haben wir augenblicklich ein positiveres Gefühl angesichts der bevorstehenden Aktion, da wir uns die Kontrolle darüber zurückgeben. Probieren Sie es einmal aus.

Sagen Sie: »Ich möchte ins Fitnessstudio gehen. Ich gehe gerne zur Arbeit. Ich möchte mehrere Exemplare des Buchs

Reich und Glücklich kaufen, weil ich es all meinen Freunden schenken will.« Merken Sie, wie sich Ihre Energie und Ihr emotionaler Zustand verändern?

Es handelt sich nicht unbedingt um eine schnelle Lösung, denn manche Menschen brauchen Jahre, um Ihre Sprache entsprechend zu verändern. Aber wenn Sie durchhalten, das garantiere ich Ihnen, werden Sie sowohl gegenüber Ihren Vorsätzen als auch sich selbst gegenüber ein positiveres Gefühl entwickeln.

Plötzlich scheinen Ihnen schwierige oder bisher »unerreichbare« Ziele umsetzbar zu sein. Aufgaben werden zu willkommenen Schritten auf dem Weg zu Ihren Zielen. Die Veränderung Ihrer Sprache ist der erste Schritt zur Veränderung Ihrer subjektiven Wahrnehmung des Lebens.

Sobald Sie die Bedeutung der Sprache erkennen, haben Sie einen Reich-und-Glücklich-Vorsprung gegenüber Millionen anderer Menschen. Es wird Ihnen ab jetzt auffallen, wenn Sie auf die Wortwahl anderer Leute achten.

Machen Sie sich nun bereit für eins der wirksamsten Instrumente im Reich-und-Glücklich-Werkzeugkasten – das sogenannte Reframing.

DIE KUNST DES REFRAMINGS

Beim Reframing deutet man den Kontext beziehungsweise den Rahmen einer Situation um, ohne sie inhaltlich zu verändern. Auf diese Weise stärkt man die eigene Position.

Dabei geht es nicht darum, alles durch eine rosafarbene Brille zu sehen oder mit einem Dauerlächeln im Gesicht so zu tun, als wäre alles bestens. Vielmehr können wir mit dieser Technik jedwede negative Situation auf eine neue Weise betrachten und so eine positivere, gestärkte Haltung entwickeln.

In meinem Blog wurde einmal eine Aussage gepostet, die ich hier wiedergebe, weil sie sehr typisch für die anfängliche Reaktion vieler Menschen auf dieses wirksame Instrument ist.

»Wenn ein Auto mich anfährt, werde ich wohl kaum darüber nachdenken, wie ich dieses Erlebnis reframen kann. Ich werde mir wahrscheinlich eher Gedanken darüber machen, ob ich je wieder laufen kann.«

Reframing bedeutet in diesem Fall nicht, dass Sie sich keine Gedanken darüber machen sollen, ob Sie Ihre Beweglichkeit wiedererlangen können. Es heißt auch nicht, dass Sie nach einer Verletzung mit einem Lächeln im Gesicht aus dem Krankenhaus humpeln sollen, während Sie den Krankenschwestern munter zurufen: »Keine Sorge, alles in Ordnung. Zumindest ist es nicht das Bein, mit dem ich nach meiner Katze trete, und machen Sie sich keine Sorgen wegen des Blutes überall, die Reinigungskraft ist schon unterwegs. Zum Glück ist heute nicht ihr freier Tag.«

Reframing bedeutet, in der Lage zu sein, in jeder Situation eine positive Haltung einzunehmen. Steht einem diese Option zur Verfügung, fördert dies Studien zufolge Heilungsprozesse sowie die psychische Gesundheit.

Sie müssen keine positive Einstellung haben, aber was spricht eigentlich dagegen?

Sie können natürlich eine Weile niedergeschlagen sein, das ist völlig in Ordnung. Ich würde Sie sogar dazu ermuntern, wenn Sie ein bestimmtes Erlebnis verarbeiten müssen. Aber wenn die Niedergeschlagenheit sich immer weiter hinzieht und Sie sich nur noch auf das Negative konzentrieren, verschlimmern Sie Ihren Zustand nur.

Wenn Ihnen etwas Negatives widerfährt, sollten Sie nach einer Möglichkeit suchen, der Realität einen positiven Rahmen zu verleihen.

Hier ein paar Beispiele für Reframing, die der Betroffene, der von einem Auto angefahren wurde, anwenden hätte können:

Ich habe die Chance, die Prognosen der Ärzte bezüglich meiner Genesungszeit zu widerlegen.

Ich habe die Chance, mir selbst zu beweisen, wie zäh ich bin.

Jetzt habe ich endlich mehr Zeit zum Lesen.

Ich muss einen Monat nicht in die Arbeit. Diese Zeit kann ich nutzen, um mich darauf zu besinnen, was ich wirklich mit meinem Leben anfangen will.

Ich begegne netten Krankenschwestern/Pflegern/Ärzten.

Ich kann den Fitnessraum während der Reha umsonst nutzen.

All diese Aussagen würden dem Betroffenen ein besseres Gefühl verleihen, als eine Opferrolle einzunehmen und zu sagen: »Es ist so schrecklich. Es ist unfair. Warum passiert ausgerechnet mir so etwas?«

Wird die Person durch das Reframing ein Hochgefühl erleben und auf dem Flur tanzen, Entschuldigung, ich meinte natürlich, herumhopsen? Wahrscheinlich nicht, aber darum geht es auch nicht. Solange das Reframing die Aufmerksamkeit auf etwas Positives verlagert, genügt das schon.

Wissenschaftler haben Menschen befragt, die lebensbedrohliche Krankheiten durchgemacht haben, Insolvenz anmelden mussten oder andere traumatische Ereignisse erlebt haben. Sie fanden etwas Erstaunliches dabei heraus. Von den Menschen, die eine solche Erfahrung gemacht haben, würden nur die wenigsten im Nachhinein etwas ändern, selbst wenn sie es könnten.

Auf die Frage, ob sie die Zeit gerne zurückdrehen und die Dinge so verändern würden, dass es gar nicht erst zu dem traumatischen Ereignis kommen würde, antworten die meisten mit einem klaren NEIN!

Diese Haltung wird wahrscheinlich am besten durch einen der größten Radprofis aller Zeiten verkörpert.

Lance Armstrong ging buchstäblich durch die Hölle, als bei ihm Hodenkrebs diagnostiziert wurde, der sich mit Metastasen bereits auf seine Lungen, den Bauchraum und das Gehirn ausgebreitet hatte. Man gab ihm lediglich eine fünfzigprozentige Überlebenschance. Armstrong überlebte, und er gewann die Tour de France danach als Erster sieben Mal in Folge. Danach gefragt, ob er sich wünsche, nie Krebs gehabt zu haben, antwortete er, die Krankheit habe ihn stärker und zu einem besseren Menschen gemacht, daher würde er nichts ändern wollen.

Reframing ist eine Technik, die man in der Regel etwas üben muss, aber die gute Nachricht ist, dass jeder sie anwenden kann.

Die nächste gute Nachricht ist, dass Reframing IMMER funktioniert.

Ob Sie Lust darauf haben, etwas zu reframen, ist ein anderes Thema. Aber wenn Sie ernsthaft Reich und Glücklich werden wollen, sollten Sie dieses wertvolle Instrument bei jeder Gelegenheit nutzen.

Wir wollen uns nun einen Moment Zeit nehmen, um das Reframen zu üben.

Denken Sie an drei Bereiche Ihres Lebens, mit denen Sie im Moment unzufrieden sind und die sich als Tatsache darstellen lassen, nicht als Überzeugung.

Ich gebe Ihnen ein paar Beispiele, um zu verdeutlichen, was ich mit Tatsachen meine.

»Ich habe 3000 Euro Schulden.« (Tatsache)
»Ich kann überhaupt nicht mit Geld umgehen.« (Überzeugung)

»Mein Job macht mir im Moment keinen Spaß.« (Tatsache)
»Dieser Job ist total mies.« (Überzeugung)

Hier nun ein paar Beispiele, wie man diese Aussagen reframen kann:

»Zumindest habe ich nicht mehr als 3000 Euro Schulden und ich habe einen Job, sodass ich meinen Kredit abbezahlen kann. Viele Leute befinden sich momentan in einer viel schwierigeren Situation.«

»Wenn es sein müsste, könnte ich mein Auto verkaufen, um den Kredit abzubezahlen, oder ich könnte bei meinen Ausgaben sparen. Egal, was passiert, ich werde damit klarkommen.«

»Ich habe viel aus dieser Situation gelernt und werde mich bemühen, mein Geld in Zukunft besser beisammenzuhalten.«

»Zumindest habe ich einen Job. Es ist immer leichter, etwas anderes zu finden, wenn man Arbeit hat.«

»Dieser Job erinnert mich daran, dass ich mich nicht mit dem Zweitbesten zufriedengeben will. Ich werde nach einer Arbeit suchen, die mich mehr erfüllt.«

»Was kann ich tun, damit mir mein Job mehr Spaß macht?«

Reframen Sie nun Ihre Lage. Der neue Rahmen muss nicht unbedingt ein Hochgefühl bei Ihnen auslösen, obwohl das natürlich toll wäre. Wenn Sie mithilfe des Reframings erkennen, dass die Dinge gar nicht so schlecht sind, wie Sie bisher dachten, und Sie die Situation in einem neuen Licht betrachten können, ist das schon ein großartiger Anfang.

Ihre aktuelle Situation	Der neue Rahmen

Na, wie ist es Ihnen ergangen? Wenn das Reframen Ihnen leichtgefallen ist, wunderbar! Falls es schwierig war, haben

Sie ab sofort noch viele Gelegenheiten, um die Technik zu verbessern. Ist das ein neuer Rahmen? Mit Sicherheit! Bleiben Sie dran, mit etwas Übung wird der Prozess immer leichter.

In seinem Buch *Zu früh alt und zu spät weise* schildert der Psychiater Gordon Livingston, wie er seine einzigen beiden Söhne innerhalb von 13 Monaten verlor. Einer starb an Leukämie, der andere nahm sich das Leben. Das wäre für jeden Menschen ein schwerer Verlust, aber Livingston gelang es, ihn zu reframen.

Sein neuer Rahmen lautete: »Wenigstens müssen meine Söhne mich nicht beerdigen.«

Hat das all sein Leid beseitigt? Natürlich nicht! 15 Jahre nach den Ereignissen empfindet er immer noch große Trauer. Aber er zog etwas Positives aus der Situation, wie trivial es auch erscheinen mochte, und so gelang es ihm weiterzumachen und die traumatischen Erlebnisse etwas besser zu verarbeiten.

WER KONTROLLIERT IHREN GEIST?

In diesem Kapitel erlernen Sie zwei überaus wirksame Reich-und-Glücklich-Techniken. Sobald Sie diese Techniken beherrschen, werden Sie in der Lage sein, jeder Lebenssituation auf eine neue Art und Weise zu begegnen.

Falls Sie schüchtern sind, können Sie selbstbewusst werden. Wenn Sie sich lustlos fühlen, können Sie sich motivieren. Und wenn Sie Dinge normalerweise gerne aufschieben, werden Sie sie nun beherzt in Angriff nehmen.

Der unbewusste Geist ist so brillant, dass er nicht zwischen Tatsachen und Fiktion, zwischen realen Ereignissen und potenziellen Realitäten oder zwischen Vergangenheit, Gegenwart und Zukunft unterscheidet. Für ihn sind alle Dinge, an die Sie denken, real und laufen in Echtzeit ab. Reiche und Glückliche Menschen wissen, wie viel Kraft sie daraus beziehen können.

Wenn Sie sich auf gute Gedanken konzentrieren, stellen sich positive Gefühle und angenehme körperliche Reaktionen ein. Es ist egal, ob es sich bei den positiven Gedanken um Erinnerungen, um Projektionen von Dingen in der Zukunft oder um die Wahrnehmung der Situation handelt, in der Sie sich gerade befinden.

Richten Sie sich dagegen auf negative Gedanken aus, stellen sich negative Gefühle und körperliche Reaktionen ein. Auch bei *diesen* Gedanken ist es unerheblich, ob es sich um Erinnerungen, um Projektionen von Dingen in der Zukunft oder um die Wahrnehmung der Situation handelt, in der Sie sich gerade befinden.

Der Autor Mark Twain hat einmal Folgendes festgestellt: »Ich bin ein alter Mann und habe viel Schreckliches erlebt. Aber das meiste davon ist nie passiert.«

Twains Aussage beinhaltet eine geniale Erkenntnis. Wir besitzen die Fähigkeit, unsere Realität mithilfe unseres Geistes zu verändern.

Wenn wir Gedanken zulassen, laufen bestimmte Dinge in unserem Kopf ab. Wir entwickeln höchstwahrscheinlich innere Bilder und hören ein Geplapper. Beides ruft Emotionen und körperliche Empfindungen hervor.

Verändern wir die Bilder und Worte in unserem Kopf, verändern wir auch unsere Erfahrung.

Hier ein Beispiel dazu: Wenn ich Sie auffordern würde, mir von Ihrem allerschönsten Urlaub zu erzählen, würden sofort bestimmte innere Prozesse bei Ihnen ablaufen – und zwar so schnell, dass Sie davon auf der bewussten Ebene wahrscheinlich gar nichts mitbekommen würden.

Zunächst würden Sie ein Bild vor Ihrem inneren Auge entstehen lassen, eine oder mehrere Stimmen in Ihrem Kopf vernehmen und dann ein wunderbares Gefühl empfinden, das eng mit den Dingen verknüpft ist, die Sie in Ihrem Urlaub erlebt haben. Sie könnten auch Düfte oder Geschmäcke wahrnehmen. In jedem Fall würden Sie freudig strahlen und ganz erpicht darauf sein, mir alles darüber zu berichten.

Nehmen wir nun weiter an, ich hätte genug davon, Sie so glücklich zu sehen, und würde Ihre Stimmung etwas trüben wollen. Dann könnte ich zum Beispiel sagen: »Das klingt alles sehr gut, aber erzählen Sie mir doch noch einmal, wie Ihr Hamster von dem Müllauto überfahren wurde, nachdem er sich gerade wieder von der komplizierten Operation an seiner Pfote erholt hatte.«

Ihr Zustand würde sich in Lichtgeschwindigkeit verändern. Sie würden schneller wieder unsanft auf der Erde landen als ein Fallschirmflieger mit Gepäck.

Wahrscheinlich würden Sie innerhalb eines Sekundenbruchteils vor Ihrem inneren Auge Fritzi mit seinem kleinen bandagierten Pfötchen blutüberströmt auf dem Pflaster liegen sehen. Sie würden Ihre eigene tränenerfüllte Stimme in Ihrem Kopf hören und die Wut auf den Müllfahrer in sich aufsteigen spüren, der das Hamstermassaker, für das er verantwortlich ist, noch nicht einmal bemerkt hat.

Ihr Puls würde schneller gehen, Adrenalin würde durch Ihre Adern gepumpt werden und vielleicht kämen Ihnen sogar die Tränen.

Aber in Wirklichkeit wäre in beiden Fällen NICHTS PASSIERT. Es wären nur Erinnerungen gewesen, die Ihr Unbewusstes als real empfunden hätte.

Und nun kommen wir zu dem brillanten und nützlichen Aspekt all dessen. Wer Sie in diesem Moment sind, einschließlich Ihrer Überzeugungen, spiegelt, wie Sie all Ihre bisherigen Erfahrungen wahrnehmen.

Wenn Sie die Techniken in diesem Kapitel nutzen, können Sie sich in die Vergangenheit begeben, Ihre Wahrnehmung früherer Erlebnisse verändern und Ihre Überzeugungen korrigieren.

Hier ein Beispiel dazu:

Allem Anschein nach war Charles ein absoluter Erfolgsmensch. Er schloss sein Studium mit Auszeichnung ab, war ein großartiger Sportler und machte Karriere. Alles schien hervorragend für ihn zu laufen.

So wirkte sein Leben von außen betrachtet. In ihm selbst aber sah es ganz anders aus. Innerlich war Charles ständig zwischen der Angst zu versagen und einer Angst vor dem Erfolg hin- und hergerissen. Es war ihm nicht bewusst, aber es zeigte sich an seinem Verhalten und seinen Emotionen. Da er Angst hatte zu versagen, ließ er sich nur auf Aktivitäten ein, die er beherrschte. Weshalb er im Zweifelsfall sogar harmlose Brettspiele ablehnte.

War er in einem Bereich sehr erfolgreich, setzte er sich stets bis zu einem gewissen Punkt ein. Er hatte das Gefühl, dass irgendwann der Moment kommen würde, an dem er versagen könnte. Er arbeitete also stets erfolgreich bis zu diesem Punkt und zog sich dann aus Furcht vor größerem Erfolg/einem potenziellen Misserfolg zurück.

Dieses Verhaltensmuster spiegelte sich in allen Lebensbereichen wider, auch in seinen Beziehungen. Es war die Hauptursache, die ihn daran hinderte, Reich und Glücklich zu werden.

Eines Abends lag er während eines langen Urlaubs ruhig in einem Schlafwagenabteil. Während der Zug Kilometer um Kilometer zurücklegte, spielten sich in seiner Erinnerung unterschiedliche Szenen aus seinem Leben ab. Es waren Situationen, in denen er entweder versagt oder sich kurz vor einem ganz großen Erfolg zurückgezogen hatte. Er fragte sich: »Warum kommen mir diese Bilder ausgerechnet jetzt in den Sinn?« Und in diesem Augenblick erinnerte er sich an ein weiteres Ereignis, das sich zugetragen hatte, als er circa fünf Jahre alt gewesen war. In seiner Erinnerung sah er, wie sein Vater ihm in barschem Ton befahl, aus dem Lagerraum einen bestimmten Schraubenschlüssel zu holen. Sein Vater sagte ihm, er liege auf einem der hinteren Regale. Der kleine Junge ging in den riesigen Lagerraum und suchte nach dem Schraubenschlüssel, aber er konnte ihn beim besten Willen nicht finden. Er wusste aus Erfahrung, dass sein Vater ihn anschreien und sehr wütend auf ihn sein würde, wenn er ohne den Schraubenschlüssel zurückkehrte.

Im Lagerraum herrschte große Unordnung und auch die Regale waren nicht sauber eingeräumt. Als der kleine Junge einen Stapel nach dem anderen durchsuchte, den Schraubenschlüssel aber partout nicht finden konnte, bekam er immer mehr Angst. Schließlich kauerte er sich am Boden neben einem Regal zusammen. Tränen standen in seinen Augen, er hatte den Schraubenschlüssel nicht gefunden. Er wusste, dass er hinausgehen und es seinem Vater sagen musste, und er wusste, was das bedeutete.

Als er es schließlich nicht länger hinauszögern konnte, ging er zu seinem Vater und erzählte ihm von seiner ergebnislosen Suchaktion. Wie befürchtet, tobte sein Vater. Er schrie herum, knallte die Türen und stapfte wutentbrannt in den Lagerraum. Eine ganze Weile später kam er ebenfalls ergebnislos zurück, denn der Schraubenschlüssel befand sich nicht im Lagerraum. Er war in der Garage, wo der Vater ihn selbst liegengelassen hatte.

Der Vater des kleinen Jungen gehörte nicht zu den Menschen, die sich etwa mit einem »es tut mir leid« entschuldigen. Er war zwar ein liebevoller Vater, aber er zeigte seine Liebe auf eine andere Weise. Nach einem Ereignis wie diesem lud er die ganze Familie zum Eisessen ein. Das war seine Art, sich zu entschuldigen. Aber der kleine Junge verstand das nicht.

Als Charles in der Dunkelheit im Schlafwagen lag und sich an diese Szene aus seiner Kindheit erinnerte, durchlebte er sie erneut. Aber dieses Mal erlebte er sie auch aus der Perspektive eines 31-jährigen Mannes. Er sah das Ereignis zum einen aus der Perspektive des kleinen Jungen und zum anderen als außenstehender Beobachter. Und durch diese Doppelrolle erkannte er, *dass diese eine Situation ihn dazu gebracht hatte, nur noch die Dinge zu tun, die er sicher beherrschte. Seit diesem Zeitpunkt war sein Leben stets geprägt von der Furcht vor dem Erfolg und der Furcht zu versagen.*

Diese Situation – das erkannte Charles außerdem – war nur ein kleiner Moment in seinem Leben gewesen. Ein Moment, hinter dem keine böse Absicht stand. Aber sein Verhalten als Erwachsener wurde immer noch von der emotionalen Reaktion des fünfjährigen Jungen diktiert. Einer Reaktion, die zum damaligen Zeitpunkt ihre Berechtigung gehabt hatte, nun aber nicht mehr angemessen war. Mit dieser Erkenntnis veränderte sich Charles' Verhalten augenblicklich. Seine Ängste verflogen buchstäblich in der Mikrosekunde, in der er diesen Zusammenhang begriff.

Charles nutzte die Kraft seines unbewussten Geistes, um die Vergangenheit genauer zu betrachten und aus seiner aktuellen Perspektive zu bewerten. Auf diese Weise korrigierte er seine Überzeugungen und steuerte mit ihnen ab sofort in eine Reiche und Glückliche Richtung.

Auch Sie verfügen über dieses wirksame Instrument.

In der folgenden Übung werde ich Ihnen anhand eines Beispiels zeigen, wie Sie es nutzen können. Zunächst sollten Sie aber noch ein paar Dinge dazu wissen.

1. Die Technik eignet sich nicht dafür, das Geschehen inhaltlich zu verändern. Lediglich der Kontext beziehungsweise der Rahmen wird verändert. Das Geschehen selbst lässt sich nicht verändern. Es ist so, wie es ist. Aber wir kontrollieren die Art und Weise, wie wir eine Situation wahrnehmen und darauf reagieren.

2. Einige wenige Menschen sind nicht in der Lage, innere Bilder oder Stimmen entstehen zu lassen. Allerdings braucht es manchmal einfach nur etwas Übung, um einen Zugang zu dieser inneren Welt zu finden. Falls Sie zu den Menschen gehören, denen es einfach nicht gelingen will, sollten Sie sich auf die anderen Methoden konzentrieren, die ich später erläutern werde.

3. Jeder Mensch ist anders und verfügt über unterschiedliche Erfahrungen. Sie sollten keine voreiligen Schlüsse ziehen, bevor Sie die Übung zur Neucodierung Ihrer Erfahrungen gemacht haben. Führen Sie sie durch und beobachten Sie, was dabei passiert.

4. Die Übung funktioniert am besten zusammen mit einem Übungspartner. So können Sie sich entspannen und Ihre Augen schließen. In dieser Situation ist es nicht ratsam, sich selbst Notizen zu machen, weil Sie jedes Mal, wenn Sie die Augen öffnen, aus Ihrem Zustand herausgerissen werden und Ihre Gefühle nicht mehr wahrnehmen. Es ist leichter, verbal zum Ausdruck zu bringen, was Sie sehen, fühlen und erleben, während ein anderer diese Dinge schriftlich festhält.

Ich habe diese Übung einmal mit einem Klienten durchgeführt, der Angst vor seinem Chef hatte. Ich forderte ihn auf zu beschreiben, was er erlebte, wenn er an jemanden dachte, der ihn nicht einschüchterte. Dann ließ ich ihn schildern, was passierte, wenn er an seinen Chef dachte.

Jedes Mal, wenn er an jemanden dachte, der ihn nicht einschüchterte, sah er diesen Menschen auf Augenhöhe.

Wenn er dagegen an seinen Chef dachte, blickte dieser von einer erhöhten Position auf ihn herab. Der Klient stellte den Chef metaphorisch gesehen auf ein Podest, sodass er zweieinhalb Meter groß wurde. Wer würde sich davon nicht einschüchtern lassen?

Als er die Situation erneut visualisierte und den Chef auf Augenhöhe absenkte, verschwand das Gefühl der Einschüchterung wie durch Magie.

Und nun wollen wir uns ansehen, wie der Prozess funktioniert:

1. Schließen Sie die Augen. Visualisieren Sie eine bestimmte Person oder Situation, um die es gehen soll (so wie etwa im gerade beschriebenen Beispiel mit dem Chef). Es ist wichtig, dass die Person oder die Situation vor Ihrem inneren geistigen Auge lebendig wird. Lassen Sie sie so detailliert wie möglich entstehen. Sehen, hören und spüren Sie die Situation, so als würde sie sich tatsächlich zutragen. Lassen Sie auch Düfte oder Geschmackserlebnisse zu, durch die Sie die Erfahrung möglicherweise intensiver erleben. Falls die Situation – wie in dem weiter vorne erwähnten Beispiel über die Versagensangst – verschwommen ist, sollten Sie die Stimme in Ihrem Kopf nutzen. Sie sollte das Thema, um das es geht (zum Beispiel die Angst zu versagen), in Worte fassen. Entspannen Sie sich dann und lassen Sie die entsprechenden Bilder, Geräusche und Emotionen von Ihrem Unbewussten an die Oberfläche tragen.

Falls Sie sich eine besonders schwierige Erinnerung ins Gedächtnis rufen, sollten Sie sich bereits vor dem

Übungsbeginn bewusst machen, dass Sie die Augen zu jeder Zeit öffnen können. Sie befinden sich in einer sicheren Umgebung. Aber falls Sie zu große Bedenken haben, sollten Sie nicht mit heiklen Erinnerungen arbeiten. Die Übung wird nur erfolgreich sein, wenn Sie die gleichen oder zumindest sehr ähnliche Gefühle entstehen lassen wie in der ursprünglichen Situation.

Ihr Übungspartner sollte Ihre Aussagen notieren. Darüber hinaus hat er die Aufgabe, bezüglich der entstehenden Bilder, Geräusche und Gefühle genau nachzufragen. Er sollte Sie dazu auffordern, alles möglichst detailliert zu beschreiben. Die Details SIND vorhanden. Es ist wichtig, sich das bewusst zu machen. Sie müssen sie lediglich zulassen. Sollten Sie sie so schnell visualisieren, dass Sie den Vorgang gar nicht bemerken, sollte Ihr Übungspartner Sie etwas bremsen, damit die Details und die damit verbundenen Emotionen greifbar werden.

2. Sofern Sie nicht besonders auditiv veranlagt sind, wird es im Vergleich zu den Bildern wahrscheinlich etwas länger dauern, eine oder mehrere innere Stimmen wahrzunehmen. Das ist normal. Halten Sie Ihre Augen geschlossen, lassen Sie sich Zeit und seien Sie offen für alles, was Sie hören. Falls Sie bezweifeln, dass man innere Stimmen hören kann, sollte Ihr Übungspartner Sie dazu auffordern, das innere Geplapper 20 Sekunden lang abzustellen. So wird Ihre Aufmerksamkeit auf die Geräusche gelenkt, die da sind, bisher aber nicht von Ihnen wahrgenommen wurden.

3. Sobald Sie den gesamten Prozess durchgemacht haben, sollten Sie sich sofort aus dem Zustand lösen und in die Gegenwart zurückkehren. Falls Ihnen das nicht gelingt, kann Ihnen Ihr Übungspartner dabei helfen, indem er Sie etwas Lustiges fragt, wie zum Beispiel: »Wer ist sexier, Brad Britt oder die Kerle, die *Reich und Glücklich* geschrieben haben?« (Glauben Sie mir, das wird Sie sofort aus Ihrem Zustand herausholen.)

4. Lassen Sie sich nun etwas Zeit, um wieder ganz in den Normalzustand zurückzukehren, bevor Sie den Prozess erneut durchmachen. (Falls ein ähnliches Beispiel wie das mit Brad Pitt verwendet wurde, könnte es eine Weile dauern, bis Sie sich wieder gesammelt haben und aufhören zu kichern.)

5. Entspannen Sie sich nun erneut. Stellen Sie sich dieses Mal allerdings eine Situation vor, in der Sie sich so fühlen, wie Sie es gerne möchten. Nehmen wir an, jemand beschäftigt sich im ersten Teil der Übung mit seiner Angst, vor Publikum zu sprechen. Wahrscheinlich stellt er sich vor, wie er vor einer Menschenmenge steht, und durchlebt die Gefühle, die dabei in ihm aufkommen. Beim zweiten Teil visualisiert er dann eine Situation, in der er selbstbewusst, zuversichtlich und angstfrei ist. Es könnte eine ganz alltägliche Situation sein, wie etwa ein Gespräch mit einem Freund oder einem Familienmitglied. Er könnte sich auch bei einer Tätigkeit sehen, die er sehr gut beherrscht. Es muss sich dabei nicht um ein reales Ereignis handeln. Man kann sich genauso gut etwas ausdenken. Man sollte die Situation allerdings so lange in-

tensiv mit allen Sinnen wahrnehmen, bis das Gefühl des Selbstvertrauens sehr stark geworden ist.

Nachdem der Übungspartner auch bei dieser positiven Erfahrung gezielt nachgefragt hat, sollte er den Übenden wieder aus dem Visualisierungszustand herausholen. Er könnte zum Beispiel die Frage aufwerfen, wie wahrscheinlich es ist, dass Fische im Jahr 2018 den Mond bevölkern werden. (Falls Sie dies nach 2018 lesen, werden Sie sich etwas anderes einfallen lassen müssen, da Sie die Antwort bereits kennen. Ich bin sehr gespannt darauf, wie sie lauten wird.)

Sie können nun die beiden verschiedenen Erfahrungen miteinander vergleichen, um sogenannte Submodalitäten-Treiber zu erkennen. Wenn man die Submodalitäten modifiziert, lässt sich die Erfahrung radikal verändern.

Die negative Erfahrung könnte zum Beispiel in Schwarz-weiß aufgetaucht sein, während die positive farbig wahrgenommen wurde. Einmal könnte die Situation im Rahmen eines Films abgelaufen sein, während man das andere Mal ein Foto gesehen hat. Oder man könnte einmal ein Bild aus der Nähe betrachtet haben und beim nächsten Mal ein Bild aus der Ferne sehen. Möglicherweise gab es einen Treiber oder auch mehrere.

Sobald die Unterschiede ermittelt wurden, ist es an der Zeit, die Erfahrung positiv umzuwandeln.

Entspannen Sie sich dafür erneut und erinnern Sie sich noch einmal an die negative Erfahrung. Lassen Sie sich intensiv auf die Situation ein und erleben Sie sie so wie zu dem Zeitpunkt, als Sie sie tatsächlich machten.

Ihr Übungspartner hilft Ihnen nun, die Situation zu verändern.

Nehmen wir an, der Vergleich der beiden Erlebnisse führte zu dem Ergebnis, das ich in der untenstehenden Liste festgehalten habe. (Ich habe bei diesem Beispiel bewusst übertrieben. Die Liste kann in einigen Fällen zwar so aussehen, aber manchmal enthält sie auch nur ein oder zwei unterschiedliche Kategorien.)

	Negative Situation	Positive Situation
Visuelle Faktoren		
Farbig oder schwarzweiß?	Schwarzweiß	In Farbe
Film oder Foto?	Foto	Foto
Hell oder dunkel?	Irgendwie dunkel	Hell
Scharf oder verschwommen?	Verschwommen	Scharf
Mit oder ohne Rahmen?	Eingerahmt	Ohne Rahmen
In 2-D oder 3-D?	In 2-D	In 2-D
Position im Raum?	In Augenhöhe	In Augenhöhe

Mithilfe dieser Ergebnisse unterstützt der Übungspartner den Übenden nun dabei, die negative Erfahrung der positiven stärker anzugleichen. Das könnte etwa folgendermaßen aussehen:

Übungspartner: »Bring nun etwas Farbe ins Bild, ohne es inhaltlich zu verändern. So, als würdest du den Kontrast bei einem Fernseher erhöhen. Achte darauf, wie du dich fühlst, während die Farbe intensiver wird. Fühlst du dich angesichts dieser Situation besser, schlechter oder eher unverändert?«
Übender: »Ich fühle mich etwas besser.«

Übungspartner: »Wie ist es, wenn du die Farbe etwas heller und kontrastreicher machst?«

Übender: »Ich glaube, es ist etwas besser.«

Übungspartner: »In Ordnung. Wie ist es, wenn du das Bild nun schärfer machst? Wie verändert es deine körperlichen Empfindungen?«

Übender: »Es verändert sich nichts.«

Übungspartner: »Was geschieht, wenn du zulässt, dass der Rahmen einfach wegschmilzt und das Bild sich über den Rand des Fernsehers hinaus ausdehnt?«

Übender: »Das fühlt sich viel besser an.« (Die signifikante Veränderung weist darauf hin, dass dieses Element der Haupttreiber ist.)

Übungspartner: »Was passiert, wenn du dem Bild mehr Tiefe verleihst, sodass es ein 3-D-Bild wird?«

Übender: »Das fühlt sich schlechter an, es wirkt etwas bedrohlicher.«

Übungspartner: »Das ist kein Problem, verändere es einfach sanft wieder in ein 2-D-Bild.«

Gehen Sie mit Ihrem Übungspartner die gesamte Liste durch. Verändern Sie jeweils ein Element nach dem anderen, bis Sie angesichts der visualisierten Situation positiv gestimmt sind oder zumindest neutral. In unserem obigen Beispiel haben wir nur eine kleine Auswahl von Submodalitäten angesprochen. Sie können sich eine ausführliche Liste (in englischer Sprache) von der folgenden Internetseite herunterladen: www.howtoberichandhappy.com/formdownload

Wenn Sie sich aufgrund einer Veränderung schlechter gefühlt haben (so wie es bei der Person aus dem obigen Beispiel der Fall war), sollte Ihr Übungspartner Sie erneut zu dieser Veränderung auffordern, sobald die positiven Veränderungen durchgeführt wurden. Manchmal ist die Reihenfolge entscheidend. Was anfangs eine negative Reaktion hervorgerufen hat, kann als positiv empfunden werden, sobald die anderen Elemente angeglichen wurden.

Falls aber beim zweiten Mal erneut eine negative Wirkung auftritt, sollten Sie keine weiteren Versuche unternehmen, sondern es dabei belassen.

Ihr Übungspartner hat die Aufgabe, aufmerksam auf Ihre Worte zu achten, aber auch auf Ihre Körpersprache. Wenn Sie ihm erzählen, dass sich nichts verändert hat, Ihre Körperhaltung aber andere Signale aussendet, sollte er gezielt nachfragen, um eine klare Aussage zu erhalten.

Falls Sie Probleme damit haben, die Farben, die Lautstärke der Stimmen, die Größe eines Bildes oder andere Submodalitäten zu verändern, sollte Ihr Übungspartner den folgenden Satz sagen: »Das macht nichts. Tu einfach so, als könntest du es verändern.« Das hilft in der Regel.

Wenn es nichts bringt, sollte er laut seufzen und sagen: »Bei dir ist Hopfen und Malz verloren. Ich werde mit jemand anderem weiterüben.« Dann sollte er auf dem Absatz kehrtmachen und wutentbrannt davonmarschieren.

Ich mache nur Spaß, natürlich sollte er das nicht tun. Mit etwas Geduld wird Ihnen die Übung gelingen.

Manchmal genügt es, den Ablauf ein Mal durchzumachen, um eine nachhaltige Veränderung zu erreichen. In der Regel stellen sich Veränderungen nach dem ersten Mal aber nur vorübergehend ein, sodass Sie sie nach einer Weile erneut anpassen müssen. Beim zweiten Mal fällt der Prozess dann leichter, weil Sie bereits wissen, wie die positive Erfahrung sich anfühlt.

Wie kann all dies Ihnen nun dabei helfen, Reich und Glücklich zu werden? Die Möglichkeiten sind so grenzenlos wie Ihr Vorstellungsvermögen.

Vor einer wichtigen Präsentation verwandeln Sie Ihre Unsicherheit in Selbstbewusstsein. Stoßen Sie auf Hindernisse, sehen Sie diesen nun zuversichtlich und voller Tatendrang entgegen, anstatt weiterhin in einem Zustand der Niedergeschlagenheit und Verzweiflung zu verharren. Angesichts neuer Abenteuer und Chancen wird aus Angst Mut. Und wenn Sie etwas ärgert, verwandeln Sie Ihren Zorn in innere Gelassenheit.

Denken Sie über einige Situationen nach, in denen diese Technik Ihnen persönlich weiterhelfen kann.

Hier noch ein wichtiger Hinweis: Die Veränderung unserer Submodalitäten ist nicht für jede Situation geeignet. Es gibt Zeiten, in denen unser Zustand perfekt zu unseren Lebensumständen passt – zum Beispiel, wenn der Tod eines geliebten Menschen uns traurig macht oder wir vor einer wichtigen Prüfung etwas aufgeregt sind.

Wir sollten unsere Submodalitäten anpassen, wenn Körper und Geist auf eine Weise reagieren, die uns behindert oder gar schwächt.

Nachdem wir uns nun intensiv mit der Veränderung der Submodalitäten befasst haben, wollen wir uns jetzt, wie am Anfang dieses Kapitels angekündigt, mit der zweiten unglaublich wirksamen Reich-und-Glücklich-Technik befassen. Sie ist genauso effektiv und lässt sich sogar noch einfacher anwenden.

Sie wird als Ankern bezeichnet.

Stellen Sie sich vor, Sie gehen eine Straße entlang. Sie kommen an einer Bäckerei vorbei und der Duft von frisch gebackenem Brot streicht Ihnen um die Nase. Innerhalb weniger Momente werden Sie in eine andere Zeit und an einen anderen Ort versetzt: in Ihre Jugend, als Sie zum Bolzplatz gingen, um dort den Nachmittag unbeschwert und fröhlich mit Ihren Freunden zu verbringen. Die Sommerferien hatten gerade begonnen, Sie waren glücklich und die Welt war rundum in Ordnung.

Allein der Duft des frisch gebackenen Brotes lässt Sie beschwingter ausschreiten und Sie denken: »Ist das Leben nicht großartig?«

Stellen Sie sich nun vor, Sie fahren auf der Autobahn. Im Radio wird ein bestimmtes Lied gespielt. Ihr Expartner und Sie hatten immer das Gefühl, dieses Lied sei extra für Sie beide geschrieben worden. Wenn Sie es gemeinsam hörten, wurden Sie ganz sentimental, bekamen weiche Knie und sahen einander tagelang in die Augen, während Sie sich immer mehr ineinander verliebten.

Dummerweise ist Ihr Partner vor circa einer Woche mit Ihrer ehemaligen besten Freundin auf eine entlegene Insel durchgebrannt, um dort mit ihr glücklich zu werden. Sie sind – gelinde gesagt – verletzt, zumal die anderen Ihnen auch noch Ihre Katze, Ihre Musiksammlung und so ziemlich Ihre ganze Selbstachtung weggenommen haben. Als der Song seinen Höhepunkt erreicht, brechen Sie in Tränen aus und müssen auf dem Seitenstreifen anhalten.

Wie bei der Geschichte mit dem Hamster ist bei diesem Beispiel in Wirklichkeit nichts Entscheidendes passiert. Die Situation ist nach wie vor dieselbe, es ist derselbe Tag, Sie tragen dieselbe Kleidung … doch Ihre Stimmung und Ihre Gefühle haben sich innerhalb eines Moments verändert.

Dies wird beim Neurolinguistischen Programmieren (NLP) als Anker und in der Psychotherapie als konditionierte Reaktion bezeichnet. Es handelt sich um eine körperliche und emotionale Reaktion auf »etwas«.

Wir tragen Hunderte von Ankern mit uns herum, ob wir uns dessen bewusst sind oder nicht. Manche von ihnen sind förderlich, andere sind es nicht.

Anker werden von der Werbung und der Marketingindustrie geliebt. Sie versuchen ständig, positive Gefühle mit ihren Produkten zu verankern. Werbemelodien sind ebenso Anker wie halbnackte Models, die sich auf Kühlerhauben räkeln und dabei Diätcola trinken.

Bekannte Slogans sind ebenfalls Anker. Wenn Sie über 40 Jahre alt sind, denken Sie bei dem Satz »Schwebe wie ein Schmetterling, stich wie eine Biene« wahrscheinlich an den Boxer Mohammad Ali, der diesen Spruch geprägt hat.

»Die zarteste Versuchung, seit es Schokolade gibt«, »Nicht immer, aber immer öfter« oder »Mit dem Zweiten sieht man besser« sind gleichfalls Anker.

Gute Verkäufer nutzen Anker-Techniken, um ihre Produkte möglichst erfolgreich zu vermarkten. Fordert ein Autoverkäufer Sie dazu auf, sich in ein Auto hineinzusetzen und sich vorzustellen, wie es wäre, mit ihm im Sommer mit offenem Verdeck und wehenden Haaren nach Italien ans Meer zu fahren, macht er genau das. Er versucht das Gefühl bei Ihnen zu verankern, damit Sie sich in das Auto verlieben, noch bevor es Ihnen gehört.

Viele Leute nutzen Anker. Achten Sie bei dem nächsten öffentlichen Vortrag, den Sie besuchen, oder bei einer Talkshow im Fernsehen einmal darauf. Bevor jemand anfängt zu sprechen, führt er vielleicht eine unscheinbare Bewegung aus. Er könnte sich zum Beispiel am Ohrläppchen zupfen, sich ins Bein zwicken oder Zeigefinger und Daumen aneinanderlegen. Es ist gut möglich, dass er diese Aktion mit einem Gefühl des Selbstbewusstseins verankert hat.

Positive wie negative Anker können auch durch bestimmte Erlebnisse gesetzt werden.

Als ich circa zwölf Jahre alt war, fuhr ich einmal mit dem Schulbus nach Hause und aß ein Schottisches Ei. Falls Sie noch nie eins probiert haben, es handelt sich dabei um ein hartgekochtes Ei, das mit Wurstbrät umhüllt und frittiert ist. Ich aß dieses Ei und spürte bereits Anzeichen einer Grippe. Die nächsten zwei Wochen verbrachte ich im Bett und fühlte mich elend.

Danach löste allein die Vorstellung, ein Schottisches Ei zu essen, einen Würgereiz bei mir aus. Mein unbewusster Geist hatte das Ei mit dem Gefühl der Übelkeit verknüpft und sagte jetzt: »Auf gar keinen Fall!«

Manche Menschen haben eine ähnliche Reaktion, wenn ihnen wegen zu großen Alkoholkonsums schlecht geworden ist. Danach kann alleine der Gedanke an Alkohol die gleiche körperliche Übelkeit bei ihnen auslösen.

Manche rühren daraufhin gar keinen Alkohol mehr an. Andere verankern das Ereignis nur mit einer bestimmten Alkoholsorte, von der ihnen schlecht geworden ist. Sie trinken vielleicht nie mehr Tequila, während andere alkoholische Getränke ihnen nichts ausmachen.

Reiche und Glückliche Menschen sind Meister im positiven Ankern.

Sie nutzen es, um ihren gegenwärtigen Zustand augenblicklich ihren Wünschen entsprechend zu verändern. Denken Sie einmal über Folgendes nach: Wenn ein Lied, ein Duft oder eine Werbemelodie Ihre Stimmung und Ihre körperliche Verfassung verändern können, wie wirksam muss es dann sein, gezielt eigene positive Anker zu entwickeln?

Reichen und Glücklichen Menschen gelingt es, mithilfe des Ankerns von einem Moment zum anderen selbstbewusster, energievoller, gelassener oder geistig wacher zu werden …

Wären auch Sie gerne dazu in der Lage?

Wenn Sie die nächsten Seiten gelesen haben, werden Sie wissen, wie es geht.

Und so funktioniert das Ankersetzen:

Nehmen Sie sich circa 15 bis 20 Minuten Zeit und suchen Sie einen Ort auf, an dem Sie ungestört sind. (Es empfiehlt sich, dazu kein geschäftiges Büro und als Pilot keinen Landeanflug zu wählen.) Atmen Sie tief ein und atmen Sie dann langsam wieder aus, und während Sie das tun, schließen Sie Ihre Augen und lassen eine Woge der Entspannung in Ihren Körper hineinströmen. Atmen Sie noch drei oder vier Mal tief ein und aus und halten Sie Ihre Augen dabei geschlossen. Erlauben Sie sich, vollkommen zu entspannen.

Wenn Sie eine tiefe Entspannung erreicht haben, beginnen Sie, die Gefühle entstehen zu lassen, die Sie verankern möchten. Falls es Zuversicht ist, sollten Sie an eine Zeit denken, in der Sie voller Zuversicht waren. Wollen Sie sich energievoll fühlen, denken Sie an eine Zeit, in der Sie vor Energie sprühten.

Manchmal müssen Sie die Dinge auf eine sehr einfache Ebene bringen. So hatte ich zum Beispiel einmal einen Klienten, der das Gefühl der Zuversicht verankern wollte, mir aber berichtete, er habe sich noch nie zuversichtlich gefühlt. Ich fragte ihn, ob er den Weg zu seinem Auto finden würde, das vor der Tür geparkt war. »Natürlich«, antwortete er. »Sind Sie sicher?«, hakte ich nach. »Natürlich bin ich sicher«, erwiderte er. »Tja, dann sind Sie aber *zuversichtlich*, oder nicht?«, fragte ich schelmisch, um ihm zu demonstrieren, dass er das Gefühl der Zuversicht durchaus kannte. Und der Klient fragte sich wahrscheinlich mittlerweile, warum er keinen anderen Coach engagiert hatte.

Suchen Sie, falls nötig, sehr einfache Beispiele für die Dinge, die Sie verankern möchten. Sie funktionieren genauso gut wie komplexe Beispiele.

Sobald Sie sich den Zustand, den Sie verankern möchten, bildlich vorgestellt haben, sollten Sie ihn deutlich sehen, hören und spüren. Falls Geschmäcke oder Düfte mit dem Erlebnis verknüpft sind, sollten Sie diese ebenfalls wahrnehmen, da besonders Düfte starke Anker erzeugen können.

Nachdem Sie sich Zeit genommen haben, um den Moment intensiv wahrzunehmen, verdoppeln Sie die Intensität Ihrer Empfindungen. Verdoppeln Sie sie dann erneut und lassen Sie sie immer stärker werden.

Wenn die Gefühle die größte Intensität erreicht haben, setzen Sie den Anker, indem Sie einen Teil Ihres Körpers drei Sekunden lang berühren. Gängige Ankerpunkte sind der Unterarm oder die Fingerknöchel. Ebenso wirksam ist es, sich am Ohrläppchen zu ziehen oder Zeigefinger und Daumen aneinanderzulegen.

Vermeiden Sie Bewegungen, die Sie regelmäßig ausführen, damit Sie den Anker nicht aus Versehen aktivieren.

Die einzige Bedingung ist, dass Sie die Berührung exakt so wiederholen können wie im Moment des Ankersetzens. Wenn Sie die Erfahrung also verankern, indem Sie einige Finger auf den Unterarm legen, sollten Sie jedes Mal, wenn Sie den Anker aktivieren wollen, dieselben Finger mit demselben Druck auf denselben Punkt legen.

Sobald Sie den Anker gesetzt haben, sollten Sie Ihren Zustand verändern und eine Weile an etwas völlig anderes denken. Zum Beispiel daran, was mit den Millionen von Vögeln geschieht, die jede Woche sterben. Ich meine, wohin verschwinden sie alle nur? Warum kennen wir niemanden, der von einem herunterfallenden Vogel am Kopf getroffen wurde? Sehen Sie, wie gut das funktioniert?

Nachdem Sie Ihre Gedanken auf etwas anderes gerichtet haben, aktivieren Sie den Anker, indem Sie die Bewegung von vorhin wiederholen. Erlauben Sie Ihren Gefühlen dabei zu fließen. Kämpfen Sie nicht dagegen an, sondern fördern Sie Ihre Gefühle, selbst wenn Sie diese vortäuschen müssen. Die ersten Male ist der Anker vielleicht noch nicht so stark. Aber jedes Mal, wenn Sie den Prozess wiederholen, wird ein intensiveres Gefühl entstehen, bis Sie den Zustand erreichen, in dem das Gefühl sich mit voller Kraft einstellt.

Jeder kann das Ankern erlernen. Es dauert lediglich unterschiedlich lange.

Ich kenne Menschen, die bereits beim ersten Mal die gewünschte Reaktion erleben. Bei anderen dauert es 20 Mal oder länger. Ich empfehle Ihnen, Ihre Anker in gewissen Abständen neu zu setzen, um sicherzugehen, dass sie Ihnen zur Verfügung stehen, wenn Sie sie wirklich brauchen.

Sie kennen nun ein weiteres zentrales Element der Reich-
und-Glücklich-Formel – die Fähigkeit nämlich, Ihren Zustand von einem Moment zum nächsten zu verändern. Ist das
nicht großartig?

Auf der Internetseite www.howtoberichandhappy.com/
videotutorials können Sie sich Demonstrationsvideos zum
Ankern und zu den Submodalitäten ansehen (in englischer
Sprache).

SEHEN SIE ES, HÖREN SIE ES,
SPÜREN SIE ES, BEKOMMEN SIE ES

Sie sind auf dem Weg zu einem wichtigen Geschäftstermin und Sie sind spät dran. Aber eigentlich sind Sie immer zu spät dran. Plötzlich fängt Ihr Auto an zu stottern, fährt ruckelnd und sprotzend noch etwas weiter und bleibt schließlich stehen. Beim Blick auf die Tankanzeige stellen Sie fest, dass Sie vergessen haben zu tanken. Sie schlagen wütend und frustriert mit der Faust auf das Lenkrad. Als Sie gestern von der Arbeit nach Hause fuhren, hatten Sie es sehr eilig, weil Sie noch einen dringenden Bericht für den heutigen Termin vorbereiten mussten. Sie wollten gleich am nächsten Morgen zum Tanken fahren, haben es in der üblichen morgendlichen Hektik aber vergessen. Sie waren mit Ihren Gedanken woanders.

Obwohl es mit dem Auto noch zehn Minuten bis zum vereinbarten Treffpunkt dauern würde, könnten Sie zu Fuß in einer Viertelstunde dort sein, wenn Sie eine Abkürzung über das Gelände einer stillgelegten Fabrik nehmen. Sie schnappen sich Ihr Handy, schließen das Auto ab und rennen los. Sie springen über eine kleine Mauer neben der Straße und beachten das Schild mit der Aufschrift »Zutritt verboten« nicht weiter.

Sie schimpfen auf das Wetter, weil Sie in der heißen Sommersonne sofort anfangen zu schwitzen. Sie können es jetzt überhaupt nicht gebrauchen, gestresst, verschwitzt und mit hochrotem Gesicht anzukommen. Himmel noch mal, warum muss ausgerechnet Ihnen so etwas passieren? Sie rennen trotzdem weiter, weil Sie einfach nicht zu spät kommen dürfen. Heute nicht! Wenn es Ihnen heute gelingt, das Geschäft zum Abschluss zu bringen, könnte das endlich Ihr persönlicher Durchbruch sein und der Termin auch die entsprechende finanzielle Belohnung bringen, die Sie verdient haben.

Sie haben das Fabrikgelände halb durchquert, als Sie plötzlich und ohne Vorwarnung den Boden unter den Füßen verlieren. Sie beginnen zu rutschen und als Sie einen kurzen Blick nach oben werfen, sehen Sie, dass der Himmel sich immer mehr aus Ihrem Blickfeld entfernt, so als würden Sie in einem Zug mit hoher Geschwindigkeit in einen Tunnel einfahren. Für den Bruchteil einer Sekunde sind Sie völlig verwirrt, orientierungslos und in Panik, denn Sie begreifen, dass Sie fallen. Kaum haben Sie das kapiert, schlagen Sie auch schon auf dem Boden auf. Sie sind geschockt und benommen. Ihr Herz schlägt rasend schnell und Sie prüfen, ob Sie sich etwas gebrochen oder verrenkt haben. Aber Sie haben nur ein paar Kratzer abbekommen. Sie stoßen einen lauten Seufzer der Erleichterung aus.

Sie sehen sich im Halbdunkel um und erkennen, dass Sie sich in einem stillgelegten Schacht befinden. Die Ausgänge rechts und links sind mit Geröll und Felsen versperrt und der einzige Weg nach draußen ist der, über den Sie hereingekommen sind. Sie stehen auf, klopfen sich den Staub ab und wollen hinausklettern.

Wieder schimpfen Sie angesichts Ihres schrecklichen Pechs und Sie fragen sich, wie Sie Ihren Aufzug später bei Ihrem Geschäftstermin nur erklären sollen.

Sie strecken sich auf Zehenspitzen so weit wie möglich

nach oben und können mit den Händen gerade so die obere Erdschicht erreichen, aber der Eingang zum Schacht befindet sich einen weiteren guten Meter darüber. Sie springen verzweifelt nach oben, um nach draußen zu kommen, doch durch Ihre rudernden Armbewegungen fällt lediglich immer mehr Erde von oben auf Sie herab.

Als Sie erkennen, dass es zwecklos ist, geraten Sie in Panik. Sie sind gefangen.

Ihr Handy hat keinen Empfang und Sie wissen, dass Sie sich auf einem verlassenen Grundstück befinden, auf dem normalerweise niemand vorbeikommt. Sie erinnern sich plötzlich an das Verbotsschild und eine Woge der Übelkeit steigt von Ihrem Magen bis zum Hals auf.

Wie fühlen Sie sich?

Wütend? Klaustrophobisch? Schockiert? Vielleicht alles auf einmal?

Stunde um Stunde vergeht und Sie sind bereits heiser vom vielen Rufen. Als es zu dämmern beginnt, richten Sie sich, so gut es geht, für die Nacht ein.

Haben Sie morgens noch auf das warme Wetter geschimpft? Jetzt sind Sie dankbar dafür, dass nicht Winter ist. Jetzt sind Sie dankbar dafür, am Leben zu sein. Aber Sie haben immer noch Angst, große Angst. Vielleicht beginnen Sie sogar zu beten.

Sie können nicht schlafen. Und während Sie zum ersten Mal in Ihrem Leben mit der eigenen Sterblichkeit konfrontiert sind, beginnen Sie vieles zutiefst zu bereuen. Warum haben Sie nicht mehr Zeit mit Ihrer Familie verbracht und Ihren Angehörigen gesagt, wie sehr Sie sie lieben? Warum hetzen Sie zu einem Termin, der Ihnen eigentlich gar nichts bedeutet? Wenn Sie sich selbständig gemacht hätten, so wie

Sie es sich immer wieder vorgenommen haben, wäre dies alles nicht passiert.

Warum haben Sie die Reise nach Kanada verschoben, obwohl Ihre Familie schon seit Langem gerne dorthin wollte? Und warum um alles in der Welt arbeiten Sie 80 Stunden in der Woche in einem Job, der Ihnen überhaupt keinen Spaß macht und mit dem Sie nie Reich und Glücklich werden können, egal, wie viele Aufträge Sie an Land ziehen?

Aber so war es nie gedacht. Das Drehbuch ist ganz falsch; Sie sollten viel mehr Zeit für andere Dinge haben, zum Beispiel für Ihre Familie. Aber gibt es nicht immer eine zweite Chance?

Am nächsten Tag befinden Sie sich ständig in einem Dämmerzustand zwischen Schlafen und Wachen. Ihr Leben läuft wie ein Kinofilm in Farbe vor Ihnen ab.

Sie wollen wissen, ob Sie wach sind oder träumen. Haben Sie bereits Halluzinationen, weil Sie so einsam und möglicherweise dehydriert sind, oder fühlt es sich so an, wenn man stirbt? Stimmen und Bilder aus der Vergangenheit verschwimmen miteinander, aber das Lachen und Rufen passt nicht so richtig dazu. Doch plötzlich keimt neue Hoffnung in Ihnen auf, denn Sie merken auf einmal, dass die Stimmen nicht in Ihrem Kopf sind, sondern über Ihnen.

Sie nehmen all Ihre Kraft zusammen und rufen um Hilfe. Plötzlich schauen ein paar Jungen überrascht von oben zu Ihnen herunter.

»Was zum Teufel machen Sie denn dort unten?«

Eine Stunde später holt man Sie heraus und Sie sind wieder in Sicherheit. Sie werden bereits von ein paar Reportern sowie einigen Schaulustigen und Rettungssanitätern erwartet. Die Sanitäter untersuchen Sie und verabreichen Ihnen eine Kochsalzinfusion, um den Flüssigkeitsverlust auszugleichen, aber Sie wollen eigentlich nur nach Hause zu Ihrer Familie. Daher lehnen Sie es auch ab, zur weiteren Kontrolle ins Krankenhaus zu fahren.

Sie freuen sich nicht einmal darüber, im Scheinwerferlicht der Fernsehkameras zu stehen. Seltsam, bisher haben Sie sich immer nach Ruhm gesehnt, aber jetzt kommt Ihnen das trivial und unwichtig vor.

Als die Sanitäter Sie schließlich nach Hause bringen, kommt es zu einem emotionalen Wiedersehen mit Ihrer Familie. Sie tragen immer noch Ihre verdreckte, ramponierte Kleidung und obwohl Sie extrem hungrig sind, wollen Sie zuerst unter die Dusche. Sie drehen den Hahn auf und spüren, wie das kalte Wasser auf Ihrer ausgestreckten Hand allmählich lauwarm und schließlich heiß wird. Dann stellen Sie sich unter den Wasserstrahl.

Das warme Wasser rinnt Ihnen über das Gesicht und es fühlt sich fantastisch an.

Als Sie sich umdrehen, spüren Sie, wie das Wasser Ihnen über den Rücken läuft. Tief atmen Sie den Duft der Seife in Ihren Händen ein. Haben Sie diese Seife schon immer benutzt? Sie haben dieses Aroma jedenfalls noch nie bewusst wahrgenommen.

Sie sehen, wie der Schmutz an Ihrem Körper hinunterläuft, und spüren, wie Ihre Muskeln sich entspannen, während das Wasser wohlig über Ihren Nacken und Rücken rinnt. Im Laufe der Jahre haben Sie bestimmt Tausende Male unter der Dusche gestanden, aber noch nie haben Sie es so genossen. Was macht den Unterschied aus? Warum können Sie erst jetzt etwas erleben, das Ihnen stets zur Verfügung stand?

Während Sie sich langsam abtrocknen, nehmen Sie den

Duft des Abendessens wahr. Sie ziehen Ihre Lieblingsklamotten an und gehen zu Ihrer Familie. Viele Tränen fließen und Sie versprechen sich selbst im Stillen, dass sich etwas ändern wird.

Sie genießen das Mahl und nehmen sich Zeit, das Essen wirklich zu schmecken und auszukosten. Normalerweise schlingen Sie alles möglichst schnell hinunter, um wieder an Ihren Laptop zu kommen und dringende E-Mails zu beantworten. Aber was könnte es jetzt Wichtigeres geben?

Die nächste Stunde reden, lachen und weinen Sie noch etwas mit Ihrer Familie, dann übermannt Sie die Erschöpfung und Sie gehen zu Bett.

Nach ein paar Stunden schrecken Sie plötzlich schweißgebadet und mit klopfendem Herzen aus dem Schlaf hoch. Es ist stockdunkel und für einen kurzen Moment denken Sie, Sie befänden sich wieder unten im Minenschacht.

Dann holt das leise Schnarchen Ihrer schlafenden Partnerin Sie in die Realität zurück und Sie wissen, dass Sie genau dort sind, wo Sie sein sollten. Jetzt wissen Sie dieses Geräusch zu schätzen, das Sie bisher immer gestört hat. Endlich begreifen Sie es. Eines Tages wird es nicht mehr da sein. Eines Tages wird all dies vorbei sein und Sie werden nie wissen, wann dieser Tag kommen wird.

Während Sie so in die Dunkelheit starren, geben Sie sich selbst ein Versprechen. Das nächste Mal werden Sie auf die einzige Art und Weise, in der Ihnen das möglich ist, bereit sein: Sie werden ohne Reue oder Bedauern im Jetzt leben. Nie wieder werden Sie zulassen, dass dringende Dinge Vorrang vor wichtigen Dingen haben oder dass die Arbeit vor der Familie kommt, denn von nun an werden Sie ein Reiches und Glückliches Leben führen.

Und damit schließen Sie Ihre Augen wieder und sinken in einen friedlichen Schlaf.

***

Wenn Sie die Geschichte gelesen haben, ohne sich ablenken zu lassen, und sich darauf eingelassen haben, haben Sie gerade die Kraft der Visualisierung erlebt. Beim Lesen haben Sie während der verschiedenen Phasen wahrscheinlich gewisse körperliche Veränderungen erlebt. Vielleicht hatten Sie eine schnellere Atmung und einen schnelleren Herzschlag und wenn Sie sich sehr in die Geschichte vertieft haben, könnte auch Ihr Blutdruck gestiegen sein.

In Ihrem Geist haben Sie die Situation auftauchen lassen und versucht zu verstehen, was geschah. Wahrscheinlich sind Sie noch nie in einen Minenschacht gefallen, aber sicherlich haben Sie sich zu irgendeinem Zeitpunkt in Ihrem Leben schon einmal einsam gefühlt. Es ist auch sehr wahrscheinlich, dass Sie bereits Angst, Bedauern und ein Gefühl der Erleichterung erlebt haben und diese Emotionen nachempfinden konnten.

Wenn ich etwas beschreiben kann, das Ihren Zustand so verändert, obwohl ich Sie persönlich nicht kenne, dann stellen Sie sich nur einmal vor, was Sie mithilfe der Visualisierung für sich selbst tun können. Aber warum sollten Sie diese Technik anwenden? Was bringt Ihnen die Kunst der Visualisierung?

Der australische Psychologe Alan Richardson hat dazu eine interessante Studie mit Basketballspielern durchgeführt. Er teilte die Spieler in drei gleich große Gruppen ein. Dann wurde bei den einzelnen Spielern die Trefferquote bei Freiwürfen gemessen. Die erste Gruppe wurde daraufhin aufgefordert, jeden Tag 20 Minuten lang Freiwürfe zu üben. Die Teilnehmer der zweiten Gruppe sollten täglich 20 Minuten visualisieren, wie sie Freiwürfe durchführten. Sie durften die Freiwürfe nicht wirklich üben. Die letzte Gruppe durfte die Freiwürfe weder üben noch visualisieren.

Am Ende der Testphase wurde die Trefferquote bei den Gruppen erneut gemessen. Bei der Gruppe, die gar nichts gemacht hatte, kam es zu keiner Veränderung, die Trefferquote blieb gleich. Das ist nicht verwunderlich. Überraschend ist allerdings, dass die anderen beiden Gruppen ihre Trefferquote auf ähnliche Weise steigern konnten.

Die Spieler, die ihre Freiwürfe nur visualisiert hatten, trafen den Korb fast genauso häufig wie diejenigen, die es tatsächlich mit dem Ball auf dem Basketballfeld geübt hatten. Wie ist das möglich?

Die Sportler, die Freiwürfe praktizierten, hatten natürlich auch einige Fehlwürfe. Jedes Mal, wenn der Ball den Korb nicht traf, übten sie letztlich, wie man den Korb verfehlt. Die Spieler, die ihre Freiwürfe dagegen visualisierten, trafen in ihrer Vorstellung jedes Mal den Korb. Sie förderten stets das Gefühl und die Erinnerung daran, erfolgreich zu sein.

Wie lassen sich diese Erkenntnisse nun auf Ihr Ziel anwenden, Reich und Glücklich zu sein?

Durch die Kraft der Visualisierung können Sie Ihr Ziel, das zu tun, was Sie möchten, schneller erreichen. Darüber hinaus lassen sich Visualisierungen *in jeder Situation* nutzen.

Reiche und Glückliche Menschen kennen keine Zeitverschwendung. Sie leiden auch nicht unter dem Problem, zu langsam vorwärtszukommen, weil sie zu müde sind oder nicht genügend Mittel zur Verfügung haben. Falls sie etwas nicht in der physischen Realität durchführen können, kommen sie durch Visualisierungen weiter.

Für einige Reiche und Glückliche Menschen ist die Visualisierung kein zweitrangiges Mittel, um vorwärtszukommen, sondern die erste Wahl.

Nikola Tesla, der brillante Erfinder des Wechselstrommotors und des Mehrphasenwechselstroms, setzte diese Methode intensiv ein. Er visualisierte seine Erfindungen und führte Veränderungen und Testreihen in seiner Vorstellung durch, bis er ein optimales Ergebnis erzielt hatte. Dann erst baute er seine Erfindung tatsächlich. Tesla meldete insgesamt mehr als 700 Patente an. Für Tesla, einen der größten Erfinder, war Visualisierung die Werkbank, an der seine Erfindungen entstanden.

Wie und warum funktioniert die Visualisierung nun also genau? Jedes Mal, wenn Sie etwas visualisieren, wird es stärker, da der Pfad zwischen den Synapsen des Gehirns, die mit dieser Visualisierung in Verbindung stehen, genauer definiert wird. Je besser der Pfad definiert ist, desto weniger akzeptiert der Geist widersprüchliche Pfade. Im Laufe der Zeit verschwinden auf diese Weise sogar ältere gegensätzliche Pfade.

In unserem Beispiel mit den Basketballspielern festigten die Sportler den Pfad für ihre erfolgreichen Freiwürfe und eliminierten auf diese Weise die Fehlwürfe zunehmend. Als sie dann tatsächlich einen Freiwurf ausführten, wurden sie durch den Pfad im Gehirn unterstützt, der mit den erfolgreichen Freiwürfen assoziiert war.

Das ist eine großartige Nachricht, denn durch Visualisierungen können Sie auch Ihre Reich-und-Glücklich-Träume unterstützen. Jedes Mal, wenn Sie die Verwirklichung Ihrer Träume visualisieren, helfen Sie sich selbst dabei, sie tatsächlich umzusetzen.

Umgekehrt haben Visualisierungen allerdings eine ebenso starke Wirkung. Falls Sie sich vorstellen zu scheitern, erhöht sich die Wahrscheinlichkeit des Scheiterns tatsächlich. Sind solche nicht förderlichen Pfade gefestigt und wird nie an ihnen gerüttelt, hängen Sie in einer negativen Gedankenspirale fest.

Die Kraft der Visualisierung für Ihr Reiches und Glückliches Leben zu nutzen, ist angesichts der Art und Weise, wie wir Menschen lernen, besonders überzeugend.

Jedes Mal, wenn wir etwas lernen, machen wir die folgenden vier Phasen durch.

1. **Unbewusste Inkompetenz**
2. **Bewusste Inkompetenz**
3. **Bewusste Kompetenz**
4. **Unbewusste Kompetenz**

Sehen wir uns die einzelnen Lernphasen im Hinblick auf das Reich-und-Glücklich-Werden nun genauer an.

1. **Unbewusste Inkompetenz** – In dieser Phase wissen Sie noch nicht, was Reich-und-Glücklich-Sein für Sie bedeutet. Möglicherweise ist Ihnen auch nicht bewusst, dass Sie nicht Reich und Glücklich sind. Vielleicht sind Sie zu jung, um es zu erkennen, oder Sie haben einfach noch nicht darüber nachgedacht.

2. **Bewusste Inkompetenz** – In dieser Lernphase erkennen Sie, was es für Sie bedeutet, Reich und Glücklich zu sein, aber Sie sind noch weit davon entfernt. Sie sind sich der Möglichkeit bewusst, aber Sie kennen die Formel nicht, um dieses Ziel zu erreichen. An diesem Punkt waren Sie am Anfang dieses Buches. JEDER muss diese Phase auf dem Weg zu Reichtum und Glück durchmachen. Der Schlüssel besteht darin, sich nicht allzu lange an diesem Punkt aufzuhalten und die Aussicht zu bewundern. Diese mag zwar großartig sein, aber wenn Sie nicht wissen, wie Sie Ihr Ziel erreichen, nutzt sich auch die schönste Perspektive ab.

3. **Bewusste Kompetenz** – Jetzt geht es richtig los. In dieser Phase verstehen Sie die Teile der Formel, aber sie anzuwenden ist noch ziemlich schwierig, und Sie müssen über die Dinge nachdenken, die dafür erforderlich sind. Sie erkennen den Wert der Reich-und-Glücklich-Matrix sowie der Reich-und-Glücklich-Überzeugungen, aber all diese Prozesse laufen noch nicht automatisch ab.

4. **Unbewusste Kompetenz** – Herzlichen Glückwunsch, Sie haben es geschafft! In dieser Phase führen Sie ein Reiches und Glückliches Leben, tun, was immer Sie möchten, und müssen nicht mehr über all die Details nachdenken, die das möglich machen. Sie haben die Reich-und-Glücklich-Pfade in Ihrem Gehirn so gefestigt, dass dies Ihr normaler Zustand ist, in dem Sie mühelos tätig sind.

Die Visualisierung ist ein unglaublich erfolgreicher und einfacher Weg, um die vier Lernphasen rasch zu durchlaufen. Wenn Sie die Pfade der unbewussten Kompetenz verfestigen, trainieren Sie Ihr Unbewusstes, daran zu glauben, dass Sie sich langsam durch die ersten drei Phasen hindurchgearbeitet haben.

Genau das tat auch die Visualisierungsgruppe der Basketballspieler. Die Sportler trainierten Ihr Unbewusstes so, dass es von ihrer Fähigkeit überzeugt war, problemlos einen Ball nach dem anderen in den Korb zu werfen.

Alleine mithilfe der Visualisierung werden Sie zwar noch kein Basketballstar, und sie wird auch nicht ausreichen, um Ihr Reiches und Glückliches Leben zu verwirklichen. Sie müssen darüber hinaus tatsächlich aktiv werden. Aber die Technik hilft Ihnen, schneller voranzukommen.

Viele Bücher sind über die Visualisierung geschrieben worden. Für die Umsetzung Ihres Reichen und Glücklichen Lebens kann es sehr wertvoll sein, einige davon zu lesen. Besonders empfehlen möchte ich Ihnen *The Power of Visualization* von Lee Pulos, das allerdings nur in englischer Sprache erhältlich ist. Aber es gibt zudem einige andere sehr empfehlenswerte Titel.

Bis Sie dazu kommen, ein Buch darüber zu lesen, erläutere ich Ihnen hier noch mal kurz, wie die Technik funktioniert, damit Sie bereits jetzt damit beginnen können.

Letztlich geht es darum, sich selbst im erwünschten Zustand zu visualisieren, egal, ob Sie in der Vorstellung erfolgreich eine Aufgabe erledigen, Ihr Leben so eingerichtet haben, wie Sie es möchten, oder sich einer bestimmten Aktivität widmen.

Mit welcher Geschwindigkeit die Veränderungen ablaufen, hängt sowohl davon ab, wie lange Sie die Visualisierung jeden Tag durchführen, als auch davon, wie Sie Ihre restliche Zeit verbringen.

Es ist wirklich nicht ratsam, täglich 20 Minuten lang zu visualisieren, dass Sie Reich und Glücklich sind, um dann die nächsten zehn Stunden mit Aktivitäten zu verbringen, die das genaue Gegenteil davon sind. Das wäre extrem kontraproduktiv.

Manche Menschen erzählen mir, dass sie nicht visualisieren können. Wenn ich sie dann frage, ob sie wissen, wie ihr Auto aussieht, antworten sie »Natürlich!«. Das ist wunderbar, denn es ist eine Visualisierung. Um zu wissen, wie ihr Auto aussieht, mussten sie zunächst ein Bild in ihrer Vorstellung entstehen lassen.

Visualisierungen fallen visuell veranlagten Menschen natürlich leichter als auditiv veranlagten. Aber es ist eine Technik, die man üben und erlernen kann. Falls sie Ihnen daher nicht leichtfällt, sollten Sie üben, üben und nochmals üben!

Obwohl die Technik »Visualisierung« genannt wird, ist es hilfreich, auch die anderen Sinne dabei einzusetzen, um die Methode zu verstärken. Falls Sie Ihr Golfspiel verbessern möchten, können Sie während der Visualisierung zum Beispiel einen Golfschläger in der Hand halten.

Jack Nicklaus hat die meisten Siege in Major-Turnieren errungen und stand neun Jahre lang auf Platz 1 der Weltrangliste. Er visualisierte die Flugbahn und den Landepunkt des Golfballs bei jedem einzelnen Übungsschlag. Sie sehen also, wie erfolgreich diese Methode sein kann.

Visualisieren Sie in Ihrer Vorstellung, was Sie sich wünschen. Das wird Ihnen dabei helfen, es in Ihrem Leben umzusetzen.

SEIEN SIE AUF EINE GEDULDIGE WEISE UNREALISTISCH

Sie gehören zu einer erlesenen Gruppe von Menschen, wenn Sie ein Reiches und Glückliches Leben führen. Sehen Sie sich um. Die meisten Leute haben sich dazu entschieden, an den Status quo zu glauben, und verhalten sich entsprechend. Und daher bekommen sie auch nichts anderes als den Status quo.

Ein Reiches und Glückliches Leben zu führen bedeutet, einige Dinge anders zu machen als die meisten Menschen – zum Beispiel, auf eine geduldige Weise unrealistisch zu sein.

Wir leben in einer Welt, in der wir innerhalb kürzester Zeit Zugang zu mehr Informationen haben als je zuvor in der Geschichte der Menschheit. Mithilfe des Internets können Sie Recherchen zu Ihrem Reichen und Glücklichen Leben durchführen, »Wers« ausfindig machen, sich inspirieren lassen … und das alles per Mausklick innerhalb von Sekunden. Es ist eine wunderbare Zeit, um ein Reiches und Glückliches Leben zu führen.

Doch dieser Segen hat, wie könnte es anders sein, auch eine Kehrseite. So ist es nun einmal im Leben. Mittlerweile sind wir absolut daran gewöhnt, dass uns alles sofort zur Verfügung steht. Wenn daher etwas, das wir uns wünschen, nicht innerhalb von fünf Minuten greifbar wird, meinen wir gleich, damit stimme etwas nicht, es funktioniere nicht oder es solle einfach nicht sein.

Nehmen wir an, wir sehen uns eine Dokumentation über einen Menschen an, der berühmt geworden ist – jemand, der im Sport großen Erfolg hat oder der ein großer Entdecker, Wissenschaftler oder Abenteurer ist. Die Dokumentation dauert vielleicht eine halbe Stunde oder auch maximal zwei Stunden. In dieser Zeit sehen wir den Lebensweg dieses Menschen von seiner Kindheit bis zu seinen größten Erfolgen. Daraus schließen wir fälschlicherweise, dass es auch bei uns ähnlich schnell gehen sollte.

Was wir in der Dokumentation nicht sehen, sind all die Details dazwischen: all die Jahre, bis eine unbekannte Schauspielerin ihren ersten großen Durchbruch hatte, die zahlreichen Besprechungen, Telefonate und logistischen Vorbereitungen, bevor der Abenteurer die Spitze des Bergs erklimmen konnte, die fehlgeschlagenen Experimente, bevor die Wissenschaftlerin den medizinischen Wirkstoff entdeckte …

Als Thomas Edison nach einem Glühdraht für die Glühbirne suchte, testete er Tausende von Materialien, bevor er schließlich einen Draht fand, der nicht durchbrannte. Davon in einer Biografie zu erzählen, dauert sieben Sekunden, der Prozess selbst hingegen mehrere Jahre.

Damit Sie ein Reiches und Glückliches Leben verwirklichen können, müssen Sie daran glauben, dass dieses Leben, egal, wie es auch aussehen mag, möglich ist. Dieser Teil scheint manchmal etwas unrealistisch zu sein, vor allem am Anfang.

Sie sollten deshalb etwas Geduld aufbringen. Möglicherweise dauert es länger als fünf Minuten, um den perfekten Wer zu finden, der Ihnen bei Ihrem Abenteuer helfen kann. Nicht jede Spur, die Sie verfolgen, wird sich als richtig erweisen. Der perfekte Job, bei dem Sie dafür bezahlt werden,

Reiche und Glückliche Minuten anzusammeln, wird Ihnen vielleicht nicht innerhalb von 24 Stunden angeboten, nachdem Sie Ihren Lebenslauf ins Internet gestellt haben.

Doch Sie werden auch positive Überraschungen erleben.

Während meiner frühen Abenteuer als Autor nahm eines Tages völlig unerwartet ein Mann Kontakt mit mir auf, der 500 Exemplare meines Buchs *Das Café am Rande der Welt* bestellte. Er wollte es an seine Angestellten und Kunden verteilen. Ich freute mich riesig. Zu dem Zeitpunkt war ich bereits lange genug als Autor auf dem Abenteuerpfad, um zu wissen, dass so etwas nicht jeden Tag vorkommt. Hätte ich ständig solche Erfolge erwartet, hätte ich längst frustriert das Handtuch geworfen.

Manchmal lässt sich ein Reicher und Glücklicher Zustand sofort verwirklichen – es gelingt bloß nicht immer.

Die Zeit zwischen der Entscheidung, ein Leben zu führen, das Sie sich wünschen, und der Verwirklichung dieses Lebens ist ein Teil des Prozesses.

Die Phase zwischen der Idee und der Umsetzung ist – wenn Sie es richtig angehen – eine Reiche und Glückliche Zeit, egal wie lange sie dauern mag.

Eine der beeindruckendsten Geschichten, die zeigen, wie man auf geduldige Weise unrealistisch sein kann, ist die von Nathan Strauss. Würden Sie tausend Menschen danach fragen, wer er war, könnte wahrscheinlich keiner von ihnen die Frage beantworten. Dabei hat sein Engagement vielen amerikanischen Kindern das Leben gerettet.

Nathan Strauss lebte in den 1890er Jahren in New York und war einer der Inhaber eines Geschäfts namens Macy's Department Store. Als aktiver Philanthrop kümmerte er sich besonders um die Bewohner von New York. Im Jahr 1893 entschloss er sich, etwas für die Kinder zu tun.

Zu dieser Zeit starb eins von zehn Kindern, noch bevor es fünf Jahre alt war. Strauss ahnte, dass es etwas mit der Milch zu tun hatte, die die Kinder bekamen. Er dachte einfach logisch nach: Milch verdarb schneller in den heißen Sommermonaten. Und mehr Kinder starben im Sommer. Vielleicht bestand hier ein Zusammenhang.

Strauss forschte intensiv nach und fand einen perfekten Wer. 30 Jahre zuvor hatte der französische Chemiker Louis Pasteur eine Methode zur Abtötung der Bakterien entwickelt, die Milch und Bier verderben ließen. Leider wurde diese sogenannte Pasteurisierung in den USA kaum eingesetzt.

Im Juni 1893 baute Strauss eine Milchverarbeitungsanlage in seiner Heimatstadt. Die Milch wurde pasteurisiert und dann zu einem für die Anwohner erschwinglichen Preis verkauft. Diejenigen, die zu arm waren und sich die Milch nicht leisten konnten, erhielten Gutscheine und bekamen die Milch umsonst.

Im Laufe der nächsten sieben Jahre baute Strauss sechs weitere Milchstationen in der ganzen Stadt. Er lieferte pasteurisierte Milch unter anderem an ein Waisenhaus, das bisher nur Milch von einer bestimmten Kuhherde erhalten hatte. Dank der pasteurisierten Milch sank die Sterblichkeitsrate in dem Waisenhaus innerhalb eines Jahres um über 30 Prozent.

Trotz seines großen Erfolgs musste Strauss hart für den Schutz der Kinder kämpfen. Im Jahr 1907, als er sich bereits 14 Jahre für die Pasteurisierung eingesetzt hatte, war die Stadt New York immer noch nicht bereit, die gesamte Milch pasteurisieren zu lassen. Selbst eine von Teddy Roosevelt in Auftrag gegebene Studie reichte nicht aus, um die Einwände der Milchindustrie *zu entkräften, die eine Pasteurisierung aus finanziellen Gründen ablehnte. Die Studie hatte ergeben, dass die Pasteurisierung Geschmack, Qualität, Nährwert und Verträglichkeit der Milch nicht beeinträchtigte, sondern Krankheiten vorbeugte und viele Leben rettete.*

Erst im Jahr 1913, als eine durch Milch übertragene Typhusepidemie Tausende von Menschen tötete, reagierten die New Yorker Behörden endlich. Wäre die Milch pasteurisiert worden, wie Strauss es vorgeschlagen hatte, wäre diese Epidemie wahrscheinlich vermeidbar gewesen.

Doch nun stand die Öffentlichkeit hinter Strauss, sodass bis zum Jahr 1917 fast alle großen Städte in den USA eine Pasteurisierung der Milch vor dem Verkauf anordneten. Städte wie New York erlebten daraufhin einen Rückgang der Kindersterblichkeitsrate um über 60 Prozent.

Nathan Strauss ist ein hervorragendes Beispiel dafür, wie man auf geduldige Weise unrealistisch ist. Er war unrealistisch, da er beharrlich einen Weg verfolgte – um Tausende von Kindern zu retten – und etwas verändern wollte, was bisher ein unlösbares Problem gewesen war. Er war überzeugt davon, eine Lösung finden und infolgedessen den Druck und die Ängste von Ärzten, einer unwissenden Öffentlichkeit sowie mächtigen Wirtschaftsfraktionen überwinden zu können, die nichts verändern wollten.

Am Ende behielt Strauss recht. Er tat, was absolut unrealistisch erschien. Er hatte genug Geduld, um fast 25 Jahre seines Lebens seinem Ziel zu widmen.

Dank seines Einsatzes wurden bis heute zahllose Kinder gerettet. Und mit jedem Glas Milch, das dank Strauss' Engagement nicht mehr potenziell lebensbedrohlich, sondern gesundheitsfördernd wurde, sammelte er Reiche und Glückliche Minuten an.

Die Lehre dieser Geschichte lautet: Seien Sie auf geduldige Weise unrealistisch. Finden Sie heraus, was Sie sich für Ihr Reiches und Glückliches Leben wünschen. Und solange Sie in Ihrem tiefsten Inneren wissen, dass Sie genau das wollen, sollten Sie »nie, nie, niemals« aufgeben, wie Winston Churchill einmal gesagt hat.

Stellen Sie lediglich eine Dosis Geduld bereit, damit dieses Leben sich allmählich entfalten kann.

Die gute Nachricht lautet, dass es einen weiteren Teil der Reich-und-Glücklich-Formel gibt, der Ihnen dabei helfen kann, diesen Prozess dramatisch zu beschleunigen.

Bei meinen Vorträgen mache ich häufig eine kleine Übung mit dem Publikum. Ich bitte die Zuhörer, sich jeweils einen Übungspartner zu suchen. Ich fordere den Größeren der beiden auf, eine Hand zu öffnen, in die der andere einen kleinen Zettel legt, auf dem eine Beschreibung seines Reichen und Glücklichen Lebens steht.

Dann ballt die größere Person die Hand zu einer Faust zusammen und hat damit die Kontrolle über das Reiche und Glückliche Leben des anderen. Dann frage ich die Leute, die ihren Notizzettel abgegeben haben, ob sie ihr Reiches und Glückliches Leben wirklich wollen. Natürlich bejahen sie das. Also fordere ich sie auf, sich den Zettel zurückzuholen.

Die Reaktionen reichen von einem zaghaften Nach-der-Hand-Greifen bis zu wahren Ringkämpfen. Es macht Spaß, dem Treiben von der Bühne aus zuzusehen, und ich lasse es ein paar Minuten lang einfach laufen. Meistens gibt es ein oder zwei Übungspaare, die lächeln oder lachen und im Gegensatz zu all den anderen Leuten nicht miteinander ringen.

Sie kennen diesen Teil der Formel. Er heißt »Darum bitten«. Anstatt darum zu kämpfen, bitten diese Menschen einfach um ihr Reiches und Glückliches Leben.

Die Kraft der Bitte bringt Sie auf die Überholspur zu Reichtum und Glück.

Andere Menschen möchten, dass Sie Reich und Glücklich sind. Das ist wirklich so. Viele von ihnen glauben nicht daran, dass sie selbst ein Reiches und Glückliches Leben haben können. Also tun sie das Nächstbeste: Sie helfen jemand anderem dabei, ein solches Leben zu verwirklichen. Und diejenigen, die dieses Ziel für sich bereits erreicht haben, wissen, dass andere Menschen ihnen dabei geholfen haben. Daher helfen auch sie selbst anderen selbstverständlich gerne weiter.

In den 60er Jahren führte der Sozialpsychologe Stanley Milgram eine Reihe von Experimenten durch, bei denen es auch um die Kraft der Bitte ging. Milgram schickte Pakete von Massachusetts nach Nebraska. Die Pakete enthielten einige Anweisungen für die Empfänger. Diese wurden darum gebeten, für die Zustellung des Pakets an eine bestimmte Person in Massachusetts zu sorgen. Aber nicht nur das. Die Instruktionen enthielten noch zwei weitere Bitten. Das Paket durfte nicht per Post verschickt, sondern sollte persönlich übergeben werden. Darüber hinaus durfte der Empfänger das Paket nur einer Person anvertrauen, die er duzte. Er musste also eine Person auswählen, die entweder selbst nach Massachusetts fuhr oder ihrerseits jemanden gut kannte, der in diese Stadt fuhr und bereit war, das Paket dort persönlich zu übergeben.

Zwei Ergebnisse dieses Experiments sind für uns in Bezug

auf ein Reiches und Glückliches Leben relevant. Zum einen war das Paket nur in den Händen von sechs Menschen, bevor es seinen Bestimmungsort erreichte. Diese Erkenntnis wird als die »sechs Grade der Trennung« bezeichnet. Sie zeigen, dass unsere Wers – die Leute also, die bereits einen Weg gefunden haben, ein Leben zu führen, so wie wir es uns selbst wünschen – näher sind, als wir denken.

Das trifft in unserer Situation besonders zu, da die Einschränkungen, die in Milgrams Experiment vorgegeben waren, in unserem Fall nicht existieren.

Wir müssen einen Menschen nicht bereits duzen, um ihn um Hilfe zu bitten, einen Rat von ihm zu erhalten oder um herauszufinden, was er getan hat, um seine Ziele zu erreichen. Wir müssen ihm unsere Fragen auch nicht persönlich stellen. Durch das Internet und andere Informations- und Kommunikationsmöglichkeiten brauchen wir nur wenige Sekunden, um weltweit mit Leuten Kontakt aufzunehmen, ohne aus dem Haus zu gehen.

Die zweite wichtige Erkenntnis ist folgende: Ob jemand bereit war zu helfen, das Paket von Nebraska nach Massachusetts zu befördern oder nicht, hing davon ab, welchen Wert er dem Inhalt zuschrieb. Dachten die Überbringer, das Paket sei sehr wertvoll, war ihre Hilfsbereitschaft groß. Wenn wir anderen Menschen erzählen, dass wir gerne ein Reiches und Glückliches Leben führen möchten, ein Leben, das uns Erfüllung schenkt, ein Leben, in dem wir tun, was wir möchten, wann immer wir es möchten … dann sprechen wir über etwas, das einen unglaublich hohen Wert für uns hat.

Und deshalb werden andere Menschen höchstwahrscheinlich bereit sein, uns zu helfen. Aber nur, wenn wir sie darum bitten.

Ich möchte Ihnen die Kraft der Bitte anhand einer weiteren Geschichte erläutern.

Nachdem mein Buch ›Das Café am Rande der Welt‹ vor ein paar Jahren herausgekommen war, stellte ich fest, dass es innerhalb von zwölf Monaten Leser in 24 Ländern auf sechs der sieben Kontinente gekauft hatten. Da kam mir der Gedanke, dass es toll wäre, wenn mein kleines Inspirationsbuch auf jedem Kontinent Leser anregen würde.

Was meinen Sie, welcher Kontinent fehlte noch?

Es war Antarktika. Ich hatte keine Ahnung von diesem Kontinent, aber da ich nicht die Wie-geht-das-Krankheit bekommen wollte, überlegte ich sofort, wen ich um Hilfe bitten konnte. Also rief ich im Internet die Seite www.google.com auf und tippte »Wer ist in Antarktika?« in das Suchfeld ein.

Eine ganze Reihe von Informationen tauchten auf. Ich erfuhr sehr schnell, dass es nur 2000 Menschen in Antarktika gab. Zu bestimmten Zeiten ist der Kontinent so stark vom Eis eingeschlossen, dass monatelang nichts hinein- oder herausgelangt. Dann fand ich heraus, dass sich die Statistik über die Population auf den Sommer bezog. Ich aber versuchte mein Projekt im Winter umzusetzen und zu dieser Zeit waren nur circa 200 Leute dort.

Meine Herausforderung bestand also darin, einen unter diesen 200 Menschen ausfindig zu machen – von damals 6,6 Milliarden auf dem gesamten Planeten –, in einem Gebiet, das monatelang durch das Eis abgeschnitten war, und diesen Menschen irgendwie dazu zu inspirieren, ein Buch von jemandem zu kaufen, dem er nie begegnet war.

Na, wie entmutigend klingt das?

Mithilfe der Kraft der Bitte gelang es mir innerhalb von 47 Minuten. Möchten Sie gerne wissen, wie ich es anstellte? Nein,

nein, nein! Sie möchten gerne wissen, um welchen Wer es sich handelte, nicht wahr?

Der Wer war ein Mann namens Jack. Einer der Links, die auf der Googleseite auftauchten, hieß »Ask Jack« (Frag Jack). Jack war ein Meteorologe der Zeitung ›USA Today‹ und hatte in Antarktika meteorologische Studien durchgeführt. Nun, wenn jemand schon unter dem Namen »Ask Jack« auftaucht ... raten Sie mal, was ich getan habe. Richtig, ich fragte Jack! Wenn das Universum einem solche Dinge zuspielt, weist man sie nicht ab.

Ich schickte Jack eine E-Mail. Ich schrieb ihm: »Jack, ich hätte eine Bitte.« Ich erklärte ihm, dass ich der Autor eines Buches war, das Menschen auf sechs der sieben Kontinente inspiriert hatte. Nun sei also nur noch Antarktika übrig und mir sei nicht klar, wie ich es angehen solle. Daher wüsste ich es sehr zu schätzen, wenn er mir irgendeinen Rat geben könnte. Im Prinzip erzählte ich ihm knapp, wahrheitsgemäß und auf eine von Herzen kommende Weise, was ich vorhatte. Dann klickte ich mit der Maus auf »Senden«.

Und tatsächlich bekam ich eine Antwort von Jack. Die Mail war eine Seite lang! Er nannte mir die Namen der drei wichtigsten Unternehmen, die in Antarktika Geschäfte machen. Außerdem suchte er mir ihre Internetseiten heraus, gab mir alle möglichen anderen Informationen und wünschte mir am Ende der Mail Glück. Zudem schrieb er mir, ich solle mich bei ihm melden, falls er mir noch weiter behilflich sein könnte.

Ich hatte diesen Mann noch nie getroffen und er tat all das für mich!!! Nur weil ich ihn um einen Rat gebeten hatte.

Als ich seine Mail erhielt, klickte ich auf den ersten Link. Das Unternehmen hatte seinen Firmensitz in den USA. Also rief ich dort an und erzählte meine Geschichte – dass ich der Autor eines Inspirationsbuches sei und Menschen auf allen sieben

Kontinenten inspirieren wolle, wobei Antarktika als Einziger noch übrig sei, »Frag Jack« aber habe mir den Namen des Unternehmens genannt … am anderen Ende der Leitung entstand eine lange Pause, dann sagte der Mann: »Ähm, ich sitze hier nur in der Telefonzentrale«, aber er bot mir an, mich zu jemandem durchzustellen, der mir weiterhelfen konnte.

Das tat er, und als eine Frau sich meldete, erzählte ich meine ganze Geschichte noch einmal – Autor mit Inspirationsbuch … sieben Kontinente … nur Antarktika übrig … Frag Jack …

Dann sagte meine Gesprächspartnerin die gleichen Worte, die Sie hören werden, wenn Sie Ihr Reiches und Glückliches Leben gestalten. Sie sagte: »Ich kann Ihnen helfen.« Auch wir beide waren uns nie begegnet. Bis vor einigen Sekunden hatte sie noch nie etwas von mir gehört und trotzdem bot sie mir ihre Hilfe an. All das, nur weil ich sie darum gebeten hatte!

Sie fragte mich, wie ich das Buch verkaufen wollte. Darauf hatte ich keine Antwort, denn ich hatte noch gar nicht so weit gedacht. »Wie wäre es über das Internet?«, fragte ich sie. »Gibt es in Antarktika überhaupt schon Internet?« Das war der Fall, und meine Gesprächspartnerin schlug mir vor, eine Bestellmöglichkeit im Internet einzurichten und ihr dann den Link zu schicken. Dann würde sie sehen, was sich machen ließe.

Als ich versuchte, mein Online-Bestellsystem entsprechend einzurichten, erfuhr ich, dass Bestellungen aus Antarktika nicht möglich waren! Gggrrr! So nah am Ziel und dann dieses große Hindernis. Also dachte ich an einen Wer und rief die Internetseite Amazon.com auf. Und tatsächlich, sie nahmen Bestellungen aus Antarktika entgegen. UND auf dieser Seite gab es einen Bereich, in dem jeder eine Auktion veranstalten konnte. Amazon kümmerte sich dann um die Abwicklung. Perfekt!

Ich rief die Auktionsseite auf, richtete die Auktion ein und *fügte beim Begleittext den Hinweis ein: »Bitte bieten Sie nicht, wenn Sie nicht aus Antarktika sind!« Dann schickte ich meiner Gesprächspartnerin den Link und sie leitete ihn an die richtigen Leute in Antarktika weiter. Am Ende verkauften wir zehn Exemplare von ›Das Café am Rande der Welt‹. Ich hatte insgesamt 47 Minuten investiert.*

Ihr Reiches und Glückliches Leben steht für Sie bereit. Sie sollten wissen, wie es aussieht, Sie sollten daran glauben, dass es möglich ist, und Sie sollten unbedingt um Hilfe bitten, wenn Sie Unterstützung dabei brauchen, es zu verwirklichen.

STEIGEN SIE AUS

Reiche und Glückliche Menschen sind Meister in der Kunst des Aussteigens. Sie sind die Ersten, die einen Job kündigen, der ihnen keine Reichen und Glücklichen Minuten beschert oder wenn sie einen miesen Chef haben. Denn in einem solchen Umfeld zu arbeiten ist eine Garantie für das Scheitern.

Sie freuen sich darüber, wenn sie ihre Ziele erreichen, und feiern ihren Erfolg; dann aber halten sie möglicherweise inne, denken über ihre Situation nach und verabschieden sich unter Umständen vom Bisherigen, um neue Ziele zu verfolgen. Selbst bei einer Tätigkeit, die ihnen sehr liegt, wissen sie, wann es an der Zeit ist, damit aufzuhören und eine Pause einzulegen, damit sie keinen Burnout erleben.

Die Fähigkeit, aus einer Situation auszusteigen, wird von vielen Menschen extrem unterschätzt beziehungsweise negativ bewertet. Aber Reiche und Glückliche Leute wissen, dass sie eins der zentralen Elemente der Reich-und-Glücklich-Formel ist.

Die meisten Menschen erkennen den Wert des Aussteigens am ehesten im Zusammenhang mit einer Kündigung. Bei meiner Tätigkeit habe ich mit allen möglichen Leuten verschiedenster soziokultureller Herkunft zu tun. Ich begegne ihnen in den unterschiedlichsten Situationen – das Spektrum reicht von über tausend Zuhörern bei einem Vortrag bis zu einem persönlichen Einzelgespräch.

Ich habe festgestellt, dass über 90 Prozent der Menschen

nicht in einem Job arbeiten, der zu ihrer Vorstellung von einem Reichen und Glücklichen Leben passt.

Mit anderen Worten, dieser riesige Zeitblock, den sie in der Arbeit verbringen und der – wie Sie in der Kalenderübung auf S. 115 f. gesehen haben – den größten Teil ihres Lebens dominiert, beschert ihnen keine Reichen und Glücklichen Minuten.

Das verringert ihre Chancen auf ein Reiches und Glückliches Leben erheblich. Denn, wie wir bereits festgestellt haben:

Ein Reiches und Glückliches Leben entsteht durch die Ansammlung vieler Reicher und Glücklicher Minuten!

Für viele Reiche und Glückliche Menschen ist es nicht vorstellbar, bei der Arbeit keine Reichen und Glücklichen Minuten zu erleben. Auf diesem Pfad wären sie ja auch zum Scheitern verurteilt. Wenn ihnen ihre Arbeit keine Reichen und Glücklichen Minuten beschert, kündigen sie und machen etwas anderes.

Wie viele Reiche und Glückliche Minuten können Sie jede Woche bei Ihrer Arbeit verbuchen? Ist es an der Zeit, Ihre Reich-und-Glücklich-Intelligenz unter Beweis zu stellen und zu KÜNDIGEN?

Ich habe mich immer über das hohe Verkehrsaufkommen auf den Straßen während der Stoßzeiten amüsiert. Dort, wo ich wohne, gibt es eine große Ost-West-Schnellstraße, die eigentlich eher von Norden nach Süden führt, aber um diese Ironie geht es hier nicht.

Die eigentliche Ironie ist, dass Zehntausende von Menschen aus dem Osten jeden Tag eineinhalb Stunden im Stau stehen. Sie fahren nach Westen in eine Arbeit, die ihnen keinen Spaß macht und die ihnen keine Reichen und Glücklichen Minuten beschert.

Zehn Meter weiter, auf der Fahrbahn, die nach Osten führt, befinden sich all die Leute aus dem Westen. Auch sie stehen 90 Minuten lang im Stau auf dem Weg zu Jobs, die ihnen keine Freude bereiten und ihnen keine Reichen und Glücklichen Minuten bescheren.

Wäre es nicht großartig, wenn all diese Leute wenigstens ihren Arbeitsplatz miteinander tauschen könnten? Wenn diejenigen aus dem Osten auch im Osten arbeiten würden und das Gleiche für diejenigen aus dem Westen gelten würde? Auf diese Weise würden sie sich wenigstens ihre Pendelzeit sparen.

Bei einer Publikumsdiskussion würde an diesem Punkt irgendjemand seine Hand heben und erklären, dass er ein »Aber« hat.

Aber ich bekomme keinen anderen Job, *aber* die betrieblichen Leistungen meines jetzigen Arbeitgebers sind so gut. Mein Job gefällt mir zwar nicht, *aber* meine Kollegen sind sehr nett ... Mein persönlicher Favorit ist das folgende Argument: *Aber* ich habe nur noch sieben Jahre bis zur Rente.

Lassen Sie uns diese einschränkenden Überzeugungen bei ihrem Namen nennen: Es sind Ausreden.

Reiche und Glückliche Menschen werden deshalb Reich und Glücklich, weil sie sich nicht von so etwas wie guten betrieblichen Leistungen einwickeln lassen. Sie wissen, dass es überall nette Arbeitskollegen gibt, egal wo man arbeitet. Und sie werden bestimmt nicht Reich und Glücklich, indem sie sieben Jahre in einem Job ausharren, der ihnen nicht gefällt.

Das ist zwar ein guter Weg, um hohen Blutdruck, Herzprobleme und Rezepte für Antidepressiva zu bekommen sowie ein richtiger Griesgram zu werden, aber es ist sicherlich nicht der Weg zu Reichtum und Glück.

Eine der besten Aussagen, die ich je über das Kündigen gelesen habe, stammt von der Autorin Tama Kieves. Nachdem sie an der Harvard-Universität Jura studiert und als Anwältin gearbeitet, dabei aber keine Reichen und Glücklichen Minuten erlebt hatte, stellte sie ihre beeindruckende Klugheit unter Beweis und kündigte. In ihrem Buch *This Time I Dance* schreibt sie:

»Wenn Sie so erfolgreich bei einer Arbeit sind, die Ihnen keinen Spaß macht, wie viel könnten Sie dann erst bei einer Arbeit erreichen, die Sie begeistert?«

Ich stimme ihr absolut zu.

Die Kunst des Aussteigens hat für alle Bereiche eines Reichen und Glücklichen Lebens eine große Bedeutung.

Leben Sie in einer Beziehung, die Ihnen nur sehr wenige Reiche und Glückliche Minuten bringt? Dann steigen Sie aus diesem Zustand aus. Das bedeutet nicht, dass Sie die Beziehung ganz beenden müssen, aber Sie sollten sich unbedingt von bestimmten Dingen verabschieden. Hören Sie auf damit, so viel Zeit getrennt voneinander zu verbringen, wenn das das Problem ist. Hören Sie auf zu streiten, hören Sie auf, aneinander herumzunörgeln, hören Sie auf, den anderen auf respektlose Weise zu behandeln …

Wenn die Vorstellung, etwas ganz aufzugeben, Ihnen Angst macht, sollten Sie nach und nach aussteigen. Arbeiten Sie nicht länger täglich 14 Stunden in einem Job, der Ihnen nicht gefällt. Arbeiten Sie stattdessen nur noch 13 Stunden pro Tag und widmen Sie sich in der gewonnenen Stunde der Suche nach einem Job, der Ihnen viele Reiche und Glückliche Minuten bescheren wird. Sobald Sie ihn gefunden haben, kündigen Sie.

Versuchen Sie sich heute – quasi als persönliche Herausforderung – von nur einer Minute zu verabschieden, die Sie nicht auf eine Reiche und Glückliche Weise verbringen, und füllen Sie diese Minute mit einer Visualisierung Ihres Reichen und Glücklichen Lebens.

Wenn die Welt um Sie herum nach dieser Erfahrung nicht untergegangen ist – und das wird natürlich nicht der Fall sein –, sollten Sie sich morgen von einer weiteren Minute verabschieden. In dieser neuen Minute können Sie ebenfalls Ihr Reiches und Glückliches Leben visualisieren oder Sie lesen sich die stärkenden Reich-und-Glücklich-Überzeugungen durch, über die wir bereits gesprochen haben.

Hier sind sie noch einmal:

Alles ist möglich.

Ich bin es wert, Reich und Glücklich zu sein.

Ich bin dazu in der Lage, Reich und Glücklich zu sein.

Ich habe es verdient, Reich und Glücklich zu sein.

Wenn ich ein Reiches und Glückliches Leben führe, hilft das der Welt.

Die einzige Person, die mich daran hindern kann, bin ich selbst.

Ich kann jetzt sofort Reich und Glücklich sein.

Reich und Glücklich zu sein ist mein naturgegebener Zustand.

Verabschieden Sie sich in den nächsten 30 Tagen jeweils von einer Minute täglich und widmen Sie diese zu einer Reichen und Glücklichen Minute um. Fahren Sie mit Ihren Visualisierungen fort, lesen Sie aufbauende Worte oder verbringen Sie die Zeit mit den Dingen, die Sie in Ihren Reich-und-Glücklich-Visualisierungen sehen. Am Ende der 30 Tage können Sie sich entscheiden, ob Sie damit fortfahren möchten.

Die Möglichkeiten, von diesem Reich-und-Glücklich-Instrument zu profitieren, sind beinahe unendlich und Sie werden Ihr ganzes weiteres Leben Ihren Nutzen daraus ziehen. Damit dieses Instrument wirken kann, müssen Sie lediglich drei kleine Worte äußern – **ICH STEIGE AUS.**

STRESS IST ETWAS FÜR LEICHTGLÄUBIGE

Die meisten halten Stress für einen notwendigen Teil des Lebens. Reiche und Glückliche Menschen tun das nicht. Sie kontrollieren den Stress und nicht umgekehrt.

Doch wie lässt Stress sich kontrollieren?

Denken Sie an eine Situation, in der Sie gestresst sind. Glauben Sie, dass es auf der ganzen Welt mindestens eine Person gibt, die in dieser Situation nicht gestresst wäre? Natürlich gibt es so jemanden.

Also ist nicht die Situation stressig, sondern die Art und Weise, wie Sie diese Situation interpretieren.

Wenn Ihr Chef Ihnen eröffnet, dass er Ihnen kündigen wird, falls Sie nicht augenblicklich bessere Leistungen erbringen, könnten Sie sich dadurch »gestresst« fühlen. Aber wie wäre es, wenn Sie sich auf dem Heimweg ein Lotterielos kaufen und zehn Millionen gewinnen würden? Wären Sie dann angesichts der drohenden Kündigung immer noch gestresst oder würden Sie Ihrerseits freudig kündigen?

Noch einmal: Nicht die Situation selbst ist stressig.

Im obigen Szenario, in dem Ihr Chef Ihnen die Hiobsbotschaft verkündete, schalteten sich die Submodalitäten ein, über die wir bereits gesprochen haben (s. S. 244). Sie haben bestimmte Bilder in Ihrer Vorstellung entstehen lassen und innere Dialoge mit sich selbst geführt. Das ist völlig normal und wir alle tun das. Aber diese Bilder und Gespräche diktieren uns, wie wir uns fühlen.

Wenn Sie sich vorstellen, mit Ihrem Partner zu streiten,

die Rechnungen nicht bezahlen zu können, monatelang keine Arbeit zu haben und am Ende verarmt und zutiefst unglücklich dazustehen, werden Sie sich anschließend schrecklich fühlen. Diese Bilder werden wahrscheinlich von inneren Dialogen begleitet, die bekräftigen, wie verzweifelt und elend Ihre Situation ist. Die innere Stimme kann sich sogar über Sie lustig machen, Sie beschimpfen oder angreifen.

Daher rührt die Angst.

Aber wie wäre es andererseits, sich vorzustellen, wie Sie sich weiser und entschlossener fühlen, nachdem Ihr Chef Ihnen mit der Kündigung gedroht hat? Sie würden Ihren Job entweder behalten oder sich endlich selbstständig machen und mit der vollen Unterstützung Ihrer Familie einen Reichen und Glücklichen Zustand erreichen. Sie würden sich großartig fühlen.

Potenziell stressige Situationen gehören zum Leben dazu. Je nachdem, wie Sie damit umgehen, erzeugen sie Stress bei Ihnen oder eben auch nicht. Ihre Haltung gegenüber äußeren Einflüssen gehört zu den wenigen Dingen im Leben, die gänzlich Ihrer Kontrolle unterliegen. Niemand kann Ihnen die Fähigkeit nehmen. Nur Sie selbst können sie aufgeben.

Das Gefühl des Kontrollverlusts lässt Situationen häufig stressig werden.

Stellen Sie sich vor, Sie sind im Urlaub in einem Taxi unterwegs. Auf einem steilen Bergpass versagen die Bremsen plötzlich. Sie haben zwei Möglichkeiten: sich gut festzuhalten und zu hoffen, dass der Fahrer die Kontrolle über das Fahrzeug behält. Oder Sie können mit ihm Platz tauschen und selbst ihr Bestmögliches versuchen. Sie haben nur zehn Sekunden zum Überlegen.

Erstaunlicherweise ziehen es die meisten Menschen (ich

auch) vor, selbst das Steuer zu übernehmen. Unter logischen Gesichtspunkten ergibt das keinen Sinn. Der Fahrer kennt die Straße und das Auto besser als Sie. Vermutlich fährt er mindestens so gut Auto wie Sie, schließlich ist das sein Beruf. Warum wollen Sie diese Vorteile ausschlagen?

Weil Sie, solange Sie selbst am Steuer sitzen, zumindest das Gefühl von Kontrolle haben. Wenn Sie schon in den Abgrund stürzen müssen, dann wenigstens über die Klippe Ihrer Wahl.

Wenn wir unser Schicksal selbst in die Hand nehmen, auch in schwierigen Situationen, sinkt die Wahrscheinlichkeit, dass uns das stresst.

Reiche und Glückliche Menschen wissen, dass sie sich selbst Stress machen und nicht etwa ihr Chef, ihr Partner, die Regierung, illegale Immigranten oder der Hundewelpe, der sich gerade auf dem Teppich übergeben hat. Sie weigern sich strikt, eine Opferhaltung einzunehmen.

Stellen Sie sich einmal die folgenden beiden Fragen:

1. **Habe ich mich zu irgendeinem Zeitpunkt während der letzten zwei Monate gestresst gefühlt?**
2. **Hatte ich zu irgendeinem Zeitpunkt während der letzten zwei Monate Angst?**

Immer wenn ich vor einem Publikum spreche und diese Fragen stelle, gehen bei der ersten fast alle Hände bejahend hoch. Nur wenige Menschen beantworten die zweite Frage mit Ja.

In dieser Diskrepanz offenbart sich ein großer Teil der Reich-und-Glücklich-Formel. Denn die meisten Menschen erkennen nicht, dass Stress Angst ist.

Es gibt keine Situation, in der man Stress nicht durch das Gefühl der Angst ersetzen könnte. »Meine Arbeit stresst mich« könnte man auch folgendermaßen übersetzen: »Ich habe Angst, meinen Job zu verlieren und nicht in der Lage zu sein, für mich und/oder meine Familie zu sorgen.« »Es stresst mich, dass ich eine Rede halten muss« bedeutet in der Regel: »Ich habe Angst, mich zu blamieren und von den Leuten ausgelacht zu werden.«

Sogar etwas Unverfängliches wie »Die laute Musik des Nachbarn stresst mich« bedeutet wahrscheinlich so etwas wie »Ich habe Angst, dass ich nicht gut schlafen kann, und dann werde ich in der Arbeit schlecht gelaunt sein und wild um mich schlagen und die halbe Buchhaltung massakrieren«.

Das nächste Mal, wenn Sie der Welt verkünden wollen, dass Sie vollkommen gestresst sind, sollten Sie versuchen, die Wendung »vollkommen gestresst« durch »Ich habe Todesangst« zu ersetzen. Beobachten Sie, wie sich Ihre Wahrnehmung dadurch verändert.

Es hat eine große Wirkung, wenn wir erkennen, wie austauschbar die Begriffe Angst und Stress sind. Für die meisten Menschen ist es in Ordnung, die ganze Zeit gestresst zu sein, aber sie würden es nicht akzeptieren, sich ständig in einem Zustand der Angst zu befinden. Dieses neue Bewusstsein motiviert uns, die Situation zu verändern, anstatt sie als etwas zu akzeptieren, womit wir leben müssen.

Es gibt eine Reihe von Techniken, die Reiche und Glückliche Menschen anwenden, um die Kontrolle in Situationen zu behalten, die bei anderen Stress erzeugen. Einige haben wir bereits vorgestellt, zum Beispiel das Ankern (s. S. 248), die Veränderung der Submodalitäten (s. S. 244) und die Visualisierung (s. S. 263). Hier sind noch ein paar weitere:

Treiben Sie Sport

Sport ist eine Form von beabsichtigtem Stress, der häufig auch als Eustress bezeichnet wird. Eine Erholungsphase ist immer integriert und daher ist Sport so wohltuend. Niemand kann unendlich viele Liegestütze ausführen, ohne irgendwann mal aufzuhören, um sich zu erholen. Der Körper lässt das nicht zu. Wenn Sie daher Sport treiben, polen Sie den Stress auf eine positive Weise um und sorgen dafür, dass es ein Ende gibt.

Darüber hinaus hat die körperliche Anstrengung eine weitere angenehme Nebenwirkung, da Endorphine freigesetzt werden, die positive Gefühle wie das sogenannte Runner's High erzeugen.

Atmen Sie richtig

Stress führt in der Regel zu einer schnelleren Atmung und einer erhöhten Herzfrequenz.

Die meisten Menschen atmen zu flach, zu schnell und nur im oberen Brustbereich anstatt tief aus dem Bauch heraus. In einer potenziellen Stresssituation wird das noch schlimmer.

Überprüfen Sie jetzt Ihre Atmung. Woher kommt sie? Wenn sie sich in Ihrer Brust befindet, verlangsamen Sie die Atmung und verlagern Sie sie nach unten. Sie sollten aus dem Bauch heraus atmen.

Eine langsame Bauchatmung reduziert das Stressniveau sofort. Falls Sie jahrelang hoch oben aus der Brust heraus geatmet haben, fühlt es sich vielleicht etwas ungewohnt an, die

Atmung nach unten zu verlagern. Aber probieren Sie es und halten Sie durch. Bald wird es normal für Sie sein.

Wenn Sie merken, dass Sie gestresst sind/Angst haben, atmen Sie ein paar Mal tief in den Bauch hinein und treten Sie – bildlich gesprochen – einen Schritt zurück.

Lachen Sie mehr

Im nächsten Kapitel werden wir diesen Punkt noch genauer erläutern. Für den Moment sollten Sie sich diesen Rat lediglich zu Herzen nehmen. Wenn Sie sich sehr gestresst fühlen, sollten Sie keinen ruhigen Abend mit Ihrer Steuererklärung, einer Leonard-Cohen-CD und einer Flasche billigem Whiskey verbringen.

Sehen Sie sich stattdessen eine Komödie im Fernsehen an, lesen Sie ein lustiges Buch oder stöbern Sie auf YouTube nach witzigen Videos über jonglierende, skateboardfahrende Erdhörnchen.

Verändern Sie Ihre Stimmung, damit Sie wieder einen positiven Blick auf die Welt bekommen.

Sagen Sie Ahh

Ich spreche hier nicht von dem Laut, den Sie von sich geben, wenn Ihr Arzt Sie dazu auffordert, die Zunge herauszustrecken.

Ich meine das Ahh, das entsteht, wenn wir laut und zufrieden seufzen. Stoßen Sie dieses Ahh fünf oder sechs Mal entweder laut aus, falls Ihnen die irritierten Blicke der Menschen in Ihrer Nähe egal sind, oder führen Sie diese Übung innerlich aus.

Durch diese Aktion wird ein Signal ans Unbewusste geschickt, dass in Ihrer Welt alles in Ordnung ist. Sie werden sich danach augenblicklich besser fühlen. Es klingt vielleicht lächerlich, aber es funktioniert tatsächlich.

Reduzieren Sie das Tempo & seien Sie im Jetzt

Abgesehen vom Sport gibt es nur wenige Dinge im Leben, bei denen wir nicht davon profitieren, wenn wir sie langsamer und bewusster ausführen. Denken Sie etwa an den Genuss eines guten Essens, Spaziergänge und das Autofahren.

Die Gesellschaft will uns gerne glauben machen, dass wir ständig drei Dinge auf einmal erledigen sollten. Egal, was wir tun, wir sollten es demnach so schnell wie möglich tun und dann zur nächsten Tätigkeit übergehen. Aber genau das machen wir nun nicht!

Versuchen Sie ein paar Tage lang zu Mittag zu essen, ohne gleichzeitig etwas anderes zu tun oder sich bereits den Kopf darüber zu zerbrechen, was Sie nach dem Mittagessen alles erledigen müssen. Reduzieren Sie das Tempo, wenn Sie das nächste Mal auf der Schnellstraße fahren, und beobachten Sie, ob es tatsächlich länger dauert, bis Sie ans Ziel kommen.

Untersuchungen haben gezeigt, dass es in puncto Fahrtzeit meistens nichts bringt, aggressiv zu fahren. Allerdings wirkt es sich darauf aus, wie angespannt Sie sind und wie viel Benzin Sie während der Fahrt verbrauchen.

Entspannen Sie den Körper

Das ist eine absolute Notwendigkeit. Nehmen Sie sich Zeit, sich einfach zu entspannen.

Es gibt mehr als 600 Muskeln im menschlichen Körper und obwohl ihr natürlicher Zustand eigentlich die Entspannung ist, sind viele Menschen häufig so angespannt, dass das Gegenteil der Fall ist. Die Muskeln sind dann darauf trainiert, in Anspannung zu sein.

Nehmen Sie sich jetzt einen Moment Zeit, um Ihr Gesicht ganz zu entspannen. Na los, kommen Sie schon! Niemand sieht Ihnen zu, und selbst wenn, was soll's?

Beginnen Sie oben bei der Stirn und gehen Sie die Gesichtspartien dann langsam nach unten durch. Achten Sie besonders auf die Muskeln um Augen, Mund und Kiefer herum. Erlauben Sie einem nach dem anderen, sich zu lockern. Erleben Sie, wie ungewohnt sich Ihr Gesicht in diesem völlig entspannten Zustand anfühlt.

Anspannung fühlt sich für die meisten Menschen normal an, weil sie sich als Erwachsene fast immer in diesem Zustand befinden. Es ist so ähnlich wie mit geradem Rücken auf einem Stuhl zu sitzen. Es fühlt sich eigenartig an, wenn wir es gewohnt sind, krumm dazusitzen.

Nehmen Sie sich regelmäßig Zeit zu entspannen, dann wird es sich bald normal und außerdem viel besser anfühlen, als ständig in Anspannung zu sein.

Den Körper zu entspannen fördert die Gesundheit, es reduziert Stress und sorgt für einen erholsamen Schlaf. Darüber hinaus verleiht es Ihnen auch ein jüngeres Aussehen.

Entspannen Sie den Geist

Es gibt eine Reihe von großartigen Möglichkeiten, den Geist richtig zu entspannen. Und um es deutlich zu sagen: Fernsehen gehört nicht dazu.

Ich habe nichts gegen das Fernsehen, ich liebe es sogar. Ich genieße meine Sportsendungen, vor allem Fußball- und Rugbyspiele. Ich sehe mir auch gerne einen guten Film und unterhaltsame Dramen an. Aber mir ist bewusst, dass dies meinen Geist nicht wirklich entspannt.

Ich kann Ihnen eine Alternative anbieten, die Ihnen wunderbar dabei helfen kann, sich zu entspannen. Außerdem ist sie völlig kostenlos. Sie wirkt sich erwiesenermaßen positiv auf die Lebenserwartung aus, verbessert die kognitiven Fähigkeiten, baut Stress ab, führt zu Ausgeglichenheit und ist dem Schlafverhalten förderlich.

Es handelt sich um die Meditation. Sie lässt sich so leicht erklären, dass Leute, die versuchen, sie zu mystifizieren, lächerlich wirken.

Die Meditation ist eine konzentrierte Form der Ausrichtung.

Das ist eigentlich auch schon alles. Man könnte auch sagen, dass es sich um einen Trancezustand handelt oder dass es darum geht, im Moment zu sein beziehungsweise nicht mehr an die Vergangenheit oder die Zukunft zu denken. All diese Aussagen sind gleichermaßen richtig.

Sie können im Liegen meditieren, im Sitzen oder Stehen oder auch beim Gehen, solange Sie im Moment sind.

Manche Menschen behaupten, sie könnten nicht meditieren. Doch das können sie, denn wer atmen kann, der kann auch meditieren.

Selbst wenn in Ihrem Gehirn zwei Millionen Gedanken pro Sekunde ablaufen, lässt es sich auf eine einfache Weise zur Ruhe bringen: Konzentrieren Sie sich auf Ihre Atmung. Spüren Sie, wie der Atem einströmt und wieder ausströmt. Konzentrieren Sie sich dann auch auf andere Bereiche Ihres Körpers – nehmen Sie zum Beispiel wahr, wie Ihre Brust sich hebt und senkt.

Prima. Ihr Geist ist nun viel zu beschäftigt, um weiterhin zu plappern. Vielleicht bleibt er nur ein paar Momente in diesem Zustand oder sogar noch kürzer. Aber in diesem Moment ist er ruhig. Bauen Sie darauf auf. Beginnen Sie von vorne und versuchen Sie es erneut.

Erhalten Sie Ihre Konzentration jedes Mal etwas länger aufrecht.

Mit der Zeit werden Sie die Meditation immer besser beherrschen und es wird sich überaus lohnen.

Wenn ich mit Klienten über die Meditation spreche, wenden sie häufig ein: »Ich habe keine Zeit dafür.« Ich erwidere dann absolut unbeirrt: »Doch, die haben Sie!«

Sie müssen sich der Meditation keine ganze Stunde am Tag widmen. Zehn Minuten sind besser als nichts, und Sie können fast überall und zu jeder Zeit üben.

Sie können sich dafür entscheiden, sich keine Zeit für die Meditation zu nehmen, aber das ist etwas anderes, als keine Zeit zu haben.

Seien Sie präsent

Sie haben nur diesen Moment. Die Vergangenheit ist für immer vorbei und die Zukunft wird sich möglicherweise ereignen oder auch nicht. Wenn Sie Ihre Zeit in einer dieser beiden Dimensionen verbringen, verpassen Sie die einzige Realität, die es gibt – den gegenwärtigen Moment.

Sie können nicht gestresst sein, wenn Sie im Moment sind. Stress entsteht nur, wenn Sie darüber nachdenken, was geschehen könnte und was geschehen ist, aber er entsteht nicht, während etwas geschieht.

IGNORIEREN SIE DIE MEISTEN LEUTE

Die meisten Menschen sind nicht Reich und Glücklich. Dennoch zögern sie nicht, Ihnen Ratschläge zu geben, wie Sie Ihr Leben führen sollten. Sie machen Ihnen sogar Vorschläge, *wie Sie Reich und Glücklich werden können*, obwohl sie es in ihrem eigenen Leben nie geschafft haben.

Wenn Sie nicht aufpassen, kann das zu einer »Gemeinschaftsosmose« führen. Das heißt, Sie werden so wie Ihr Umfeld.

Erinnern Sie sich noch einmal an unser Beispiel von den drei übergewichtigen Freundinnen, die im selben Haus wohnen (s. S. 207). Sie alle reden davon, dass sie abnehmen möchten, aber ihre Essgewohnheiten stehen dem entgegen. Plötzlich findet eine der drei in sich die Motivation, zehn Pfund abzunehmen. Doch wenn sie im Haus bleibt, wird sie das Gewicht so gut wie sicher wieder zunehmen.

Woran liegt das?

Die anderen beiden Mitbewohnerinnen sehen nun, dass man dieses Gewicht abnehmen kann, ihnen wird bewusst, dass sowohl die Lösung als auch ihre Gewichtsprobleme bei ihnen selbst liegen.

Sie möchten nicht daran erinnert werden, also ermuntern sie die Freundin, die abgenommen hat, wieder zuzulegen. Das geschieht auf eine subtile und vielleicht sogar unbewusste Weise, aber nichtsdestotrotz kommt es zur Gemeinschaftsosmose und schon bald hat die Freundin die zehn Pfund wieder drauf.

Reiche und Glückliche Menschen wissen, dass die Gemeinschaftsosmose die eigenen Bemühungen zunichtemachen kann. Sie wissen aber auch, dass sie die Fähigkeit, ein Reiches und Glückliches Leben zu führen, dramatisch fördern kann, wenn man sich mit den richtigen Menschen umgibt. Sie wissen, um welch wichtiges Element der Reich-und-Glücklich-Formel es sich dabei handelt.

In Paris steht ein wunderbares Gebäude, weil sein Konstrukteur auf die meisten Leute nicht hörte. Es handelt sich um Alexandre Gustave Eiffel und den Eiffelturm.

Anlässlich des bevorstehenden hundertjährigen Jubiläums der Französischen Revolution im Jahr 1889 schrieb die Pariser Stadtverwaltung einen Wettbewerb aus. Es sollte ein Bauwerk errichtet werden, das das Washington Monument, das bis dahin höchste Bauwerk der Welt, in den Schatten stellte.

Neben anderen Vorschlägen, wie etwa der Errichtung einer riesigen Guillotine, erhielt die Stadtverwaltung auch einen Vorschlag von Alexandre Gustave Eiffel. Er wollte einen Turm bauen, der tausend Fuß und damit fast doppelt so hoch war wie das Washington Monument. Eiffel erklärte, er könne das Bauwerk in zwei Jahren fertigstellen. Als er seinen Vorschlag präsentierte, brachte er über 5000 Zeichnungen mit, die er bereits angefertigt hatte, um seine Fähigkeiten unter Beweis zu stellen.

Seine Zusicherung, das Projekt innerhalb von zwei Jahren abzuschließen, war angesichts der Größe des Bauwerks besonders gewagt. Zum Vergleich: Es hatte 37 Jahre gedauert, das Washington Monument zu errichten.

Viele Menschen glaubten nicht, dass Eiffel den Turm bauen konnte, und viele sprachen sich dagegen aus. Sie waren der Meinung, der Turm würde die Ansicht von Paris verschandeln und die Sicht auf andere berühmte Monumente wie den Louvre und Notre Dame versperren. Ein Mathematikprofessor behauptete gar, es sei nicht möglich, einen so hohen Turm zu errichten. Er würde bereits bei einer Höhe von weniger als 750 Fuß einstürzen. Die Pariser Zeitungen und alle möglichen Experten verbreiteten wilde Spekulationen – von der These, die Blitzableiter des Turms würden die Fische in der Seine töten, bis zur Befürchtung, das Wetter würde sich durch den Turm verändern.

Eiffel ignorierte all diese Gegner und wendete stattdessen die positive Version der Gemeinschaftsosmose an. Er umgab sich mit Ingenieuren, Verwaltungsbeamten und Geschäftsleuten, die an das Projekt glaubten. Die aus Washington bekannten Finanzierungshürden überwand er, indem er den Turm zu einer Geldmaschine machte.

In den unteren beiden Plattformen sollten Einzelhändler für die Platznutzung bezahlen. Besucher des Turms wiederum sollten für die Besteigung bezahlen, und zwar umso mehr, je höher es ging.

Bei der Erbauung nutzte Eiffel auf großartige Weise sein Netzwerk aus Wers. Er ließ selbst kleine Bauteile des Turms exakt vorfertigen. Aufgrund seiner genauen Vorgaben passten die Teile bei der Montage perfekt zusammen. Außerdem konnten sie aufgrund ihrer geringen Größe schneller und leichter transportiert werden.

So wurde der Turm – zwei Monate früher als geplant – innerhalb von 21 Monaten fertiggestellt. Im Rahmen der Feierlichkeiten zum hundertjährigen Jubiläum erwirtschaftete der Eiffelturm bereits in den ersten sechs Monaten so viel Geld, dass die Baukosten beglichen waren. Eiffel hatte einen Vertrag mit der Stadtverwaltung ausgehandelt, dass er 20 Jahre lang sämtliche

Gewinne des Turms erhalten würde, denn er hatte über 80 Prozent der Kosten für den Bau vorgestreckt.

Nach 20 Jahren würde der Turm in den Besitz der Stadt übergehen, die dann dazu berechtigt sein sollte, ihn wieder abzureißen.

Natürlich ließ die Stadt den Turm nicht abreißen, und dank Eiffels geschicktem Einsatz der Reich-und-Glücklich-Formel besitzt Paris eines der bemerkenswertesten und finanziell lukrativsten Wahrzeichen der Welt.

Während Sie Ihr Reiches und Glückliches Leben definieren, sollten Sie sich stets an Eiffels Geschichte erinnern.

Übrigens hatte Eiffel damals auch den französischen Premierminister ignoriert, der das Projekt nicht unterstützte. Was diesen nicht hinderte, Eiffel mit dem Orden der Ehrenlegion auszuzeichnen, nachdem der Turm vollendet und zu einem Symbol Frankreichs geworden war.

Manchmal müssen Sie den Mut haben, die Meinung der Menschen zu ignorieren, die Ihnen am nächsten stehen, selbst wenn diese die besten Absichten haben und es wirklich gut mit Ihnen meinen. Sam Horn hat genau das getan und weiß heute, dass es der entscheidende Wendepunkt für ihr Reiches und Glückliches Leben war.

Als Sam eine junge Frau war, rieten viele Leute ihr zu einem Jura- oder Medizinstudium, um ihr Gehirn so richtig zu »nutzen«. Sam wusste, dass diese Ratschläge gut gemeint waren, aber wenn sie sich für einen dieser Berufszweige entschied, würde ihre Lebensqualität nicht ihrer eigenen Vorstellung entsprechen.

Außerdem war sie davon überzeugt, dass sie ihr Gehirn auch bei Dingen einsetzen konnte, die sie gerne tat. Also folgte sie ihrem Herzen, ignorierte den Rat der anderen und studierte Sport- und Freizeitmanagement – ein Studiengang, den viele im Vergleich zu Jura oder Medizin lächerlich fanden. Diese Entscheidung war der Beginn von etwas, das Sam als »Schicksalsgabe« bezeichnet.

Die Schicksalsgabe ist eine wunderbare Abfolge unvorhersehbarer Ereignisse, die sich zutragen, wenn man seine eigenen Werte, Absichten, Prinzipien und Ziele zur Grundlage seiner Entscheidungen macht.

An dem Tag, als Sam ihren Universitätsabschluss machte, erhielt sie per Telefon das Angebot ihres ehemaligen Chefs, ein Fitnessprogramm für Manager in einem Urlaubszentrum auf Hilton Head Island in South Carolina mitaufzubauen. Sam nahm das Angebot an und merkte, dass sie mit ihrer Überzeugung recht hatte und dafür belohnt wurde. Wenn man etwas erfolgreich und voller Begeisterung macht, entwickeln sich die Dinge positiv.

Bald darauf wurde Sam von einer Organisation namens World Championship Tennis engagiert, um den ersten Tennis-Country-Club in Washington D. C. mitzueröffnen. Sie nahm auch dieses Angebot an. Letztlich führte es dazu, dass sie im Weißen Haus Tennis spielte und in der Präsidentenloge im Kennedy Centre saß.

Im Alter von 26 Jahren stand sie erneut vor der Herausforderung, die Meinung der meisten Leute zu ignorieren und auf ihr eigenes Herz zu hören. Das tat sie und begab sich auf eine Abenteuerreise durch Kanada. In dieser Zeit fragte sie sich, was sie als Nächstes tun konnte. Sie überlegte: »Ich möchte etwas tun, das wertvoll für die Welt ist und mich gleichzeitig unabhängig macht.«

Sam war in einer Kleinstadt aufgewachsen, Berühmtheiten kannte sie lange nur aus Zeitschriften. Als junge Frau war sie davon ausgegangen, mit dem Erfolg komme auch das Glück. Doch während ihrer Zeit auf Hilton Head und in Washington D. C. hatte sie erkannt, dass das nicht automatisch so ist. Bei ihren Gesprächen mit den Leuten auf den teuren Yachten im Hafen hatte sie festgestellt, wie viele von ihnen unglücklich waren.

Aus den Begegnungen mit berühmten Persönlichkeiten und Profisportlern hatte sie erfahren – und das sagte ihr nicht bloß der Verstand, sondern ihr Bauchgefühl –, dass Ruhm und finanzieller Wohlstand alleine nicht glücklich machen. Glück bedeutet, eine tiefe innere Zuversicht zu entwickeln, die man stets in sich trägt. Eine innere Ruhe, die man unabhängig davon hat, wo man sich befindet oder mit wem man zusammen ist. Es ist das Wissen, etwas zu tun, was der eigenen Bestimmung entspricht – und nicht etwa das, was andere einem raten. Außerdem muss man sich darüber im Klaren sein, was man auf der Welt bewirken möchte.

Sam hatte für sich erkannt, was Gertrude Stein meinte, als sie sagte: »Lasst mich auf mich hören und nicht auf die anderen.«

Diese Erkenntnisse halfen Sam, ihren nächsten Lebensabschnitt zu beginnen.

Seitdem ist sie in allen großen Fernsehsendungen der USA aufgetreten, sie hat sechs Bücher geschrieben und wird zu Vorträgen auf der ganzen Welt eingeladen. Überdies hat sie ihre Kinder großgezogen, zu denen sie eine enge Beziehung hat, und durch ihre Arbeit als Beraterin für Autoren hat sie etwas im Leben vieler Millionen Leser bewirkt.

Auf der Internetseite www.samhorn.com können Sie mehr über Sam lesen (in englischer Sprache).

Die Geschichten von Eiffel und Sam sind beeindruckend. Aber sie sind nicht einzigartig, denn es gibt viele weitere Beispiele von Menschen, die davon profitiert haben, den Rat der Skeptiker zu ignorieren.

Roger Bannister, der erste Mensch, der eine Meile in weniger als vier Minuten rannte, hörte nicht auf die Wissenschaftler, die ihm erklärten, eine Meile innerhalb von vier Minuten zu schaffen, sei physisch unmöglich. Die Beatles verkauften über eine Milliarde Schallplatten, nachdem ein Manager von Decca A & R ihnen gesagt hatte, Gitarrenbands seien »nicht mehr angesagt«.

Barack Obama weigerte sich zu glauben, ein Afroamerikaner könne nie Präsident der Vereinigten Staaten werden. Das jamaikanische Bobteam hörte nicht auf die Neinsager, die behaupteten, sie könnten nicht an den Olympischen Spielen teilnehmen. Walt Disney ignorierte die Leute, die sagten, einen Themenpark in einem Sumpfgebiet zu bauen, sei nicht gerade eine brillante Idee. Er ignorierte auch die Skepsis der hundert Banken, die sich höflich weigerten, ihm dafür einen Kredit zu geben.

J. K. Rowling, die Autorin der Harry-Potter-Romane, ignorierte die zwölf Verlage, die ihr erstes Manuskript abgelehnt hatten. Mitte 2008 hatte sie weltweit über 400 Millionen Bücher verkauft und war damit die erste Frau, die mit einem selbst erarbeiteten (und nicht ererbten) Reinvermögen die Marke von einer Milliarde Dollar knackte.

Rosa Parks, die als Mutter der Bürgerrechtsbewegung in den USA gilt, ignorierte eine Kultur, in der die Hautfarbe darüber bestimmte, auf welchen Sitzen man in öffentlichen Bussen Platz nehmen durfte.

Und schließlich hörte meine Frau nicht auf mich, als

ich sagte, dass wir uns auf keinen Fall einen weiteren Hund anschaffen würden!

Die Welt ist voller Menschen, die Ihnen erklären wollen, warum Sie nicht Reich und Glücklich werden können. Ignorieren Sie all diese Leute. Das Reiche und Glückliche Leben, das Sie sich wünschen, wartet bereits auf Sie. Nutzen Sie die positive Kraft der Gemeinschaftsosmose und umgeben Sie sich mit Menschen, die an Sie glauben, einschließlich derjenigen, die ihr Reiches und Glückliches Leben schon verwirklicht haben.

Fragen Sie sich nicht, was die Welt braucht. Fragen Sie sich, was Sie lebendig macht, und tun Sie es dann. Denn die Welt braucht Menschen, die lebendig sind.
Howard Thurman

GLÄNZEN SIE IN KOMÖDIEN STATT IN TRAGÖDIEN

Nachdem ich mich zeit meines Lebens mit dem Thema beschäftigt habe, bin ich zu dem Schluss gekommen, dass es im Hinblick auf unsere Existenz nur zwei Möglichkeiten gibt. Entweder wir haben bereits vor unserer Geburt in irgendeiner Form existiert und werden auch nach unserem Tod wieder in irgendeiner Form existieren; in diesem Fall wäre die Zeit dazwischen, die Zeit in unserer physischen Form, lediglich eine Erfahrung auf unserem Weg. Oder aber dieses physische Leben ist das Einzige, was es gibt, und wenn wir sterben, dann sterben wir eben einfach.

Ich habe mich fast zwei Jahrzehnte lang mit der Reich-und-Glücklich-Formel befasst und dabei festgestellt, dass unsere persönliche Überzeugung, welche der beiden Möglichkeiten nun zutrifft, eigentlich keinen Einfluss darauf hat, ob wir ein Reiches und Glückliches Leben führen können. Interessanterweise macht es aber einen Unterschied, ob man sich mit dieser Frage beschäftigt hat oder nicht.

Denken Sie einmal über Folgendes nach: Wenn unsere Zeit hier in unserem physischen Körper nur eine Erfahrung auf dem Weg von einer Existenzform zu einer anderen ist, dann gibt es eigentlich keinen Grund, sich übermäßig über die Dinge aufzuregen. Wenn wir aus einer unendlichen Energie bestehen, warum sollte dann jemand 20 Jahre lang wütend darüber sein, dass sein Vater die Familie verlassen hat, bevor der Betroffene zwölf Jahre alt war?

Oder warum sollte man sich über Kleinigkeiten aufregen,

zum Beispiel wenn jemand einen beim Autofahren schneidet? Dieser Vorfall dauert nur den Bruchteil einer Sekunde. Stattdessen könnte man sich einfach entspannen und das Leben genießen. Tun Sie, was Sie möchten, sehen Sie, was Sie sehen wollen, und erleben Sie all die Abenteuer, die Sie reizen.

Was ist das Schlimmste, was passieren könnte – etwa, dass Sie sterben könnten? Das wird so oder so geschehen und dann erwartet Sie ohnehin, was immer auch danach kommen mag.

Falls Sie glauben, dass die zweite Möglichkeit zutrifft – es Ihrer Meinung nach also nur dieses eine physische Leben gibt und danach nichts mehr kommt –, dann wäre die Konsequenz für dieses Leben ziemlich die gleiche wie bei der ersten Möglichkeit.

Denn wenn nach diesem Leben alles vorbei sein sollte, hat es dann wirklich einen Sinn, so viel Zeit damit zu verschwenden, sich über kleine, banale Dinge aufzuregen? Lohnt es sich, Ihr Leben verstreichen zu lassen, während Sie in einem Büro an einer Arbeit sitzen, die Ihnen keinen Spaß macht? Sie könnten doch genauso gut voller Erfüllung leben. All die Dinge tun, die Sie schon immer gerne gemacht hätten. Die Dinge erleben, die Sie sich immer gewünscht haben. Hören Sie auf damit, sich so viele Sorgen zu machen, und genießen Sie das Leben!

Egal, zu welchem Ergebnis Sie bei der Frage nach Ihrer Existenz kommen, Sie werden davon profitieren, ein wenig darüber nachzudenken. Reiche und Glückliche Menschen können diese Frage beantworten.

Menschen, die nicht Reich und Glücklich sind, hängen im Hamsterrad des Lebens fest und sind daher so beschäftigt, dass sie noch nie intensiv über diese Frage nachgedacht haben. Deshalb sind sie die ganze Zeit so gestresst. Das Leben kontrolliert sie. In einem Reichen und Glücklichen Zustand ist es genau andersherum, hier hat man selbst die Kontrolle über sein Leben.

Sobald Sie eine Antwort auf die Frage »Warum bin ich hier und was kommt danach?« gefunden haben, werden Sie sich viel unbeschwerter fühlen. Es ist so, als würde der ganze Druck von Ihnen abfallen. Und das eröffnet Ihnen den Zugang zu einem weiteren Element der Reich-und-Glücklich-Formel, nämlich mehr zu lächeln.

Egal, wie Ihre Definition eines Reichen und Glücklichen Lebens aussieht, das Lächeln wird Ihnen helfen, es zu verwirklichen.

Ihre Wers werden eher auf Sie eingehen, wenn Sie lächeln.

Das Lächeln ist eines der wichtigsten natürlichen Signale, die darüber Aufschluss geben, ob jemand unser Freund oder unser Feind ist. Bereits aus größerer Entfernung erkennen wir ein ehrliches Lachen und es bedeutet stets das Gleiche – etwas Gutes nämlich. Je mehr wir lächeln, desto mehr sieht die Welt uns an und bekommt dabei den Eindruck – *alles ist in Ordnung*. Und je positiver andere Menschen uns wahrnehmen, desto eher sind sie bereit uns zu vertrauen, an uns zu glauben und uns zu helfen.

Sogar auf der körperlichen Ebene sind die positiven Wirkungen des Lächelns zu spüren. In einer Studie an der Loma Linda Medical School untersuchte man die körperlichen Reaktionen von Probanden, während sie ein lustiges Fernsehprogramm ansahen. Nachdem das Programm sie zum

Lächeln und Lachen gebracht hatte, wurde eine niedrigere Konzentration des Stresshormons Epinephrin in ihrem Blut gemessen. Gleichzeitig wies man eine erhöhte Endorphinkonzentration bei ihnen nach. Endorphine gehören zu den natürlichen Schmerzmitteln des Körpers.

Auch im Immunsystem kam es zu Veränderungen. So erhöhte sich die Konzentration des Hormons Gamma Interferon, das dabei hilft, Viren zu zerstören und das Zellwachstum zu regulieren. Darüber hinaus kam es zu einer Zunahme einer Substanz namens »Complement 3«. Sie hilft den Antikörpern, beschädigte oder infizierte Zellen zu beseitigen. Und auch die Helfer-T-Zellen nahmen zu. Sie unterstützen den Körper im Krankheitsfall bei der Koordination der zellulären Immunantwort.

Die physische Reaktion war bei den Teilnehmern bereits messbar, wenn man ihnen nur *sagte*, dass sie gleich ein lustiges Fernsehprogramm sehen würden. Offenbar hat es eine ähnliche Wirkung, wenn man etwas Lustiges erwartet oder sich an etwas Lustiges erinnert.

Ist das nicht faszinierend? Wir sind also in der Lage, unserem Immunsystem selbst einen positiven Schub zu verleihen und unseren Zustand zu verändern – einfach indem wir an etwas Lustiges denken. Schmunzeln Sie, lachen Sie, mehren Sie Ihre Reichen und Glücklichen Minuten UND erhöhen Sie Ihre Lebenserwartung.

Übrigens haben Tragödien im Gegensatz zu Komödien eine negative Wirkung auf den Körper, und zwar sowohl kurzfristig als auch langfristig.

Im Rahmen einer sechsmonatigen psychologischen Studie, die in der Fachzeitschrift *Journal of Personality and Social Psychology* veröffentlicht wurde, beobachtete man 75 Ehepaare und stellte fest, dass es einen signifikanten Zusammenhang zwischen täglichem Stress und gesundheitlichen Problemen wie Erkältungen, Halsschmerzen sowie Kopf- und Rückenschmerzen gab.

Gemäß der American Psychological Association, dem nordamerikanischen Fachverband für Psychologie, steht Stress in enger Verbindung mit den sechs häufigsten Todesursachen – Herzerkrankungen, Krebs, Lungenkrankheiten, Unfällen, Leberzirrhose und Suizid. Der Fachverband weist auch darauf hin, dass 75 bis 90 Prozent aller Arztbesuche letztlich stressbedingte Ursachen haben.

All das sind gute Gründe, mehr zu lächeln und sich weniger Sorgen zu machen.

Und da wir gerade beim Lächeln sind, möchte ich Ihnen ein großartiges Reich-und-Glücklich-Instrument vorstellen. Es ist die Lächelkaskade. Wenn Sie das nächste Mal irgendwo entlanglaufen, können Sie Folgendes ausprobieren: Sehen Sie anderen Passanten kurz in die Augen und lächeln Sie sie an, während Sie an ihnen vorbeigehen. Sie werden zurücklächeln, das garantiere ich Ihnen. Sie werden nicht anfangen nachzudenken und erst dann lächeln. Ihr Lächeln wird als automatische physiologische Reaktion erfolgen.

In diesem Moment werden andere Menschen die Passanten lächeln sehen und daraufhin werden auch sie lächeln. Und so wird sich das Lächeln wie eine Welle fortsetzen – noch lange, nachdem Sie den anderen Passanten begegnet sind. Es ist eine unglaublich einfache Methode, Ihrem Immunsystem einen positiven Schub zu verleihen, einige Reiche und Glückliche Minuten zu erleben und anderen ebenfalls dazu zu verhelfen.

Was tun Sie nun, wenn die Welt sich gegen Sie verschworen zu haben scheint, wenn alles schiefläuft und Sie schlechte Laune haben? Zunächst sollten Sie versuchen, diese negative Welle zu stoppen. Damit meine ich Folgendes: **Misserfolge und Herausforderungen gehören zum Leben dazu. Sie lassen uns persönlich reifen, stellen unsere Entschlossenheit auf die Probe und treiben uns zu neuen Höchstleistungen an.**

Trotz dieser Feststellung bin ich der Erste, der einräumt, dass ich an manchen Tagen das Gefühl habe, für den Moment genug gefordert worden und gereift zu sein. Dann hätte ich lieber, dass alles so läuft, wie ich es mir wünsche.

Doch leider ist das so, als würde man am Meeresufer stehen und die Wellen beobachten, die sich brechen und wieder zurückziehen, sich brechen und wieder zurückziehen, und als würde man plötzlich ausflippen, wild herumspringen und schreien: »Hört auf damit, hört auf, euch ständig zu brechen und wieder zurückzuweichen … hört endlich damit auf!«

Genauso wie die Wellen kommen und gehen, so funktioniert auch das ganze Leben und so ist es auch mit Niederlagen und Misserfolgen. Zu zetern und zu schreien wird daran nichts ändern. Aber so, wie die Wellen stets auch wieder zurückweichen, nachdem sie sich am Ufer gebrochen haben, so geht auch jede schwierige Zeit vorüber. Und danach werden Sie wieder eine Zeit voller Freude erleben. Es sei denn, Sie stehen schreiend und zeternd da. In diesem Fall werden Sie die guten Zeiten verpassen, obwohl sie da sind.

Ein zweites Instrument, das Sie jederzeit nutzen können, ist die Lachliste. Reiche und Glückliche Menschen sind in der Lage, sie auf die eine oder andere Weise wirksam einzusetzen.

Stellen Sie eine Liste mit drei Dingen zusammen, die Sie

zumindest zum Schmunzeln und am besten zum Lachen bringen. Jeder hat solche Dinge. Es können Szenen aus einem Film sein, ein kurzer Textabschnitt aus einem Buch, ein Witz, etwas Lustiges, das Sie zusammen mit Freunden erlebt haben ...

Es ist egal, was es ist, solange es Sie zum Lachen bringt.

Halten Sie die drei Dinge in Ihrer Lachliste fest und behalten Sie diese, bis sie so fest in Ihrem Gedächtnis verankert ist, dass sie sich jederzeit abrufen lässt. Jedes Mal, wenn Sie niedergeschlagen, wütend oder frustriert sind, gehen Sie die Punkte auf Ihrer Lachliste nacheinander durch. Rufen Sie sich die Ereignisse detailliert in Erinnerung. Spielen Sie in der Vorstellung alles genau durch – wer hat was gesagt und so weiter.

Innerhalb von ein paar Minuten wird Ihre Laune sich verbessern. Sie werden lachen – auch wenn Sie sich manchmal vielleicht dagegen wehren. Und deshalb setzen Sie all die positiven chemischen Reaktionen in Ihrem Körper in Gang.

Lassen Sie mich Ihnen ein Beispiel geben. Es stammt von der Lachliste einer Freundin von mir. Sie ist ein großer Fan der Fernsehserie *Die Simpsons*. Falls Sie die Serie noch nie gesehen haben: Es handelt sich um eine lustige Zeichentrickserie, deren Autoren für ihren Witz und ihre Respektlosigkeit bekannt sind. Auf Platz eins der Lachliste meiner Freundin steht eine Episode, in der Homer, einer der Charaktere der Serie, sehr wütend ist und sich daher ein Gewehr kaufen will. Als er sich für ein bestimmtes Modell entschieden hat, erklärt ihm der Ladenbesitzer, dass er fünf Tage darauf warten muss. Homer kann es nicht glauben und erwidert: »Fünf Tage, aber ich bin jetzt wütend!«

Jedes Mal, wenn sie wütend ist, erinnert meine Freundin

sich an diese Episode und muss sofort lachen. Und wenn sie lachen muss, kann sie nicht mehr wütend sein. Zu dumm nur, dass Homer dieses Element der Reich-und-Glücklich-Formel nicht kannte.

Noch ein Beispiel: Zu einem bestimmten Zeitpunkt in meinem Leben habe ich große Firmen im Hinblick auf maximalen finanziellen Erfolg beraten. Das Umfeld war meistens stressig, die Stunden lang. Eines Tages stieß einer der Teilnehmer auf die Website »You Are My Friend«. Man konnte einen bestimmten Namen eingeben, und dann gab es ein orchestral unterlegtes Filmchen mit inspirierenden Worten und zuletzt erschien der bewusste Name mit dem Slogan »You Are My Friend«.

Regelmäßig gab irgendeiner nach 22 Uhr, am Ende eines langen Tages, wenn alle fix und fertig waren, den Namen der nervigsten Person des Tages ein. Desjenigen, der der Grund dafür war, warum wir immer noch hier saßen. Und egal, wie mies der Tag gewesen war, brachte uns das unweigerlich zum Lachen: »You Are My Friend«, das war so lächerlich und gleichzeitig so lustig.

Das gehört also auf die Lachliste.

Wer nicht das beste Gedächtnis hat, kann sich mit Technologie behelfen, sich etwa ein Zitat aufs Telefon laden. Ein Bekannter hat sich beispielsweise einen Satz aus *Austin Powers* aufs Handy gespeichert. Immer, wenn etwas nicht rundläuft und er ein Lachen braucht, hört er sich an, wie Mick Myers alias Dr. Evil sagt: »Also, ich habe eine simple Anfrage. Ich brauche Haie mit Laserstrahlen am Kopf, verdammt noch mal. Ist das etwa zu viel verlangt?«

Dieser Spruch wirkt bei ihm immer.

Ich möchte Ihnen noch ein letztes Beispiel geben. Es

befindet sich unter den Top drei meiner Lachliste. In der Kinokomödie *Die Hochzeits-Crasher* gibt es am Anfang eine Szene, in der zwei Leute miteinander streiten. In einem Moment großer Frustration sagt der eine zum anderen: »Halt den Mund, wenn du mit mir sprichst.« Es ist so lächerlich, dass es unheimlich komisch wirkt, und immer wenn ich daran denke, muss ich lachen.

Dieses Beispiel kann Paaren sogar auf witzige Weise helfen, Konfrontationen zu vermeiden (ich spreche hier aus Erfahrung). Wenn beide den Zusammenhang aus dem Kinofilm kennen und die Gefahr besteht, dass man sich gegenseitig zu sehr nervt, kann einer in einem sehr ironischen Ton sagen: »Halt den Mund, wenn du mit mir sprichst.« Sofort wird die Stimmung heiter werden.

Sie fördern Ihre Reichen und Glücklichen Minuten nicht nur, indem Sie Ihre Lachliste alleine nutzen, sondern auch, wenn Sie andere daran teilhaben lassen. Fast alles, was andere Leute auf ihre Lachlisten gesetzt haben und mir zuschicken, bringt auch mich zum Lachen. Erzählen Sie anderen daher von den Dingen auf Ihrer Liste, dann werden Sie im Gegenzug viel neues Material von ihnen erhalten.

Allerdings werden Sie die Lachliste nach einer Weile vielleicht gar nicht mehr benötigen.

Viele Reiche und Glückliche Leute erreichen einen Punkt, an dem sie einfach lächeln oder lachen, sobald sie wütend sind. Sie haben diesbezüglich ein großes Bewusstsein entwickelt, sodass sie den Zustand der Wut oder Frustration sofort durchbrechen, anstatt daran festzuhalten. Sie lächeln oder lachen und erreichen so einen positiven und produktiveren Zustand.

Es ist unmöglich, Reiche und Glückliche Minuten

zu erleben, wenn man wütend ist. Je länger man in diesem Zustand verharrt, desto weniger Zeit hat man, um Reich und Glücklich zu sein.

Es ist nicht in Ihrem Sinne, potenziell Reiche und Glückliche Minuten zu verschwenden.

Der Einsatz der Lachliste bedeutet nicht, dass man eine »Mir-ist-alles-egal-Haltung« einnimmt, wenn es im Leben zu schwierigen Situationen kommt. Das wäre Apathie. Und ein Reiches und Glückliches Leben ist keineswegs von einer apathischen Haltung geprägt.

Im Gegenteil: Angesichts schwieriger Situationen ist man in der Lage zu entscheiden, ob ein bestimmter emotionaler Zustand das Reich-und-Glücklich-Sein fördert oder verhindert. Und falls er es verhindert, verändert man ihn.

Ihre Einstellung gegenüber dem Leben sowie die Einstellung der Menschen, mit denen Sie sich umgeben, hat einen großen Einfluss auf Ihre Fähigkeit, Reich und Glücklich zu sein. Tragen Sie Ihre Lachliste daher anfangs stets bei sich, lösen Sie ein Mal täglich eine Lächelkaskade aus und versuchen Sie nicht länger, die Wellen zu stoppen.

Diese Praxis wird nicht nur eine dramatische Wirkung auf Ihr Reiches und Glückliches Leben haben, sondern sich auch positiv auf das Leben der Menschen in Ihrem Umfeld auswirken. Für die meisten Reichen und Glücklichen Menschen geht es beim Reich-und-Glücklich-Sein zum großen Teil genau darum.

EIN ABSCHLIESSENDER HINWEIS VON TIM BROWNSON UND JOHN P. STRELECKY

> *Das eine wenigstens lernte ich (…): Wenn jemand vertrauensvoll in der Richtung seiner Träume vorwärtsschreitet und danach strebt, das Leben, das er sich einbildete, zu leben, so wird er Erfolge haben, von denen er sich in gewöhnlichen Stunden nichts träumen ließ.*
> Henry David Thoreau

Herzlichen Glückwunsch, Sie haben es geschafft! Sie sind auf dem besten Weg zu Reichtum und Glück.

Sie sind bereits weit gekommen, seit Sie die erste Seite dieses Buches aufgeschlagen haben. Sie haben vieles gelernt, was Sie nun in die Lage versetzt, das Reiche und Glückliche Leben zu verwirklichen, das Sie sich nicht nur wünschen, sondern das Sie auch verdient haben.

Was als Nächstes geschieht, hängt von Ihnen und Ihrer Situation ab. Nun, da Sie erkannt haben, was Reich-und-Glücklich-Sein für Sie bedeutet, ist es vielleicht an der Zeit für eine berufliche Veränderung, für eine Rucksackreise um die Welt oder dafür, sich selbstständig zu machen oder mehr Zeit mit Ihrer Familie und Freunden zu verbringen.

Vielleicht ist es auch an der Zeit, Ihre neue positive Einstellung zum Geld zu untermauern, Ihre Ausgaben zu verändern, um Ihre RGB zu maximieren, die Kunst des Aussteigens zu üben oder einige Lächelkaskaden in Gang zu setzen.

Wie immer Sie sich auch entscheiden, Sie sollten wissen,

dass Sie nun alles haben, was Sie für das Reich-und-Glücklich-Sein benötigen. Viele Dinge kann man wieder verlieren, nicht aber das eigene Wissen. Sobald man es einmal erworben hat, profitiert man sein ganzes Leben lang davon. Sie kennen nun die Formel, um Reich und Glücklich zu sein, und sie wird Ihnen für immer zur Verfügung stehen und Ihnen weiterhelfen.

Wir ermuntern Sie dazu, Ihr Wissen zu nutzen. Fangen Sie noch heute damit an. Wie wir gesehen haben, können neue Reich-und-Glücklich-Verhaltensweisen nur dann alte Gewohnheiten ersetzen, wenn man sie aktiv einsetzt. Tun Sie es sich selbst zuliebe. Sie haben es verdient.

Wir ermutigen Sie auch dazu, andere Menschen zu inspirieren, ihr Reiches und Glückliches Leben zu verwirklichen. Die meisten Reichen und Glücklichen Menschen erfüllt es, wenn sie im Leben anderer etwas Positives bewirken können. Falls das auch für Sie gilt, sollten Sie anderen erzählen, was Sie über das Reich-und-Glücklich-Sein gelernt haben.

Unterschätzen Sie nie, welche Wirkung ein einzelnes Lächeln oder eine einzige inspirierende Idee auf das Leben eines anderen Menschen haben kann.

Obwohl Sie dieses Buch nun ganz durchgelesen haben, bedeutet das nicht, dass unsere gemeinsame Zeit zu Ende ist. Wir möchten, dass Sie das Reiche und Glückliche Leben führen, das Sie mittlerweile für sich entdeckt haben. Wir möchten auch, dass Sie die Reich-und-Glücklich-Formel anwenden, die Sie nun kennen.

Und wir möchten Sie weiterhin unterstützen, wenn Sie Hilfe dabei brauchen.

Daher bieten wir fortwährend Unterstützung in unserem Blog, durch E-Mail-Tipps sowie im Rahmen von Live- und

Teleseminaren und, wenn unser Terminkalender es erlaubt, auch in Form von individuellen Coachings.

Alle Informationen dazu finden Sie auf unserer Internetseite www.howtoberichandhappy.com.

Nochmals herzlichen Glückwunsch. Ihr Reiches und Glückliches Leben erwartet Sie bereits. Verwirklichen Sie es!

John und Tim

Stelle neue Fragen, nicht dieselben Fragen immer neu
Wisse, dass du sein kannst, was immer du anstrebst
Erkenne, dass Leistung nicht aussagt, was du bist
Akzeptiere, dass du so gut bist wie jeder andere
Akzeptiere, dass du nicht besser bist als andere
Anerkenne, dass du dein Bestes gegeben hast
Schau nach vorne, aber lebe jeden Moment
Verstehe, dass Leid ein Teil des Lebens ist
Akzeptiere, dass du Fehler machen wirst
Atme tief aus deinem Bauch heraus
Sei immer freundlich zu dir selbst
Denke nach, bevor du antwortest
Lächle, wenn es schwierig wird
Visualisiere dir deinen Erfolg
Nimm dir Zeit für andere
Finde Zeit für dich selbst
Höre mit Interesse zu
Beende das Zweifeln
Begrüße den Wandel
Bleibe   neugierig
Bewege   dich
Grüble nicht
Weine
Lache
Liebe

Sei
Du